취미가 무엇입니까?

한국개념사총서 일상 편 3 취미

취미가 무엇입니까?

-취미의 일상 개념사와 한국의 근대

문경연 지음

2019년 8월 19일 초판 1쇄 발행
2020년 8월 10일 초판 2쇄 발행

펴낸이 한철희 | 펴낸곳 돌베개 | 등록 1979년 8월 25일 제406-2003-000018호
주소 (10881) 경기도 파주시 회동길 77-20 (문발동)
전화 (031) 955-5020 | 팩스 (031) 955-5050
홈페이지 www.dolbegae.co.kr | 전자우편 book@dolbegae.co.kr
블로그 imdol79.blog.me | 트위터 @Dolbegae79 | 페이스북 /dolbegae

주간 김수한 | 편집 김진구·오효순
표지디자인 민진기 | 본문디자인 이은정·이연경
마케팅 심찬식·고운성 | 제작·관리 윤국중·이수민
인쇄·제본 한영문화사

ISBN 978-89-7199-973-8 (94910)
       978-89-7199-562-4 (세트)

이 도서의 국립중앙도서관 출판시도서목록(CIP)은 서지정보유통지원시스템홈페이지
(http://seoji.nl.go.kr)와 국가자료공동목록시스템(http://www.nl.go.kr/kolisnet)에서 이용하실 수
있습니다.(CIP제어번호: CIP2019030523)

책값은 뒤표지에 있습니다.

* 이 책은 2007년 정부(교육과학기술부)의 재원으로 한국연구재단의 지원을 받아 간행되었다.(NRF-2007-361-AM0001)

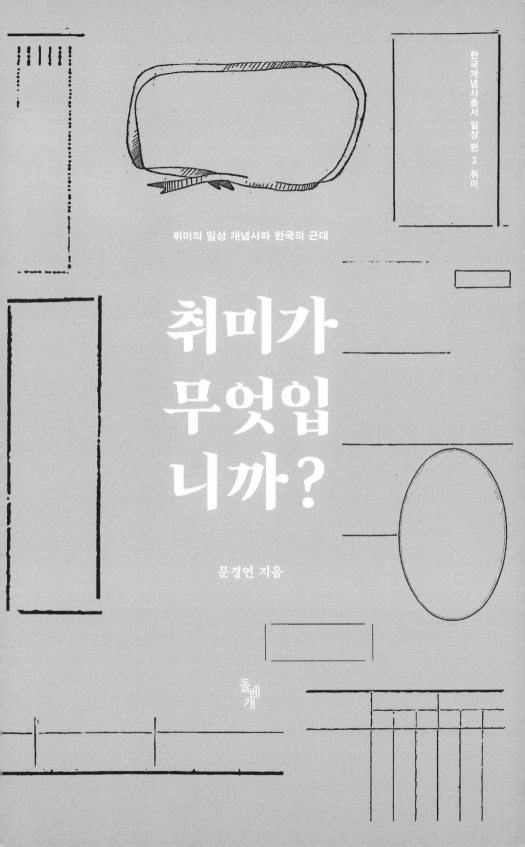

한국개념사총서 일상편 3 취미

취미의 일상 개념사와 한국의 근대

취미가
무엇입
니까?

문경연 지음

돌베
개

일러두기

1. 개화기, 일제시대의 신문 및 잡지 자료 등을 인용한 경우, 게재 당시의 표기를 가급적 따르려고 했으나 명백한 오기(오식)라고 판단했을 때는 오기를 바로잡았으며, 옛 표기 때문에 뜻이 통하지 않을 경우에는 현대어 표기를 병기하려고 했다.

2. 본문과 각주에서 굵은 글씨로 강조 처리한 부분은 인용자(저자 문경연)가 한 것이다.

한림대학교 한림과학원은 19세기 중엽 이후 100년을 근대 개념 형성의 핵심적인 시기로 간주하여 한반도에서 사용되어온 정치·사회적 개념들의 탄생과 형성 과정을 다각도로 탐구해왔습니다. 전통적인 개념들의 의미가 변용되고, 번역을 통해 새로운 개념이 유입된 경위, 기존의 의미와 충돌하여 개념들의 선택과 굴절이 일어나는 과정들이 차츰 밝혀지고 있습니다. 현재 진행 중인 일련의 한국개념사총서 발간 작업은 그러한 노력의 산물입니다.

　　그러나 우리는 한반도가 세계사 흐름에서 차지하고 있는 '주변'적인 성격에 주목하지 않을 수 없었습니다. 정치·사회적 개념을 분석하는 것만으로는 한국 근대의 경험을 충분히 재현할 수 없다는 생각을 하게 되었기 때문입니다. 20세기 전반기 대부분을 일본 제국주의의 '식민지'로, 20세기 후반기를 냉전의 최전방인 '분단' 국가로 지내온 우리 사회에서 근대 학문의 제도적 기반이나 자유로운 공적 논의의 공간은 취약했으며, 따라서 정치·사회 개념의 운동성과 사회적 파급력 역시 상대적으로 제약되었던 것이 사실입니다. 이러한 문제의식에서 우리는 '일상 개념'의 영역에 주목하게 되었습니다.

그동안 '일상'을 '평범하고 무가치한 일들이 이어지고 반복되는 곳'으로 인식해 학문적인 탐구 대상에서 제외하는 경향이 있었습니다. 그러나 최근 '일상'을, 정치·경제·이데올로기적 규율이 관통하는 영역이면서도 이러한 규율에서 벗어나려는 다양한 힘과 감정, 열망이 공존하는 복합적이고 역동적인 공간으로 새롭게 인식하게 되었습니다. 다시 말해, '일상'을 분석하는 일은 식민지와 분단이라는 정치적 거대 '사건'이 개인들의 경험적인 세계에 깊숙이 자리 잡은 양상들을 살펴보는 작업입니다. 동시에 이로부터 벗어나려는 원심적인 힘들이 끊임없이 작용해온 한국 근대의 또 다른 특성을 규명하는 일이기도 합니다.

이에 한림과학원은 2009년부터 '한국개념사총서 일상 편'을 기획하여, 역사와 정치의 주류적 관심에서 제외된 개념군, 이데올로기적 시각에 의해 간과되었던 삶의 영역 등을 표현하는 개념에 주목했습니다. 이 시리즈는 다음 세 가지의 특별한 학문적 의미를 가집니다.

첫째, 한국 개념사 연구의 지평을 일상 속으로 투영해 연구 영역을 확대하는 의의가 있습니다. 일상 개념에는 보통 사람들이 간직한 삶의 경험과 기대가 응축되어 있으며, 그들은 일상적인 실천 속에서 다양한 개념들을 사용하면서 세계를 해석하고 변화시켜 나갔습니다.

둘째, 두터운 의미를 내장한 일상 영역으로부터 주류적인 역사의 흐름에서 배제된 경험들을 추출하고 집약해, 현재 우리의 일상적인 앎을 구성하는 지식체계나 우리에게 익숙한 지배적인 인식의 틀을 낯설게 하고 상대화하는 의의가 있습니다. 자명해 보이는 것들을

6

의심하는 일은 오늘날의 우리 사회를 좀 더 나은 세상으로 만드는 노력으로 이어질 것입니다.

셋째, 한국 개념사 연구에 효과적인 방법론을 만드는 데 기여하는 의의를 가집니다. 한국의 근대 경험은 공적 논의의 조건이 상대적으로 협소했던 만큼, 일상 개념의 역할과 위상에 주목할 필요성이 커집니다. 예를 들면 '청년', '취미' 등의 일상 개념은 주권이 부재했던 식민지 시기에도 특히 활발한 의미의 확장과 운동성을 보였습니다. 그 의의가 '국가'나 '국민' 같은 정치 개념의 위축 상황을 단순히 보완하는 데 그치지는 않을 것입니다. 이처럼 일상 개념을 적극적으로 시야에 넣어 고려하는 작업은 한국의 정치·사회 개념들이 논의된 장場 자체의 역사적 특성을 밝혀줄 뿐만 아니라, 우리들의 근대 경험을 온전하게 반영하여 한국 개념사 연구의 모델을 정립하는 데 중요한 단서가 될 것입니다.

한림대학교 한림과학원

원장 이경구

식민적 감수성과 탈식민적 원심력으로서의 한국 근대의 취미

18세기 서유럽의 두 차례 혁명, 미국의 독립혁명과 더불어 20세기로 진입하던 한국의 근대사가 보여주었듯이 계급혁명과 반제국주의 독립투쟁은 전 지구적으로 새로운 인간 개념을 출현시켰다. 생명 탄생이라는 사건은 당연히 늘 새로운 인간의 출현을 의미하지만 '근대'라는 변곡점은 이전의 오랜 역사들과 정색하며 선을 그은 새로운 역사적 문턱이었고, 근대의 인간은 그래서 더욱 새로운 인간일 수밖에 없었다. 그들은 근대라는 새 시대에 대중이라는 집합적 이름으로 통칭됨과 동시에 개인적 욕망의 주체로 거듭났다. '대중'과 '개인'이라는 그 상징적이고도 실질적인 주체가 배태되는 과정은 무수한 근대적 개념들이 구성되는 과정과 연동되었다.

오랫동안 바로 이 시기의 인간들이 흥미로웠고 근대의 제도와 일상이 궁금했으며, 근대의 문학과 예술이 시선을 붙들었다. 내 공부의 시작도, 중간도, 한국 근대 문화의 표층과 이면 어딘가였고 지금도 여전히 그 언저리 어디쯤에 기대어 있는 것 같다. 학문적 의제를 찾고자 헤매던 대학원 시절, 한국 근대의 공연 문화와 연극장을 재구再構하는 과정에서 만난 '극장 취미'라는 낯선 조합의 기표가 한국 근대의 문화 연구에 발을 딛게 한 첫 유인이었다.

'취미'는 20세기 한국 근대의 사회·문화적 현상을 지시하는 가장 통속적이고도 학문적인 개념처럼 보였다. 개념을 좇고 의미의 빈 칸을 채우는 작업이 나른한 봄날 고양이와 흰나비의 술래잡기처럼 순간적이고 허망한 것처럼 느껴질 때도 있었지만, 개인의 일상과 욕망이 구축되고 사회적 관념과 제도가 만들어지는 과정이 그려질 때의 희열도 컸다. 한국인의 근대적 감수성과 지성의 자장에 식민성이라는 거대하고 진한 구름이 드리워져 있음에 절망하다가도, 개인적 주체가 자기 욕망을 긍정하고 역사의식과 내면을 확장하고자 여러 시도들을 할 때는 흥분하지 않을 수 없었다. 식민성과 탈식민성의 대치는 해방 이후 세계사적 구도 안에서도 여전히 존재하는, 한국적 문화 출현의 계기였다. 연구 결과물의 성취도가 그 기쁨과 정비례했으면 좋으련만 박사학위 논문「한국 근대초기 공연문화의 취미 담론 연구」(2008)는 역시 아쉬움이 많이 남았다. 학위 논문 발표 이후 한림과학원 인문한국사업단에서 '한국개념사총서 일상 편'에 '취미' 개념을 선정하고, 감사하게 집필과 출간의 기회를 주셨다. 이 책은 기존에 발표한 취미 담론 연구에서 개념 연구에 주력했던 부분을 보완·집필한 것으로, 애초 연구의 시간적 범위를 식민지 시기 전체로 확장하고 보충하였다.

책 출간까지 긴 시간을 보냈던 것은(이제 와서 돌아보니 말 그대로 흘려보낸 시간들이었다), 한국 현대사의 역동적인 변화와 조응하는 '취미' 개념의 새로운 정치·문화적 의미를 소략하게라도 추가 서술해볼 수 있을 것이라는 막연한 기대에서였다. 그사이 세상은 급속히 변하고 있었고 2010년과 2016년 한국인의 문화적 심성은 달랐으며, 2018년의 전 지구적 경제·사회적 상황과 개인들의 소통 방식은 또 급변하고 있었다. 그 시대적 상황을 살아가며 당대의 취미를 포착하려 했던 연구자의 해석은 늘 사후적일 수밖에 없었고, 라이프스타일과 개인의 감수성은 지난 100년의 변화 속도와 견줄 수 없을 만치 빠르게 변하고 있(었)다. 간신히 포착한 현대적 '취미'의 의미는 어느새 증발해버려 써놓은 문장을 거듭 삭제하게 되는 글쓰기의 연속이었다. 새로운 취미들이 생성과 소멸을 동시적으로 반복하는 사이, 20세기와 21세기를 관통하며 취미 개념을 추적하려 했던 시도는 나의 역량을 벗어나는 범주이며 어쩌면 무모할 수 있다는 결론을 내렸다. 착잡하고 아쉬운 마무리이지만, 학문적 여정에 찍히는 마침표가 다른 길로 들어설 용기를 줄 것이라 생각하며 글쓰기를 마감했다.

식민지 한국 사회에서 제국의 통치 전략이자 문화정책이었으며 자본주의적 상품시장의 소비 항목이었던 취미, 또 교육제도와 같은 핵심 제도와 결탁한 근대적 제도였던 취미의 의미망은 해방 이전에 어느 정도 형성되었다. 해방 이후 말 그대로 다이내믹한 현대사의 사건들과 정치·사회적 격변을 통과하면서 취미는 추적이 불가능할 정도로 그 변화와 방향의 진폭이 확대되었다. 여기에 자본주의적 세계 체제의 극단과 신자유주의의 돌풍이 누적되면서 취미는 개인의 내면에 있는 미의식이면서, 미디어를 통해 표출되는 표면적인 스타일이나 기호의 문제로 전화轉化되었다. 그 미디어와 플랫폼의 무한 확장, 스타일의 글로벌한 유행, 기호의 무한증식이 변수로 조합되면서, 취미가 해석될 수 있는 가능성의 수는 가늠이 어려울 지경이 되었다. 단지 지금 여기에서 어떤 취미가 어떤 의미로 향유되고 있다는 것만 말할 수 있을 뿐이다.

우리가 살고 있는 정보기술 사회에서 정보의 교류는 공기의 흐름처럼 자연스럽고 자유로우며 거칠 것이 없다. 컴퓨터·스마트폰의 성능과 인터넷 기술의 진화, 놀랄 만한 디지털 압축기술 등으로 인해 문화예술과 취미 소비를 위한 음원, 동영상, 관련 정보 등을 실시간으로 공유할 수 있게 되었다. 훌륭하고 세련된 '취미'taste에 기반한 '취미활동'hobby를 갖는 것, 그 취미가 그 사람의 인격을 드러낸다는 근대적 개념이 소멸한 것은 아니다. 하지만 개인의 취향은 매우 다양해졌고, 취미의 선택은 주관적이며 감정적인 방식으로 변화했다. 취미가 사회적 지위를 과시하기 위한 상징적 투쟁이 아니라 오히려 개인의 경험을 확장시키고 삶의 질을 향상시키는 내밀한 선택이자 행위가 되었다. 이는 지극히 개인주의적인 취미가 많아졌다는 말이기도 하다. 사회적 위신보다 순간적인 즐거움이 중요해지고, 개인적인 행복감이 타인에 대한 우월감보다 중요해진 것이다. 일과 놀이의 경계가 점점 불분명해지고, 다중적인 개인 정체성을 구축하는 것이 세상의 변화에 유연하게 적응하는 미래적 라이프스타일이 될 것이라고 권유하는 세상에서, 이제 취미는 직업보다도 압도적인 지분을 차지할 것 같다.

다양한 영역의 트렌드(심지어 투자나 창업과 같은 경제·산업 분야의 트렌드조차)와 취미는 서로 원인과 결과가 되면서 쌍방을 추동한다. 그러니 현재적 취미 혹은 21세기의 취미 연구는, 움직이고 변화하는 의미를 순발력 있게 포착하면서 진단하는 작업이 될 것이고, 그 결과의 유효성은 한시적일 것이다. 여전히 미적 가치관으로서의 취미의 효력을 복권하려는 개인들, 취미의 교집합을 통해 매순간 새로운 네트워크를 만들어가는 개인들이 동시에 공존하며 이질적인 현상들을 만들어내기 때문이다. 다른 문화가 그러하듯 취미 역시 과거적인 것과 미래적인 것들이 충돌하며 현재적 의미를 생성하고 있다. 취미에 대한 의식은 사람마다 다르게 마련이고 선택과 수용 역시 차이가 날 수밖에 없으나, 앞으로도 취미의 효력을 의심하기는 어려울 것이다.

사회·문화의 급속한 변화와 21세기형 취미 출현에 당황하면서도 의연한 척 쓰려다보니 말이 길어진 것 같아 민망하다. 머리말을 마무리해야 할 시점이다. 시간이 지날수록 내 삶의 펼쳐짐이 공부의 여정이어서, 감사하고 또 감사하다. 사람과 문자 사이에서 깨우침과 버림, 반걸음의 퇴보와 한 걸음의 전진이 있어서이다. 만났고, 만나고 있는, 앞으로도 함께할 선·후배, 동료들에게 빚진 바가 많다. 나 역시 누군가에게 손을 내어주는 동학으로 살고 싶다. 부족한 연구를 일단락할 기회를 주신 한림과학원의 여러 선생님들께 감사드린다. 동력이 떨어진 글쓰기에 힘을 실어주시며 원고를 마무리할 수 있게 독려해주신 돌베개 편집부의 김진구 님께 감사하다. 내 삶의 근간이자 평온함의 이유가 되어주는 가족에게 미안하고 또 감사한 마음이 늘 전해지고 있기를 바란다.

2019년 7월
남산 중턱 연구실에서
문경연

차례

3부. 취미의 제도화

근대적 개인의 존재감과 정체성의 표상

오늘날 우리 사회에서 '취미'趣味라는 말은 특정 사물이나 대상을 지시하기도 하고, 다양한 활동적 용어들과 연접되어 사용되기도 한다. 그래서 취미의 범주는 축구나 등산 같은 '육체적'이고 '물리적'인 실천에서, 음악 감상이나 다도 같은 '정신적' 층위까지 아우른다. 쇼핑이나 수집 같은 '소비활동'과 목공·뜨개질 같은 '생산활동'을 넘나들기도 하며, 해비타트habitat나 길고양이 밥 주기 등의 '봉사활동'과 '공동 참여적' 실천에서부터 셀카 찍기나 심지어 혼자 놀기 같은 '고립적이고 은둔적'인 활동까지도 취미라 할 수 있다.

하나의 구체적인 취미활동은 그 특성이 여타의 취미와 뚜렷하게 구별되지 않기도 하지만, 앞서 거론한 속성들이 중층적으로 얽혀 있는 경우도 많다. 영화 취미, 문학 취미, 바둑 취미 등에서부터 '커피에 남다른 취미가 있다', '여행에 취미가 있다', '육아에 취미가 있다'는 등의 표현이 일상에서 자신을 드러내는 방식으로 발화되고, 엽기 취미, 전원 취미, 이국적 취미 등 언어 용법도 다양하다. 여기에 악취미, 몰취미 등 문제적 취미나 무취미라는 '취미 없음'의 취미를 드러내는 안티 용법까지 다루자 치면 "이 세상은 취미 있는 자와 취미 없는 자로 나뉜다"라는 거친 이분법이 그리 이상하게 들리지도 않는다. 이 정도면 취미와 조합해서 지시할 수 있는 인간의 정서적 상태나 육체적 활동은 무한대라고 할 수 있다. 취미는 또 대상의 특질을 포착하고 즐길 수 있는 '심미적 능력'이나 '관심이 쏠리는 경향'을 의미하는 '취향'趣向으로 대체되기도 하고, '여기'餘技, '여가'餘暇, '기호'嗜好나 '흥미'興味라는 말과 쉽게 호환되기도 한다. 그러니 취미의 개념을 서술한다는 것은 녹록하지 않은 작업임에 분명하다.

한편 취미에 윤리적이고 미적인 판단을 가미한 '악취미'라는 말은 과거에 비해 그 의미가 심각하거나 부담스럽지 않다. 현대의 다양한 가치 영역이 요동치고 있듯이 미적 가치에서도 미추美醜의 분별이나 취미의 좋고 나쁨을 가르는 경계가 불분명해지거나 경계 자체가 무화되고 있기 때문이다. 예전에는 악취미라는 말에 비난이나 조롱의 느낌이 있었다면 지금은 그런 의미가 약해졌다. 오히려 악취미가 다른 새로움이나 독특함을 생성하는 영역으로 받아들여지기도 한다. 호러 영화에 심취하는 것을 두고 악취미라고 한다면, 호러 영화 애호가들은 기호의 문제라고 스스로를 방어하거나 그렇게 비난하는 사람의 몰취미를 두고 역공격을 할 것이다. 힙합에 취미를 가진 사람들에게 클래식 음악은, 클래식 음악 애호가가 힙합 음악에 신경 쓰지 않는 것처럼, 관심 없는 음악일 뿐이다. 그래서 우리의 미적 경험이 극도로 다양해진 오늘날, 취미를 예술적 기준 또는 정통성의 규범에 따라 판정하는 일은 처음부터 무리이다. 물론 이런 흐름은 19세기 말부터 시작된 대중사회의 문화적 귀결이다.

만일 취미를 두고 개개인이 '미'美와 '쾌'快를 감지하는 능력이라고 한다면 모든 개인에게는 자기만의 취미가 있다는 말이 되며, 남의 취미에 대해 왈가왈부할 수 없다는 오래된 통념을 받아들일 수밖에 없다. 하지만 그렇게 되면 취미는 어떤 보편성을 요구하기 어려운 하나의 판단이 된다. 그럼에도 미美에 대한 감각 자체는 그것을 감지하는 개개인에게 있어 의심할 수 없는 사실이기에 그것을 부정할 수는 없다. 이렇듯 사람들이 각자의 마음속에서 각각의 미를 지각한다면, 개인은 타인의 감각을 통제할 수 없고 단지 자신의 감각에만 조용히 따라야 한다.

　그런데 한편으로는 뛰어난 작품이 지역이나 시대를 초월해 사람들에게 즐거움(快)을 주며 다수의 사람들이 한마음으로 그 작품을 추천하는 일도 비일비재하다. 역사를 살아가는 인간 존재가 공동체의 분위기와 자신의 특수한 성향 사이에서 주류의 편애를 느끼지 않는다는 것은 거의 불가능하다. 그래서 어떤 식의 마음 쏠림이나 선호도 순수하지 않다. 취미는 또 의논의 대상이 될 수 없는데 선호를 판단하는 기준이라는 것이 없기 때문이다. 아무리 다른 사람이 추천하고 내가 그 추천에 공감한다고 해도, 내가 타인과 똑같은 강도로 그것을 좋아할 수는 없다. 어떤 지적인 해설도 나에게 기쁨을 강권할 수는 없다. 그런 의미에서 다시 말하자면, 취미에 대해서는 합의할 수 없다.

　취미에 대한 개인적 쾌감과 보편적 규범 사이의 이러한 논리적 난점을 이마누엘 칸트는 "취미의 이율배반"이라고 말한 바 있다. 데이비드 흄이 "순수한 선호"를 논증 대상으로 삼을 수 없다고 했다면, 칸트는 지적 판단이 "어떠한 설명 근거에 의해서도 나에게 쾌감을 강요할 수 없다"라고 했다. 이런 맥락에서 보면 확실히 취미를 대상으로 한 '증명에 의한 논의'는 불가능하다. 그러나 취미가 타인과 일치하기를 바라며 의견을 피력하는 발언까지 부정할 수는 없다. 칸트는 우리가 자신의 취미에 대해 감상을 피력할 수는 있으나, 취미의 미美를 지적인 설명을 통해 증명해낼 수 있다고 잘못 생각하는 데서 이율배반이 유래한다고 주장한다. 여기에 칸트의 취미론이 갖는 독자성이 있으며, 오늘날 우리가 이 문제를 다시금 고려할 여지가 있는 것이다. 취미에 관해 타인과의 일치를 기대하는 것이 어떻게 가능한가라는 문제에 있어서는, 칸트도 역시 18세기 여타의 취미론자들과 마찬가지로 인간이라면 누구나 보편적으로 쾌快를 감지하는 '공통감각'을 갖고 있을 것이라고 본다. 개인의 기호, 즉 개인적 취미의 좋고 나쁨을 논할 수는 없다. 개인이 자신의 취미를 정당화하고 타인의 판단을 듣고자 할 때, 취미의 주체가 기대할 수 있는 것은 타인이 그것에 대해 "정말 저도 그렇거든요!"라든지 "그것이 주는 즐거움은 온당하죠"라는 형식으로 동의하는 정도다. 그 이상의 객관적인 평가나 좋고 나쁨을 가려내는 판정은 아니다. 반대로 타인의 기호에 동의할 수 없을 때 내가 할 수 있는 말은 겨우 그것이 나의 기호가 아니라는 것, 그것에 왜 취미가 없는지를 말하는 정도일 것이다.

취미의 '쾌'快를 설명하는 것은 여전히 어려운 문제다. 100년 전이나 지금이나 많은 사람들은 '음악 감상'을 취미로 꼽는다. 그렇다면 클래식 음악을 들을 때의 '쾌'는 스포츠나 게임, 성행위가 주는 쾌락과 어떻게 다를까. 만일 모차르트 음악에 빠지는 쾌락도 쾌락인 한에서 생리적이고 자연본능적인 욕구 충족으로서의 쾌락과 같은 것이라고 한다면, 모차르트 음악의 광팬은 음악 감상의 취미를 조절하지 못하고 끌려다닐 수 있다. 절제 능력이 마비될 수도 있고 그 결과 이 쾌락을 충족하는 것이 인생의 목적이 되는 전도된 생각에 빠질 수도 있지 않을까. 마치 다른 쾌락 중독자들처럼 말이다. 영국의 철학자 길버트 라일은 여기에서 바로 쾌락에 대한 뿌리 깊은 혐오와 불신이 유래했다고 본다. 사람들은 보통 쾌를 어떤 행위와 사건의 결과로 우리 내부에서 생겨나는 심리적이고 생리적인 상태(고통에 반대되는 상태)로 이해하는데, 사실은 그렇지 않다는 것이다. 라일은 사람들이 "내 발이 아픈 것은 신발이 맞지 않은 결과다"라고 말하지만, "나의 쾌快는 그 게임의 결과다"라고 말하지 않는 점을 예로 든다. 고통이 내 육체의 특정 부위의 생리적 상태를 이끌어내는 원인이라는 점에서, 발을 압박하는 신발을 고통의 원인으로 여길 수 있다. 그런데 고통은 신발을 벗은 후에도 상당 시간 이어질 수 있다. 같은 방식으로, 안마라는 외부 원인의 결과로 생기는 육체적 쾌락은 안마를 받는 도중에도, 안마 이후에도 지속된다.

그에 비해 체스나 테니스의 쾌락이, 체스 말을 이리저리 움직이고 라켓을 휘두르는 외적 행동이 원인이 되어 거기서 얻을 수 있는 생리적 상태라고 생각하는 경우는 없다. 우리가 체스나 테니스의 쾌락에 대해 말할 때 그것은 자기가 몰두하고 있는 체스나 테니스의 전략이라는 게임 행동 그 자체를 즐기고 있는 것을 말한다. 길버트 라일은 이것을 '범주 오류'category mistake라 불렀다. 범주 오류란 '어떤 사물을 그것이 속하지 않는 집합에 집어넣는' 실수를 가리킨다. 라일이 보기에 철학은 이런 오류로 가득 차 있다. 대표적인 것이 데카르트의 심신이원론, 즉 인간은 정신과 신체로 이루어졌다는 주장이다. 데카르트는 정신과 신체를 모두 '실체'substance라 불렀다. 하지만 신체는 공간을 차지하나, 정신은 그렇지 않다. 뇌를 열어 봐도 거기서 정신을 확인해볼 수는 없다. 이렇게 정신과 신체는 전혀 다른 범주에 속하는데, 데카르트는 이 둘을 같은 범주로 묶었다는 것이다. 그리하여 라일은 데카르트의 정신을 '(신체라는) 기계 속의 유령'이라 비꼰다. 범주 오류는 주로 언어가 다른 것을 가리키는 데도 불구하고 동일한 문법적 형식을 사용하는 데서 비롯한다.

가령 '그녀는 홍수처럼 눈물을 흘리며 집으로 왔다'와 '그녀는 가마를 타고 집으로 왔다'라는 문장을 비교해보자. 영어에서는 '눈물을 흘리며'in flood of tears와 '가마를 타고'in a sedan chair가 동일하게 'in'이라는 전치사로 표현된다. 하지만 둘은 전혀 다른 맥락상의 의미를 갖는다. 범주 오류는 처음 말을 배우는 아이에게 흔히 나타나는데, 어른들 역시 거기서 자유롭지 못할 때가 많다. 모차르트 음악의 쾌락에 대해 말할 때에도 사람들은 보통 모차르트 음악의 리듬이 자신의 육체에 미치는 생리적 상태를 언급하는 것이 아니다. 모차르트 음악을 듣는 것이 쾌감을 일으킨다는 것은 모차르트음악을 듣는 일 자체가 즐겁다는 뜻일 것이다. 그렇다면 취미의 쾌 혹은 쾌락이 생리적 반응으로서의 쾌감이 아니라, 놀이나 음악을 즐기는 것 자체에 있는 것이고, 취미의 쾌락은 라일이 말하는 것처럼 현재 몰두하고 있는 활동의 결과와 별개로 그 활동 자체에 내포된 질적인 개념[1]으로 이해해야 한다.

---

1   길버트 라일, 이한우 옮김, 『마음의 개념』, 문예출판사, 1994, 134~138쪽.

취미의 쾌를 둘러싼 오래된 혼란은 '행동의 결과'인 생리적 상태와 '즐기는 활동'의 본질을 쾌락이라는 하나의 말로 부르는 데서 기인한 측면이 있다. 클래식 음악과 힙합의 쾌락을, 직접 들어서 생기는 생리적이고 심리적인 상태(결과)가 아니라 실제로 그것을 듣는 미적 활동 자체의 특질로 간주한다면, 쾌락주의를 염려할 일은 없을 것이다. 쾌락주의란 행위의 목적에, 그 행위가 가져올 결과로서의 쾌락에 염두를 두는 형태다. 만일 모차르트 음악을 듣는 일이 결과적으로 나에게 어떤 쾌락을 불러일으킨다면 나는 그 쾌락을 얻기 위해 모차르트를 들을 것이다. 또 모차르트 음악을 듣기 위해 삶의 다른 요소들을 희생할지도 모른다. 음악을 듣는 일이 쾌락이라는 생의 목적을 위해 일체의 다른 것에 우선하는 수단이 되기 때문이다. 이런 쾌락은 분명 불신과 경계의 대상이 될 수밖에 없다. 그리고 쾌락에 대한 이런 불신에 응하기 위해 근대 미학은 음악 및 연극 감상의 경험을 단순한 쾌락과 분리하여 취미나 교양, 미덕과 예절이라는 사회적 유용성에 종속시켰다. 하지만 실제로 개인이 모차르트 음악을 듣는 행위는 거기서 어떤 쾌락을 끌어내기 위해서도, 그것을 통해 어떤 미덕을 얻기 위해서도 아니며, 단지 음악을 듣고 즐기기 위해서다. 모차르트 음악에서 얻는 쾌락은 모차르트를 듣지 않는다면 얻을 수 없다. 개인의 삶의 목적 및 동기에 어떤 생리적 상태로서의 쾌락이 있는 것이 아니라 스스로의 삶에서 실천으로서의 클래식 음악을 듣고 즐기는 쾌락, 힙합을 듣고 즐기는 쾌락이 있다는 것, 그것이 없을 때에 비해 있는 것이 삶을 풍요롭게 해준다는 것이야말로, "취미의 본질"이라고 할 수 있다.

　한국에서 이러한 의미의 '취미'라는 개념어가 등장한 것은 대략

100년 전이다. 당시 취미는 '근대적 개인'으로서의 존재감과 정체성을 구축하는 데 중요한 하나의 표상이 되었다. 근대적 개념어인 '취미'趣味와 취미에서 파생된 용어들의 용례를 살펴본다면, 개념이 형성되고 전유되는 과정을 밝혀낼 수 있을 것이다. 취미는 근대 이후 그 의미가 계속 변화했고, 사회–제도화의 과정 속에서 변신을 거듭했다. 시대의 맥락을 초월하여 지속적인 영향력을 지닌 불변하는 상수常數로서의 '취미'가 아니었다. 특정한 역사적 맥락에서 어떤 주체가 어떤 의도를 가지고 어떻게 사용하는지에 따라 변화한 '취미' 개념에 대한 연구는 취미 개념의 한국적 역동성을 포착하는 것에 다름 아니다. 그 길고 어슴푸레한 여정을 서툰 걸음으로 시작해보려 한다.

1부

오래되었으나, 낯설고 새로운

1장

근대와 취미의 탄생

'취미'의 개념은 어떻게 나타났을까

한국에서 '취미'趣味라는 어휘가 출현한 것은 1900년을 전후한 때였다. 이 시기는 대한제국의 근대 국민국가 담론이 형성되던 때이기도 하다. 전통적으로 유교 지식인과 상류층이 향유했던 '아치'雅致나 '치'致 혹은 '풍류'風流와 같은 미학 용어가 있었지만, 근대 계몽기를 맞이하면서 이들 언어는 새로운 존재 가능성을 모색하고 있었다. 조선시대까지 예술적인 '취'趣가 제한된 계층만 향유할 수 있는 고급한 취향 문화였다면, 근대 이후 그것들은 원칙적으로 모든 계층에게 개방되면서 대중적 문화 양식으로 재구성되었다. 신분제가 무너지고 근대적인 정치·경제 구조가 만들어지면서, 문화의 소비 양식 또한 달라진 것이다. 서구에서도 '취미'taste라는 근대적 문화 실천의 개념과 제도가 등장하는 시기는, 근대 국민국가가 성립하는 시기와 맞물린다.

취미 개념이 내포하는 의미적 범주와 실천 방식은 설명하려고 하면 할수록 무한 확장된다는 점에서, 개념의 탄생과 어원을 추적하는 것도 중요하지만 그와 동시에 '취미' 개념이 생성되면서 변주되는 "개념의 역사성"에도 주목할 필요가 있다.

우선 한국에서 근대적 '개인'이 창출되는 다양한 맥락들 가운데, 대중문화의 장場에서 문화-주체cultural subject에 대한 의식이 형성되었던 새로운 문화적 현상에 주목해야 한다. 구한말 그리고 20세기를 통과하면서 한국인이 '개인'이 된다는 것은, '문명인'文明人이라는 시대적 정체성과 제국의 '신민'臣民이라는 정치적 정체성, '소비자'라는 문화적·심미적 정체성을 갖추는 것이었다. 근대식 학교, 관공서, 극장, 공회당, 공원, 도서관, 동물원, 백화점 등 새롭게 출현한 공간들 안에서 사람들은 한 명의 '개인'으로 호명되었다. 이 새로운 공간들은 다양한 문화 경험을 제공함으로써 실제적이고 상징적으로 '개인'이라는 정체성을 형성시켰다.

바로 이 시점에 '취미'趣味라는 개념어가 출현했다. 취미는 근대적 개인으로서의 존재감과 정체성을 구축하는 데 중요한 표상이 되었다. 개화기 한국에서 가장 초월적인 힘을 발휘했던 것은 '문명'과 '계몽' 담론으로, 그 안에서 '취미'는 '문명', '문명을 담지하고 있는 자질', '근대적 앎에 대한 흥미' 등의 의미로 사용되었다. 1900년대에 취미는 한 개인이 근대인이자 문명인임을 증명하는 중요한 기호記號였다. 여기에 한 겹 더 고려할 점이 있는데, 한국이 근대로 이행하는 과정과 일제의 식민지가 되는 역사적 사태가 중첩되었다는 것이다. 1910년 이후 식민지 조선인은 더 이상 대한제국의 국민國民이 아닌 제국의 신민臣民인 한에서 개인으로 주체화될 수 있었다. 일제는 조선인을 "문명사회의 일분자一分子"라며 추상적이고 모호한 방식으로 호명했고, 제국의 신민에 합당한 문명인이 될 것을 요구했다. 조선인을 원칙적으로 정치적인 장에서 배제했고, 부분적으로 문화의 장에서만 주체로 호출하며 자본주의적 대중문화의 소비자가 되게 했다. 물론 문화는 지배권력의 통치 전략과 계획대로만 작동하지는 않았다. 하지만 일본은 조선을 '취미화'趣味化하고 식민지인들을 취미의 '주체'로 허명虛名했다. 제국은 1915년 조선물산공진회 개최를 시작으로 조선인을 박람회와 박물관의 관람객으로, 관앵회觀櫻會와 야시夜市의 구경꾼으로, 동물원과 극장의 관객으로 불러내며 '취미'와 '유희'를 즐기라고 권장했다. 제국의 취미를 훈련시키고 교육했으며, 공통 취미를 소유한 자와 그렇지 않은 자를 구별하는 담론을 생산했다.

근대식 학교와 극장에서 사람들은 근대 시각문화를 체득할 수 있었다. 서양식 건물의 근대적 공간인 교실과 무대는 다수의 시선을 하나로 모으고 사회 이념을 학습시키는 장이었으며, 지각 방식을 일원화하는 기능을 했다. 극장과 공원, 공회당과 백화점 등 한정된 실내 공간에서 사람들은 집단적 감흥을 경험할 수 있었다. 극장 공간에 운집한 식민지의 도시인들은 군중 속에서 익명이 된 자신을 발견했을 것이다. 환등회幻燈會의 영상물, 극장의 연극, 음악회의 연주 작품 등이 담고 있는 사상과 예술 매체 자체의 근대적 자극 못지않게, '구경 가기'라는 문화적 실천은 근대적 문화 공간에서 조선 민족이라는 상상 공동체의 집합적 군집을 체험하게 해주었다. 다소 모호하고도 희소한 새로운 삶의 방식은 1920년대 이후 본격적으로 호출되는 식민지 대중문화의 소비 주체가 전면에 등장하는 밑거름이 되었다.

1920년대를 거치면서 취미라는 문화 실천은 근대적 도시 생활을 배경으로 새롭게 부각된 근대인의 공적 사회생활과 사교의 필수 조건이 되었다. 특히 한일강제합방과 3·1운동의 실패라는 역사적 사건을 경유하면서 근대 국민국가 형성이라는 근대적 기획에 실패한 한국인에게 '국가'라는 거대 담론 안에서 '개인'으로서의 자기 정립은 불가능했다. 전 시기인 개화기의 '개인' 담론은 국가와 사회를 전제로 한 것이었다. 그러나 제국의 식민지가 된 1910년 이후 한국인의 개인성 구축은 비정치적인 부문, 일상의 장으로 축소될 수밖에 없었다. 1920년대를 통과하면서 한국의 대중문화는 식민지적 자본주의의 토대 위에 막강한 위세를 떨쳤다. 영화와 유행가 등이 확고한 소비시장을 형성했고, 독서 붐이 일었으며, 각종 사치스러운 물건들이 기호품이라는 이름으로 팔려나갔다. 1920~1930년대의 취미는 '문명', '교양', '정신개조'라는 1900년대 초기의 시대적 사명을 탈각했다. 1930년대에 더욱 본격화된 조선의 자본주의 시장에서 문화상품이 된 취미는, 오늘날과 같이 소비와 구체적 실천을 통해 획득할 수 있는 '오락'과 '여가'의 의미로 수렴되었다. '동양극장 신드롬'이라고 부를 만한 사회적 현상이 생겨나면서 대중연극계가 성황을 이루었고, 외화 수입이 늘었으며, 배우와 유행가 가수들이 팬덤을 형성했다. 언론과 각종 매체들은 대중문화적 취미와 취미상품을 생산했다. 신문과 잡지에 실린 당대 명망가와 지도층에 대한 기사에는 반드시 그 사람의 취미가 소개되었고, 결혼과 연애의 조건 중 하나로 '취미가 풍부한 자', '취미가 같은 사람'이 선호되었다. 당대인들이 의식적·무의식적 영향을 받으며 취미의 주체로 형성된 데는 기본적으로 근대 자본주의의 대중문화의 역할이 컸다.

이러한 한국 근대 대중문화의 출현과 형성의 맥락에는, 새로운 문화 장르의 등장과 그것의 유행·소비라는 자본주의적 상품시장의 논리만으로 설명되지 않는 특수성이 있다. 전 세계적인 제국주의의 질서 구도에 노출되자마자 일본의 식민지가 되었고, 그 안에서 정신적이고 물질적인 근대성을 지향해야 했던 한국의 상황이 바로 그것이다. 바로 이 지점에서 일본 제국주의의 식민통치 전략과 취미가 결합되었다. 식민지 교육 과정과 교육론 안에서, 또 전시체제하 취미에 대한 통제 담론 안에서 구체적으로 취미가 통치 전략의 하나로 활용되었음을 확인할 수 있다.

1900년대 초반 미적 대상과 예술을 충분히 즐기는 미적 감응력으로 설파되었던 취미taste는 1920~1930년대를 거치면서 특정 대상을 소비하고 즐기는 구체적인 행위hobby의 의미로 수렴되었다. 그 가운데 취미라는 근대적 삶의 양식이 자리를 틀었다. 그러나 일제 말기인 1940년대가 되면 그 이전의 취미 담론은 거의 폐기되는 수순을 따른다. 말 그대로 총력전의 시기가 도래하면서 기존의 취미오락론은 '퇴폐'頹廢와 '정화'淨化의 대상으로 철저하게 비판받았다.[1] 물론 정화와 건전健全은 시국이 요청하는 협력적 호응이었으며, 국가 비상시의 취미는 오히려 노동에서 발견해야 할 덕목으로 아이러니하게 변주되었다.

대략적으로 살펴본 것처럼 한국의 근대 '취미' 개념은 매 시기 새롭게 등장하는 사회적 흐름과 결부되면서 외연을 확장해나갔고, 식민지 대중문화의 형성 과정과 제국의 통치 전략에 호응 또는 길항하며 근대적 '제도'로 자리 잡았다. 19세기 후반 이후 한국과 일본

---

1   「퇴폐의 취미 대중오락의 재검토」, 『매일신보』, 1940. 2. 7.

의 관계를 고려할 때, 한국의 근대 사상과 개념은 일본으로부터 직간접적인 영향을 받을 수밖에 없는 역사적 구조 안에 있었던 것이 사실이다. 근대 신조어로 등장한 '취미' 개념의 연원을 소급하기 위해 한국을 중심에 두고, 일본의 '취미'와 일본 근대 사상의 배후가 되는 서양의 '취미' 개념을 살펴보며 동시에 동아시아의 사상적 조류를 공유한 중국의 근대적 '취미' 개념 형성 과정을 참조하는 방식으로 접근하고자 한다.

서구에서 테이스트taste는 어떻게 탄생하고 형성되었나

17~18세기 서구의 시대정신은 단연 계몽주의라 할 수 있다. 계몽주의는 "중세 봉건체제를 극복하는 과정에서 성립된 하나의 세계관인 동시에 그러한 세계관을 창출할 만한 객관적인 역사적 조건이 반영"[2]된 정신운동이었다. 이 시기에 신神 중심의 세계관은 인간 이성 중심의 세계관으로, 봉건제 생산양식은 자본주의 생산양식으로, 궁정 귀족 중심의 정치 형태는 시민 중심의 정치 형태로, 귀족의 예절 규범을 중시하는 풍토는 개인의 취미를 옹호하는 풍토로 바뀌었다.[3] 계몽주의 운동은 진보적인 시민계층에 의해 주도되었으며, 이는 시민의 경제활동이 증가하고 사회 계층이 분화되면서 가능해진 결과였다. 조엘 모키르는 비약적 경제성장의 동력이었던 산업혁명이 서

2   염무웅, 『독일문학사조사』, 서울대출판부, 1989, 116쪽.
3   김연순, 「18세기 독일 계몽주의의 문학사회 고찰」, 『수선논집』 17집, 1992, 122쪽.

구에서 일어났던 이유를 당대 지식인과 시민 엘리트들이 옹호한 실용적인 지식에서 찾았다. 유럽의 계몽주의는 이성과 진보의 정치적 신념이긴 하지만 실증주의에 기초한 전 방위적인 인식혁명이었다고 할 수 있다.[4]

근대 초기에 시민은 신분의 한계를 벗어던지고 법적인 지위를 가진 '도시민'으로서의 새로운 사회적 의미를 획득했다. 그들은 자영업을 할 수 있고, 도시의 자치행정에 참여할 수 있으며, 납세 의무와 함께 재판권을 행사할 수 있는 권리 등을 지녔다는 점에서 귀족, 농촌의 거주자들, 다수의 도시 하층민들과 구별되었다. 물론 서구라 해도 프랑스와 영국과 독일의 시민계층 형성 배경은 다르고 그 양상도 단일하지는 않았지만 말이다.

독일의 시민계층은 18세기 말까지 실제적인 면에서 자의식을 형성하지 못했고, 계층적 이해를 기반으로 하는 정치·경제적 역량을 갖추지 못했다.[5] 대신 이들은 문화와 철학이라는 비실제적인 영역에서 자신들의 토대를 확고하게 다져나갔다. 예술은 더 이상 귀족의 전유물이 아니었다. 시민계층은 예술의 생산과 소비의 주체로 등장했으며, 문학과 예술의 영역에서 선취한 미학적 주도권을 철학으로 명시했다. 인간의 자립적인 이성과 그것을 실천할 수 있는 자율적 주체에 대한 강조는 계몽주의 사상의 핵심이 되었다. 칸트로 대표되는 계몽철학이 바로 그것이다. 계몽철학은 시민계층이 정신적인 성숙과 능동적인 실천을 통해 새로운 사회를 맞이하려는 신념에

4　조엘 모키르, 김민주·이엽 옮김, 『성장의 문화』, 에코리브르, 2018, 4부 참조.
5　김연순, 앞의 글, 128쪽.

근거하고 있다. 합리주의 사상은 점차 지식인들의 인식과 체험을 넘어 시민계층 일반의 공통된 세계관이자 집단적 생활태도가 되었다.

시민계층은 궁정문화의 '데코럼'decorum(예절)에 대립하여, 자신들의 예술활동을 정당화하는 미학의 근거로 인간의 주관성에 의한 '게슈마크'Geschmack(독일어 게슈마크는 취향, 취미, 기호, 미감, 입맛 등의 의미로 사용된다는 점에서 영어 'taste'와 의미론적 활용이 유사하다)를 내세웠다. 즉 시민계층은 고대 수사학에서 취미와 유사한 개념으로 사용된 '인디키움'indicium(판단, 정의, 표지, 정보 등의 뜻을 지닌 라틴어)이나 '구스투스'gustus(미각이라는 뜻을 지닌 라틴어)에 바탕을 둔 중세적 예절 '데코럼'을 거부하고, 그 대신 '주관적 판단'에 근거한 '취미'Geschmack를 시민문화의 토대로 삼았다. 미의 판단 기준이 과거의 원칙에서 당대 예술 감상자들의 감정으로 바뀌면서, 시민계층이 미의 판단 주체로 전면에 나서게 된 것이다. 그런 점에서 근대 서구 미학은 '미'美가 '취미'라는 말과 관련되면서 출현한 사건이었다.[6]

18세기에 취미taste는 예술작품을 향유할 수 있는 미적 능력을 의미했다.[7] 취미라는 용어는 에스파냐, 프랑스, 영국 등을 거치며 그 의미가 다양하게 변주되었다. 이 말은 원래 '미각'味覺을 뜻했으나, 17세기 중반 에스파냐에서는 자발적이고 직감적으로 곧바로 행동을 선택하는 것, 진眞의 가치를 간파할 수 있는 일종의 판단 능력의 의미로 사용되었다. 즉 취미란 "완성된 인간의 덕을 의미하는 사회·

---

6   뤽 페리, 방미경 옮김, 『미학적 인간』, 고려원, 1995, 28쪽.
7   西村淸和, 『現代アートの哲學』, 産業圖書, 1995, 25쪽.

도덕적인 개념"이었다. 그런데 이 개념이 프랑스 도덕주의자들에게 전해지면서, 사교생활에서의 어떤 미적인 부분을 가리키는 것으로 의미가 변화했다. 프랑스인들은 좋은 취미를 몸에 익힌 섬세하고 고상한 교양인을 이상적인 인간으로 설정하고, 그런 사람들을 '신사'honnête homme(gentle man)라고 불렀다. 이러한 프랑스식 취미 개념이 18세기에 영국 도덕철학에 전해지면서 또 한 차례 의미 변화를 겪었는데, 인간은 선을 직감적으로 판정하는 선천적 능력인 '도덕감각'moral sense을 지닌 동시에, "미를 직감적으로 판단하고 향유할 수 있는 감각", 즉 '취미'taste도 선천적으로 가지고 태어난다는 논의가 진행된 것이다. 이런 사유를 단적으로 드러낸 철학자가 바로 이마누엘 칸트였다. 그는 인간의 고유한 "미적 판단 능력"을 '취미'에 두고 논의를 전개했다. 칸트의 사상은 작품을 통해 표현된 정신의 내실을 미뿐만 아니라 진리와 선이라는 이념적 가치에서 판단하는 독일 낭만파와 관념론의 예술철학, 그리고 미학의 기반이 되었다.

칸트는 『판단력 비판』에서 아름다움을 판단하는 능력으로 '취미'taste를 규정했다. 그는 어떤 대상의 미추를 판별하는 심미적 상태는 오직 주관에 따르는 것이라고 보았다.[8] 하지만 취미 판단이 주관적 독단이 되어서는 안 되고 모든 사람이 동의할 만한 보편성에 근거해야 한다고 했다. 즉 '심미적 공통감각'을 전제로 한 보편타당성을 획득해야 한다는 것이다. 이때의 공통감각이란, 인간이면 누구나 선험적으로 '미'를 전유할 수 있는데 특권층만이 가지고 있는 것

---

8   이마누엘 칸트, 이석윤 옮김, 『판단력 비판』, 박영사, 2005, 57쪽.

이 아닌 보편적 이해에 근거해 그 타당성을 갖게 되는 감각[9]을 말한다. 시민 개인의 감성에 근거한 '취미 판단'은 장차 문화를 주도해가는 시민계층의 일관된 미학론의 핵심을 이루면서 당시 비평의 척도를 마련했고 미적 자율성을 기반으로 한 고전주의 문학을 꽃피우게 했다.[10]

18세기가 되자 문자 해독률이 높아져 독자층이 증가했으며, 서적 시장도 상업화되어 근대 비평이 형성되기 시작했다. 이 시기 계몽주의 문학가들은 훌륭한 대중 취미를 만들고자 했다. 계몽주의 이성을 척도로 삼은 독일 비평가 고트셰트Johann Christoph Gottsched는 그의 저서 『비평적 문예를 위한 시도』(1730)에서 "비평가란 자유로운 예술 규범을 철학적으로 통찰하는 학자이며, 미와 관련된 모든 대가의 작품이나 예술작품의 잘못에 대해 '이성적'으로 검토하고 올바르게 평가할 수 있는 자"라고 규정했다. 그는 작가의 훌륭한 취미를 통해 독자들의 취미를 교화하고자 했다. "우매한 대중은 사물을 우상화하여 왜곡 판단하기 마련이므로, 작가는 그의 국가, 그의 궁정 및 도시의 취미를 순화시켜야 한다"[11]라고 주장했다. 이때의 취미 판단은 이전 시기 귀족 취향에서 벗어난 것이지만, 일반 대중의 기호에 접목되는 수준은 아니었고 소수 교양층에 한정된 것이었다.

이성적인 것만을 주장하는 고트셰트와 달리 정서적인 것, 감동의 문제, 상상력, 독창적인 이미지와 언어를 강조한 비평가 집단도 등장했다. 대표적인 인물인 레싱Gotthold Ephraim Lessing은 진보적 시

---

9   위의 책, 100~101쪽.
10   김연순, 앞의 글, 138쪽.
11   김연순, 위의 글, 140쪽.

민계층의 이해 수준에 입각해서 전문적인 비평을 시도했다.[12] 레싱에 의해 문예 재판관으로 여겨졌던 비평가는 교양을 갖춘 비전문가들과 전문적 미학 사이의 매개자로서 "취미의 일반화를 위한 중개인"[13]이 되었다. 레싱에 따르면 예술가가 창조한 작품의 가치를 올바르게 판단할 수 있는 능력으로서의 취미는 예술가의 영역이 아니다. 천재적인 예술가라고 하더라도 한계가 있는 한 인간에 불과하다. 일반적으로 취미의 도야는 바람직한 인간으로 고양시켜주는 자기형성의 과정이다. 레싱은 작품을 매개로 예술가와 향유자 사이에 정신적 교감이 가능한 것은, 예술가가 누구인지 또는 그 취미가 무엇인지에 달려 있는 것이 아니라고 보았다. 미적 교감과 취미는 인간의 보편성에 근거하기 때문이다.[14]

근대 '예술'이라는 실천은 개별적으로 자립하는 각각의 정신들이, 자립하는 존재인 작품을 앞에 두고 서로의 견해를 나누는 것이다. 인간 정신의 보편성에 기대어 대화하고 공감할 때 "예술가(정신＝천재), 작품(정신의 표현), 향유자(정신＝취미)가 삼항 관계를 이루는 미적 커뮤니케이션"[15]이 형성될 수 있다. 18세기 유럽에서 작품을 매개로 한 이런 순수한 미적 커뮤니케이션이 이루어지기 적합한 장소는 살롱이었다. 살롱을 중심으로 개최된 미술전과 근대 미술관은 미적 커뮤니케이션이 이루어지기에 가장 좋은 공간이었다. 1792년

12　프리츠 마르티니, 황형수 옮김, 『독일문학사』, 을유문화사, 1989, 222쪽.
13　김연순, 앞의 글, 142쪽.
14　윤도중, 「레싱: 문학을 통한 계몽―희곡」, 『뷔히너와 현대문학』 23호, 한국뷔히너학회, 2004, 48~72쪽; 이순예, 「계몽주의 작가 레싱」, 『독어교육』 20호, 한국독어독문교육학회, 2000, 507~547쪽.
15　西村淸和, 앞의 책, 25쪽.

프랑스혁명 후 의회가 루브르 궁전을 미술관으로 개조해 일반에게 공개하기로 결정한 것을 시작으로, 미술관은 근대 제도로 확립되었다. 그것은 일반 민중을 대상으로 미적인 능력의 개발을 통해 인간 정신의 보편성을 고양시킨다는 계몽 프로젝트의 상징적 사건이었다. 하지만 여기서 발견할 수 있는 일종의 미적 휴머니즘은 미적인 근대 엘리트주의를 매개로 한다는 점에서 지금과 다르지 않다.[16]

독일의 계몽주의 문예비평가 레싱은 근대 독일에서 시민 일반의 도덕을 교화하고 취미를 고양시키는 데 '연극'이 가장 효과적이라고 판단했다.[17] 연극의 '직접성'과 '공공성'이 시민 교화에 적합하다고 본 그는, 시민적 차원의 국민극장을 주장했다. 레싱을 포함한 계몽주의자들은 유일한 '공공의 장'이던 연극무대를 '교육의 장'으로 인식했던 것이다. 그들은 무대를 통해 자신들의 계층적 이해를 표현하고자 했다. 정치 문제를 직접적으로 무대에 올릴 수 없는 상황에서 계몽주의자들은 연극으로써 기존의 도덕성을 비판하고 시민의 도덕적 교화를 꾀하며 정치 비판을 수행했다. 국가의 공적 영역에 대립하는 시민의 사적 영역을 부각시키면서 시민계층의 가치와 삶을 반영하고자 한 것이다. 레싱은 "작가는 관객에게 깊이 각인될 도덕적이고 교훈적 명제를 선택"하고 "어떤 명제의 진리가 해명될 어떤 이야기를 고안"해내야 한다고 주장했다. "역사에서 이와 유사한 일을 겪은 유명한 사람들을 찾아내어 자신의 이야기에 등장하는 인물들의 이름으로 차용"한 후, "등장인물들에게 명망을 부여"하여 에피

---

16 위의 책, 26~27쪽.
17 프리츠 마르티니, 앞의 책, 222쪽.

소드를 짜야 한다는 것이다.[18] 즉 작가는 자기 작품을 통해 의도적으로 관객에게 도덕적인 영향을 주어야 하고, 동시에 '좋은 취미'good taste를 발전시켜야 한다는 것이었다.[19]

이렇게 서양 근대의 문화를 떠받쳐온 것은 교양주의이며, 취미 =교양의 발로로 '예술' 개념이 자리매김했다. 다시 말하자면 '좋은 취미'와 '나쁜 취미'가 엄밀히 구별된 것은 '고귀하고 아름다운 예술' 개념이 확립된 17~18세기였다. '좋은 취미'는 도시에 거주하는 신흥 부르주아 계급과 엘리트 계급이 소유한 고급문화의 규범에 해당했다. '좋은 취미'는 그들이 이상으로 간주한 신사숙녀들의 규범, 즉 보편적 인간성의 규범인 것이다. 반면 이와 대비되는 '평민의 저속한vulgar' 취미, 즉 '나쁜 취미'는 인간성이라는 가치의 근간과 관련된 결함을 지적한 것으로, 미적인 비난을 넘어 도덕적이고 계층적인 비난을 포함한 말이었다.[20] 이러한 구별이 현대 대중사회에 와서 해체된 것은 당연한 수순일 것이다.

'좋은 취미'를 주제로 한 이론화 작업은 18세기 말에 전환점을 맞았다. 1757년에 볼테르가 집필한 『백과전서』 제7권의 '취미'taste 항목은 예전부터 내려온 미에 대한 고전적 규범의 절대성과 거기에 근거한 작품의 객관적 재단으로 취미에 접근하고 있다. 그러나 같은 항목을 집필한 몽테스키외나 달랑베르는 오히려 취미를 "개개의 대상이 인간에게 제공하는 쾌락의 정도程度를 민감하게 받아들이고 일

18   K. 로트만, 이동승 옮김, 『독일문학사』, 탐구당, 1990, 61쪽.
19   윤도중, 앞의 글.
20   西村淸和, 앞의 책, 129쪽.

순간에 발견하는" 개인의 주관적인 능력으로 보았다.[21] 주목할 점은 백과사전에 새롭게 정의된 다양한 취미 개념이 간과하기 어려운 취미의 모순을 첨예화했다는 것이다. 만일 취미가 "개개인이 쾌를 감지하는 능력"이라고 한다면 각자 그들 자신만의 취미가 있다는 말이 되며, 나아가 취미에 대해서는 타인이 왈가왈부할 수 없다는 오래된 통념을 받아들여야 한다. 취미에 대한 개인적 쾌감과 보편적 규범 사이의 논리적 난점을, 칸트는 '취미의 이율배반'이라고 지적했다. 그런데 만일 그렇게 된다면 취미가 하나의 판단으로서의 어떤 보편성을 요구할 수 없게 되고 비평은 설 자리를 잃는다. 이런 난관에 직면한 몽테스키외와 달랑베르가 준비한 탈출구는, 개개인에게는 의식되지 않고 직접 드러나지 않지만 사람으로 태어난 이상 자연본성에 맞는 공통의 소질이 있다는 인식이었다. 하지만 이들은 개인적 취미처럼 보이는 것도 사실은 인간의 보편성에 기초한 절대적 취미라고 말함으로써 결국에는 다시 고전주의적 규범으로 돌아가고 말았다.

사실 여기서 '개인＝인간성'이란 당시 소수 교양층과 엘리트에 한정된 것으로 평민이나 대중은 인간 이하 또는 인간 이전의 존재였다. 평민이나 대중을 '좋은 취미'의 수준으로 끌어올리는 것, 다시 말해 본래 인간의 수준으로 끌어올리는 일이 근대의 미적 프로젝트이자 미적 휴머니즘의 기본 동기였다. 시간이 흘러 19세기 서구 유럽은 귀족이나 부르주아 중심의 사회에서 벗어나 새롭게 '대중'사회로 나아갔다. '근대'는 민중의 계몽을 통한 사회·문화의 진보를 목

21   위의 책, 130쪽.

표로 했고, 대중사회의 도래는 그러한 '근대' 프로젝트의 하나의 귀결이었다.[22]

현대 사회는 대중이 일정 수준의 교육을 받고 어느 정도의 정보를 공유하고 있는 지식정보사회다. 문화적으로는 누구나 대중에 속하게 된 오늘날의 상황에서 개인의 취미를 더 이상 보편적인 인간성에 근거한 것으로 볼 수 없게 되었다. 대중사회에서 취미 판단이라는 행위는 현재적 경험에 수반되는 형태로 새롭게 해석되고 있다. 서구 유럽에서 계급과 문화적 실천의 관계망을 연구한 사회학자 피에르 부르디외Pierre Bourdieu는 앞선 칸트 미학론의 중요한 전제인 취미taste의 일치성을 비판하면서 현대 사회를 분석했다.[23] 부르디외는 『구별 짓기』(1979)에서 현대인의 미의식과 취미를 '계급'의 지표로 해석했다. 인간의 문화적 욕구와 일상에서의 매너 습득, 취미의 개발, 특정한 문화적 취향, 미의식 등이 개인의 본성이라기보다 사회가 양산한 계급의 표식이라는 것이다. 그에 따르면 취미는 미적 대상에 대한 순수한 판단이 아니고 역사적 산물로서 교육에 의해 재생산되는 계급의 지표이다. 부르디외는 특정한 계급의 문화 양식이 결국 학력자본, 경제자본, 문화자본의 축적과 상속을 통해 끊임없이 재생산되는 과정을 연구했다. 그 과정에서 취향이 문화적 구별 짓기라는 사회적 기능을 하고 있음을 밝혔다. 교양과 취미가 사회적 경쟁에서 도구로 사용할 수 있는 문화자본에 속한다는 것이다. 다양한 문화의 장에는 위계적으로 구조화된 세력 간의 투쟁, 즉

---

22   위의 책, 8쪽.
23   피에르 부르디외, 최종철 옮김, 『구별 짓기: 문화와 취향의 사회학 (상)』, 새물결, 1996, 10~42쪽.

정통을 방어하려는 힘과 그것을 전복하려는 전략들이 충돌한다. 그 안에서 상류계급은 하위계급의 문화에 대해 자신들만의 고유성과 우월성을 확보하는 문화적 구별 짓기를 행함으로써 자기정체성을 확보하려 하고, 그 아래의 계급은 부단한 상승 지향의 문화적 실천을 시도한다.

'슈미' しゅみ(趣味), 일본이 받아들인 '테이스트'

우리와 가까운 일본, 동아시아에서 서구적 근대를 받아들이는 데 가장 적극적이었던 일본의 근대 개념어 '취미'しゅみ는 어디에 기원을 두고 있을까. 이 주제를 연구하는 데 진노 유키神野由紀의 저작 『취미의 탄생』趣味の誕生에서 많은 도움을 받았으며, 한편으로는 1906년에 쓰보우치 쇼요坪內逍遙가 발간한 잡지 『취미』趣味에 대한 자료 조사를 통해 일본적 취미의 형성 과정을 재구성할

1906년 쓰보우치 쇼요가 발간한 잡지 『취미』 창간호 표지. 메이지 말기 일본에서 '좋은 취미'는 '화양절충' 和洋折衷 즉, 일본인의 감성에 서양 문화를 흡수·소화하여 만든 새로운 스타일이었다. 『취미』 창간호는 일본 전통복장을 입고 서양식 리본 매듭으로 머리장식을 한 소녀가 표지를 장식하고 있다.

수 있었다.

일본에서 '취미'라는 용어가 빈번하게 쓰이기 시작한 것은 메이지 시대인 1900년대였다. 자본주의 경제가 정착하고 도시형 소비문화가 등장하면서 일본인들의 일상생활 속에 취미라는 개념이 자주 사용되기 시작했다.[24] 새로운 어휘가 그 사회에서 언어적 활용도를 인정받았는지 확인하는 방법 중 하나가 사전 등재 여부다. 1904년 (메이지 37년)에 출간된 사전에는 아직 '취미' 항목이 수록되지 않았고 한자문화권의 전통적인 개념인 '취'趣(오모무키おもむき)만 실려 있다.[25] 일본에서 '취미'의 언어적 용법이 마련되고 사전에 수록된 것은 보통 사람들이 일상의 대화에서 자주 사용하기 시작한 약 20년쯤 후인 1921년(다이쇼 10년)이었다. 일본의 국어사전이라 할 『겐쿤』言訓에 실린 취미 항목을 찾아보면 다음과 같이 정의되어 있다. "① 인간의 감흥을 야기할 수 있는 것, 흥미, 오모무키おもむき ② 영어 taste, 미를 감상하는 능력 ③ 어떤 물건에 대해 흥미를 느끼는 것."[26] 오늘날의 취미taste에 내포된 의미와 거의 일치한다는 점에서 현재적 용법이 이 시기에 이미 정리되었다고 볼 수 있다.

1921년 사전에 등재되기 전까지 일본에서 취미는 다양한 용법으로 활용되며 언어적 실험을 거쳤다. 영어 'taste'의 번역어로 쓰이

---

24 진노 유키, 문경연 옮김, 『취미의 탄생: 백화점이 만든 테이스트』, 소명출판, 2008, 16쪽.

25 위의 책, 24쪽. 그 사전적 의미는 "① 오모무키趣가 있는 것 ② 마음, 의미, 취의趣意, 의취意趣 ③ 사물에 있는 좋은 상태, 맛, 아취雅趣"였다. 이때의 '오모무키' 趣 개념과 미의식은 조선시대의 '치'致, '아치'雅致(아취雅趣)와 크게 다르지 않다. '취'趣가 한자문화권인 중국과 일본, 조선에서 공유한 미적 개념의 하나였음을 추론할 수 있다.

26 「趣味」, 『言訓』(初版), 大正 10年(1921).

기도 했고 중국과의 영향관계를 보여주는 개념으로도 사용되었다. 일본 문학사에서 입지가 확고한 극작가이자 교육자였던 쓰보우치 쇼요는 1906년에 잡지『취미』를 발간했다. 당시 일본인들의 대화에서 유행처럼 사용된 '취미' 개념의 사회적 파장력을 보여주는 대표적인 사례가 바로 1906년에『와세다문학』早稲田文學의 자매지로 창간된 이 잡지『취미』였다. 1905년 5월호『와세다문학』에 권두언 격으로 실린 글에는 자신을 언니라고 한다면『취미』는 동생과 같은 관계라며, "새로운 일본 문명에 수반되는 신문예의 흥행을 요구하고 더불어 구문예의 보존에도 힘을 쏟을 목적"으로 이 잡지를 만들 계획이라는 포부를 밝혔다.[27] '슈미'(취미)를 잡지의 표제어로 쓸 정도이니, 당대 이 용어가 지닌 신선함과 문화적 파급력의 정도를 짐작할 수 있다. 창간호에 실린 「취미」라는 글에서 쇼요는 1900년대 초반 당시 일본인들이 사용한 '취미'라는 용어가 영국의 비평가이자 역사가인 토머스 칼라일Thomas Carlyle이 말한 'taste'의 번역어라고 밝혔다.[28] 쇼요에 따르면, 칼라일이 'taste'를 "진정으로 높고 큰 것을 감지하는 것", "어디에서 어떠한 형태로 보이는지를 묻는 것이 아니라, 아름다운 것, 질서 있는 것, 선한 것을 감지하고 사랑하고 공경하는 마음의 작용"으로 해석했고, 그 개념과 의미가 일본에서 똑같이 통용되고 있다는 시론적時論的 언급을 했다. 그래서 이 글은

---

27 1905년 4월 13일『요미우리신문』讀賣新聞에 "와세다에서 새 잡지『취미』를 발행한다"라는 최초의 소개 기사가 실렸고,『와세다문학』1905년 5월호에『취미』를 자매지로 소개하는 글이 실렸다. 이에 대해서는 越智治雄,「趣味」,『文學』, 昭和 30年 (1956) 12月, 96~97쪽에서 재인용했다.
28 坪內逍遙,「趣味」,『趣味』1卷 1號, 彩雲閣, 明治 39年(1906) 6月, 1쪽.

언어의 특성상 최초의 등장과 당대적 의미를 정확하게 추적하기 어려운 '취미'라는 번역어가 유입된 과정을 연구하는 데 좋은 근거가 되었다. 20세기 초반 일본에 유입된 서양의 'taste'라는 다소 추상적이고 미학적인 용어가 일본어 '취미趣味(しゅみ)로 번역되어 사용된 것이다. 이런 당대 맥락에서 일본은 'taste'를 '취미성趣味性으로 번역하거나, '기호嗜好', '풍상風尙', '감상력', '완상성玩賞性 등으로 번역하여 사용했다.[29] 하지만 쇼요는 "일본에서 말하는 소위 아치雅致, 풍류風流, 청신하고 담백하다는 느낌은 아마도 서양의 취미사趣味史에는 없을 것"[30]이라며 일본인의 취미에 대한 미적 정서가 서양과는 다르다는 점을 강조하기도 했다.[31]

1908년에 발표된 다른 글에서 일본의 초창기 취미 용법의 다른 사례를 발견할 수 있다. 문화연구가 이시이 겐도石井硏堂의 『메이지 사물 기원』明治事物起原[32]에는 '취미라는 신조어'趣味の熟字를 설명한 시평時評이 실려 있다. 여기서 이시이 겐도는 이미 1873년(메이지 6년)에 교육자 미쓰쿠리 린쇼箕作麟祥가 『권선훈몽』勸善訓蒙 8장에 쓴 「취미」 항목을 소개했다. 조금 길지만 취미를 쉽고도 자세하게 설명하고 있는 거의 최초의 글이라는 점에서 번역, 인용해본다.

본심本心이 옳고 그름을 구별하는 이치의 감인 것과 같이, 취미는

---

29   위의 글, 1쪽.
30   위의 글, 3쪽.
31   조선시대에 근대적 '취미' 개념과 유사한 전통 미학적 용어로 풍상, 풍류, 아치, 치致 등이 사용되었던 것을 상기할 때, 조선과 일본이 한자문화권 안에서 미적 태도와 개념을 공유했음을 알 수 있다.
32   石井硏堂, 「趣味の熟字」, 『明治事物起原』, 楠南堂, 明治 41年(1908).

아름다움과 추함을 분별하는 감이다. 하지만 취미력趣味力은 독자적으로 행위의 미추만을 관장하는 것이 아니라, 평상시 자연상의 사물에서부터 사람의 지혜 또는 선한 마음에서 발현하는 각각의 일에 이르기까지 셀 수 없이 많은 것에 관여한다. (……) 취미력이 본심과 마찬가지로 우리의 마음을 발동시킨다고 하더라도, 그 발동시키는 방법은 기존의 것과 다르다. 본심은 우리의 마음을 발동시키고 그렇게 해서 아름다움을 사랑하게 하며, 우리에게 그 의무를 생각하면서 행동하게 한다. 반면 취미력은 우리로 하여금 오호! 아름답구나! 하고 감탄하게 만든다. 그런 까닭에 본심의 주안점이 진리를 행함에 있다면, 취미력의 주안점은 아름다움을 즐기는 데 있다.[33]

이 글을 보면 미쓰쿠리 린쇼가 이미 1873년에 서양의 테이스트 taste 개념과 흡사하게 취미의 본질을 비교적 명료하게 설명했음을 확인할 수 있다. 그러나 이 용어가 현실적인 용법과 발화의 기회를 얻기까지는 20년 이상의 시간이 더 필요했다.

한편 1899년(메이지 32년) 영국에서 유학하고 있던 정치가 오자키 유키오尾崎行雄는 '취미 교육'을 주장했다.[34] 그는 여학교에서 시와 노래, 그림과 음악의 형식적 교육보다 오히려 그 취미를 이해하고 체득시키는 교육을 할 필요가 있다고 보았다. 그 취미만 체득

---

33 石井研堂, 『明治事物起原』, 楠南堂, 明治 41年(初版). 이 책에서는 『明治文化全集 別卷 明治事物起原』, 日本評論社, 昭和 44年(1969), 115쪽, 「趣味の熟字」를 번역 텍스트로 삼았다.
34 진노 유키, 앞의 책, 26쪽.

할 수 있다면 시화서정詩畵敍情이 풍부해져서 시를 짓고 그림을 그리는 능력은 저절로 키워진다는 것이었다. 그는 취미가 예술 형식을 배운다고 얻어지는 것이 아니며, 그 형식이 담고 있는 정신과 내용을 이해하는 것이 우선이라고 보았다. 이런 교육론을 펼친 유키오는 분명히 영국의 취미론과 취미 교육론에 영향을 받았을 것이다.

일본 내에서 서구 번역어가 아닌, 중국 한자어 '趣味'에서 단어의 기원을 설명하는 지식인들도 있었다. 그들은 예전부터 이 말이 중국에서 사용된 한자 숙어였다고 하면서 "『수심제발』水心題跋에 수록된 "怪偉伏平易之中趣味在言語之外"[35]에서 취미의 출처를 밝히고, 이미 취미를 '흥취'興趣의 의미로 사용된 사례라고 보았다. 이시이 겐도는 흥취의 의미로 쓰이는 취미는 아름다운 것을 좋아하는 것에만 한정되지 않기 때문에, 현대 일본에서 흔히 사용하는 고서 수집 취미, 당구 취미, 등산 취미 등의 단어가 한자적 어원과 관련해서 이상할 것이 없다고 말했다.[36] 영어 'taste'의 번역어로 사용되었던 일본어 '슈미'しゅみ는 1907년을 지나면서 하나의 '유행어'가 되었다. 그 현상을 사람들 역시 느끼기 시작했고, 얼마 전까지도 취미라는 단어가 그다지 발견되지 않았으나 최근 신문·잡지 등에서 빈번

---

35 『수심제발』에서 '취미'가 사용된 구체적인 부분을 찾아보면 다음과 같다.
"跋劉克遜詩 著作正字及退翁兄弟道誼文學皆賢卿大夫天下高譽之不以詩名也克莊始創為詩字一偶對一聯必警切深穩人人詠重克遜繼出與克莊相上下然其閑淡寂寞獨自成家怪偉伏平易之中趣味在言語之外兩謝二陸不足多也自有生人而能言之類詩其首矣古今之體不同其詩一也孔子誨人詩無庸自作必取中於古畏其志之流不矩於教也後人詩必自作作必奇妙殊衆使髮其材之鄙不矩於教也水為沅湘不專以清必達於海玉為珪璋不專以好必薦於郊廟二君知此則詩雖極工而教自行上規父祖下率諸季德藝兼成而家益大矣方左鉞其友也當亦以是語之."

36 진노 유키, 앞의 책, 26쪽.

하게 사용되고 있는 것을 체감했다. 더욱이 얼마 전까지만 해도 취미라 하면 일부 호사가가 입에 담는 말이었지만, 이제는 '음악 취미'나 '만담 취미'라는 말로 혹은 '꽃에 취미가 있다'라는 식으로 유행어가 되고 있다고 언급했다.[37] 1910년을 전후해 일본에서는 이미 많은 사람들이 취미라는 말의 의미를 공유하며 다양한 대상들과 조합하여 유행어를 만들어내고 있었다.

이 시기 '취미'라는 말이 유행하게 된 또 다른 배경에는 일본 근대 문예의 새로운 동향이 있었다. 자연주의 문학운동이 활발하던 당시 일본의 작가들이 '자연의 말을 감지하는 능력'이라는 의미로 쓰이던 'taste'를 '취미趣味'로 번역해서 사용했다.[38] 또 러일전쟁 이후 일어났던 문화개량운동의 영향으로 취미라는 말이 힘을 얻기도 했다. 러일전쟁 직후 일본에서는 메이지의 '문명개화'가 물질적인 유신維新을 이루어냈지만 국민 전체의 정신 구조까지 바꾸지는 못했다는 반성이 일고 있었다. 이에 따라 정치, 경제, 사회의 다방면에 걸쳐 새로운 '문화'를 만들려는 움직임, 즉 '정신적 유신'을 향한 운동들이 생겨났다.[39] 이 정신적 유신을 민간 차원에서 실행했던 사람이 바로 쓰보우치 쇼요였다. 쇼요의 문화개량운동의 목표는 고급문화를 보급하고 저급문화를 향상시키는 것이었는데, 이 둘의 중간에 있는 문화를 쇼요는 '취미'라 불렀다. 이때 취미로서의 중간 문화는 순수 문학과 예술보다는 통속적이면서도 민중적인 오락보다는 수준이

---

37 西本翠蔭, 「趣味敎育」, 『趣味』 1卷 3號, 明治 39年(1906) 8月, 易風社, 24쪽.
38 진노 유키, 앞의 책, 28쪽.
39 南博, 社會心理硏究所編, 『大正文化』, 勁草書房, 昭和 41年(1966), 48쪽.

높은 것이었다.[40] 이런 목표를 가지고 쇼요는 잡지 『취미』를 주재했고, 잡지 발간은 일본 '취미' 계몽운동의 동력이 되었다. 쇼요 개인의 의지도 중요했지만, 당시의 사회적 분위기가 쇼요로 하여금 이런 일을 도모하게 했을 것이다. 메이지유신을 통해 물질적인 유신은 어느 정도 이루어냈지만 정신상의 유신은 한참 멀었다는 자각을 한 당대의 지식인들은 종교, 도덕, 문학, 예술을 일괄하여 풍속상의 혼란과 동요를 정돈할 취미 교육의 필요성을 느끼기 시작했다.[41] 일부 상류층뿐만 아니라 취미와 무관했던 사람들에게도 취미를 교육함으로써 사회 질서 유지를 도모하는 일종의 도덕적 가치관으로 취미가 요청된 것이다.

실제로 취미가 일본의 근대 교육에 접합되었다. 니시모토 스이인西本翠蔭은 잡지 『취미』에 실린 대표적인 논설 중의 하나인 「취미교육」趣味敎育에서 취미를 '인격의 발현'으로 보고, 당대의 학교 교육과 윤리 교육, 근대적 직업활동과 휴식의 측면 등 다각도에서 취미의 중요성을 피력했다. 그는 취미와 시대, 취미와 개인의 관계를 설명하면서, 개인마다 취미는 자기만의 색깔을 띠고 있고 인격과 밀접한 관계를 가진다고 설명했다. 스이인에 따르면 취미는 인격의 발현이라고 할 수 있기 때문에 취미가 무엇인지 알면 그 사람의 인격을 예상할 수 있게 된다. 즉 '인격과 취미'는 나무의 '뿌리와 가지' 같은 관계라서, 인격은 근본적인 것이고 취미는 인격에서 생겨난 지엽적인 것이지만 "취미를 어떻게 교육하느냐에 따라 인격도 변화시

---

40   위의 책, 51쪽.
41   坪内逍遙, 앞의 글, 3쪽.

킬 수 있다"는 것이 취미 교육의 핵심이었다. 또 취미는 시대 사조와 밀접한 관계가 있고 후대에도 영향을 미치기 때문에, "취미를 고상하게 지도하는 일은 한 시대를 교육하고 발달시키는 중요한 일"[42]이라며 취미 교육을 강조했다. 스이인은 당시 학교 교육이 지식과 이론 전달에 경도되어 있음을 비판하고 교과서에 서양 명작소설이나 희곡이 실려 있어도 그 진수를 감상할 수 있는 학생은 거의 없다고 개탄했다.[43] 이런 교육 실태를 타개하기 위해 먼저 교육자 스스로 취미를 가져야만 "인격을 고양시키고 (……) 훌륭하고 완비된 인물을 양성"[44]한다는 학교 교육의 목적을 이룰 수 있다고 주장했다.[45]

스이인의 취미 교육은 일본 내에서 전통적으로 강조되던 '윤리 교육'과도 결합했다. 즉 교육 과정에는 엄격한 윤리 교육도 필요하지만, 부드럽고 유연한 심성이나 흥미를 일으키는 교육도 반드시 필요한데, 이때 '취미'가 효력을 발휘한다는 주장이었다. 인간은 휴식이라는 소극적인 태도에서 한 발 나아가 즐거움을 추구할 필요가 있으며, 이때의 즐거움은 바로 취미에서 발생한다는 것이다. 취미는 그저 유희이고 한가로운 놀이처럼 보일 수 있지만 윤리처럼 부자연스럽게 강요된 것과 결합할 때, 즉 강요된 관념 위에 아름다운 옷을 입히면 인간은 "더욱 완전한 곳을 향해 나아갈" 수 있다는 논지였다.[46] 스이인의 취미 교육론(1906)이 근대적인 이유는 취미가 능력

42　西本翠蔭, 앞의 글, 24쪽.
43　위의 글, 26쪽.
44　위의 글, 25쪽.
45　니시모토 스이인의 「취미 교육」(1906)과 거의 동일한 논리와 주장을, 1920년대 한국의 교과서와 교사 지침서에서 발견할 수 있다.
46　西本翠蔭, 앞의 글, 26~27쪽.

중시, 활동 만능주의, 노동과 직업 우선주의라는 가치의 추종으로 인해 정신적 스트레스에 노출된 일본 청년들을 구제할 수 있는 방책이라는 진단을 이미 이 시기에 내린다는 데 있다.[47]

오늘날의 청년들이 안위를 느끼고 즐거움을 제공받는 일은 별로 없다. 게다가 점점 생존 경쟁이 격렬해지고 있기 때문에 정신을 과도하게 사용해야만 하는 지경이다. 현재의 학생들 중 거의 절반 정도가 신경쇠약 기미가 있다고 한다. 인생의 의미가 무엇인지 고뇌하는 학생들이 많은 것도 사실이지만, 다른 한편으로는 기쁨이나 위로를 구할 데가 없다는 것도 그 원인이다. 종교에 매달리려고 해도 청년이 기댈 곳은 거의 없고, 다수의 사람들에게 마음의 안정을 충족시켜줄 수 있는 위대한 철학이 우리에게 나타날 가능성도 거의 없는 것 같다. 평온함을 찾고 위안을 얻을 곳은 거의 전무하다고 할 수 있다. 이런 시대에 오늘날의 청년들은 모두 취미를 찾고 그 안에서 쉬는 것 외에 달리 쉴 곳이 없다. 취미가 어쩌면 적극적으로 길을 이끌어줄지도 모른다. 취미가 거대한 질문에 대한 해결책을 줄 수는 없다 하더라도, 피로에 안식을 주고 고민에 위안을 주는 것만은 확실하다. (……) 또 취미가 어느 정도 절정에 도달하면 이상의 방향을 암시해줄 수도 있다.[48]

위의 논리에 따르면 취미는 일차적으로 인간의 인격을 발현하고

---

47 위의 글, 28쪽.
48 위의 글, 28쪽.

향상시켜주는 정신 작용이다. 현실의 물질 만능주의를 보완해 정신적 풍요를 제공하면서, 생존 경쟁 사회에서 고통 받는 근대인들에게 위안을 줄 수 있다. 더욱이 취미가 고양되면 이상을 제시할 수도 있다. 이런 논리에 따라 취미는 일본의 근대 교육에서 시급하게 요청되었다.

일본의 근대문학가 우에다 빈上田敏은 니시모토 스이인과 같은 입장에서 취미를 '인격'과 동의어로 보았다. 그는 인간을 인간답게 완성시켜주는 것은 도덕만이 아니라 아름다운 것을 사랑하는 성질이라고 주장했다. 그리고 도덕과 아름다움을 사랑하는 성질을 모두 포함해서 인격이라고 부른다면, 취미는 곧 인격이 된다는 논의를 폈다.[49] 그는 1900년대 말 일본의 문예도덕이 납득할 수 없는 위기 상황에 처한 이유로 '보편적인 취미의 혼란'[50]을 들었다. 우에다 빈에 따르면 메이지유신 이후 동등한 일본 국민이라는 관념이 생겨나면서 대세를 이루는 취미가 생겨났고, 다른 한쪽에서는 서구 문물이 급격하게 들어오면서 서양적 취미가 만들어졌다. 이것은 과거에 하나의 계급에만 한정되어 있던 문명이 위에서부터 아래로 일본 대중에게 확산된 결과인데, 그 과정에서 일본의 '자존自尊 관념'이 사라지고 도덕적 혼란이 초래됐다는 것이다. 우에다 빈은 취미 교육을 통해 일본적 자존 관념을 불어넣는 것이 취미계의 혼란을 해결할 수 있는 방법이라고 보았다.[51]

취미 전반을 교육하고자 했던 잡지 『취미』는 일관된 기조로 취미를 가정에 제공하려고 했는데, 그것이 어떤 형식이었는지는 잡지

---

49   上田敏, 「趣味と道德と社會」, 『趣味』 4卷 2號, 明治 42年(1909) 2月, 易風社, 11쪽.
50   위의 글, 13쪽.
51   위의 글, 14쪽.

에 실린 기사를 통해 확인해볼 수 있다. 문예 잡지이므로 문학, 연극에 관한 취미 교육이 핵심을 이루었을 것은 분명하지만, 그 외에도 일상생활 전반에 취미를 침투시키겠다는 취지를 기사 편제에서 확인할 수 있다. 대표적인 예가 오락hobby으로서의 각종 취미를 소개하고 있는 지면들이다.[52] 잡지에는 각계 저명인사의 취미를 소개하는 코너가 마련되었고, 특히 1907년(메이지 40년) 6월호부터는 「여러 가지 취미」라는 특집이 빈번하게 실렸다. 이 기사에 소개된 취미에는 '성냥갑 수집 취미',[53] '술잔 수집 취미',[54] '옛날 동전 수집 취미',[55] '여행 취미'[56] 등이 있다.[57] 이상의 특집 기사들은 "좋은 취미taste, 세련된 취미에 기반한 오락hobby을 가지는 것" 자체가 인격형성을 돕는 수단이라고 독자들을 설득했다.

한편 사람들이 지녀야 할 '좋은 취미'로 일본인의 감성에 맞게 서양의 문화를 흡수·소화해 독자적인 새로운 문화를 탄생시키는 것이 강조되면서, 화양절충和洋折衷의 새로운 풍속 스타일을 만들고자 하는 시도가 많아졌다.[58] 진노 유키神野由紀에 따르면, 일본인의 취미 문제로 등장하기 시작한 주거 관련 테마는 메이지 초기의 서양 쏠

---

52 진노 유키, 앞의 책, 43쪽.
53 『趣味』 2卷 6號, 易風社, 明治 40年(1907) 6月.
54 위의 글.
55 『趣味』 2卷 7號, 易風社, 明治 40年(1907) 7月.
56 『趣味』 2卷 11號, 易風社, 明治 40年(1907) 11月.
57 진노 유키, 앞의 책, 43쪽에서 재인용.
58 「日本服裝の改良」, 中村不折(『趣味』 1卷 4號); 「裝飾の趣味」, 藤岡東圃(2卷 2號); 「日本の裝飾と西洋の室內裝飾」, 藤井健次郎(2卷 11號); 「日本男女の服裝」, ゴルドン婦人(3卷 3號); 「我理想の家庭建築」, 佐治實然(3卷 4號); 「我國の風俗」, 梶田半古(4卷 3號); 「日本服裝硏究會」, 唐澤紅雪(5卷 4號); 「和洋趣味雜感」, 戶川秋骨(6卷 5號).

림 현상과 메이지 말기의 혼합문화 사이에 존재하는 근본적인 차이를 보여준다. 도가와 슈고츠는 일본풍과 서양풍이 혼합된 화양취미和洋趣味라는 새로운 유행이 나타났던 메이지 말기를 이렇게 평가했다. "일본처럼 신기한 문화 상황에 놓인 곳은 흔치 않다. (⋯⋯) 입는 옷도 일본풍과 서양풍의 양쪽을 다 갖고 있고, 먹는 것도 화양和洋의 양쪽을 다 갖고 있다. 주거도 화양절충식이고, 물건뿐 아니라 문자도 화양절충이고, 학문도 화양절충식이며, 사상도 그렇다. 게다가 더욱 불가사의한 것은 도덕도 화양의 양쪽 모습을 다 가지고 있다는 점이다." 슈고츠가 볼 때 일본의 주거 양식이 화양절충이기 때문에 일본의 가정 도덕도 화양절충식이 되어가는 것은 당연했다. 그래서 좋은지 나쁜지는 차치하고, 시대의 흐름과 문화의 대세는 어디까지나 서양의 것을 받아들여 소화하는 데 있다며 당시의 화양취미를 진단했다.[59]

실제로 서양적인 것은 당시 일본인의 일상생활 속에 강력하게 흘러 들어갔고, 이때 나타난 것이 화양절충의 취미였다. 그런데 과자, 과일, 꽃, 상점 등 일상적이고 물질적인 층위에서는 화양절충이 쉽게 이루어졌지만, 회화나 연극 등 예술 분야에서는 절충의 문제가 훨씬 복잡했다. 예술은 끝까지 양풍 취미와 섞일 수 없는 일본 고유의 취미가 있기 때문이었다.[60] 메이지 말기에 주장된 취미가 화양절충 스타일로 수렴해간 양태는 백화점 같은 소비의 장에서 특히 두드러졌다. 진노 유키는 사람들의 생활이 새로운 단계에 들어선 것을

---

59   戶川秋骨, 「和洋趣味雜感」, 『趣味』 6卷 4號, 趣味社, 大正 元年(1912) 11月, 25쪽.
60   진노 유키, 앞의 책, 45쪽.

보여주는 증거의 하나로 새로운 의식주 스타일을 창출하려는 움직임을 꼽았다. 그에 따르면 이는 역사적으로 중요한 사건이었다.[61] 사회심리학자 미나미 히로시南博는 쇼요가 잡지『취미』를 통해 실천했던 취미계몽운동과 미쓰코시 백화점의 출현이라는 동시대의 사건은 메이지 초기의 물질적 문명개화와는 다르게 취미와 결합된 새로운 생활 양식의 창출이었다고 평가하기도 했다.[62]

근대 중국의 취미 개념

일본의 근대적 취미 개념이 형성되는 과정을 고찰하는 작업은 메이지 말기 문화계몽운동과 연관되면서 다양한 매체 기록과 풍속사적 진단의 자료가 남아 있기에 비교적 수월했지만, 중국의 경우는 조금 다르다. 중국의 근대 취미 유입사를 추적하는 것이 근본적으로 필자의 역량을 넘어서는 영역이기도 하고, 근대 초입 한국과 중국의 영향관계가 한국과 일본의 역사적 관계만큼 직접적이지 않았다는 점에서 두 나라 사이에 개념 형성의 교집합적 고리를 찾는 것은 쉽지 않다. 하지만 근대 중국에 취미가 유입된 경로에서도 한국이나 일본처럼 서구의 'taste'가 공통적인 지류였음을 중국 근대 계몽사상계의 중심인물이었던 량치차오梁啓超를 통해 부분적으로 살펴볼 수 있다. 가령 '미학'美學이라는 학명은 'aesthetics'의 번역어인데,

---

61 위의 책, 46쪽.
62 南博, 앞의 책, 48~59쪽.

근대 동아시아와 서양의 만남을 보여주는 한 사례이다. 한자문화권에서 사용하는 학명과 근대 지식의 개념어들은 대부분 서구화에 앞장섰던 일본에서 번역된 것이었다.[63] taste가 취미로 번역되어 일본과 한국, 중국에 확산된 것 역시 서구의 학문과 제도가 세계적으로 확산된 결과였다.

20세기 초입의 중국은 근대를 향한 정치·경제적 변화의 소용돌이 속에서 혼란의 시간을 보내고 있었다. 시대는 계몽을 요구했고 예술 역시 사회 개혁에 일조해야 한다는 이론이 팽배했는데, 한편에서는 개인이 오롯이 자신만의 예술을 향유해야 한다는 취미론이 버티고 있었다.[64] 량치차오는 '생활의 예술화'와 '예술의 생활화'라는 당대 논쟁 속에서 상반된 두 가지 예술론을 수렴하는 방식, 즉 계몽과 취미의 예술적 접합점을 찾아냈다.[65]

> 취미 교육이라는 이 용어는 내가 창조한 것은 아니라, 근대 구미 교육계에서 일찍 유행하던 말이다. 그들은 취미를 수단으로 삼고 있었지만, 나는 한 걸음 더 나아가서 취미를 목적으로 삼을 생각이다.[66]

일본에 '취미'가 유입된 배경과 유사하게 량치차오가 취미론을

63　이상우, 『중국 미학의 근대』, 아카넷, 2014, 5~6쪽.
64　위의 책 참조.
65　이상우, 「2장. 량치차오의 취미론」, 위의 책.
66　「趣味教育與教育趣味」, 『飮氷室文集』 38. 량치차오, 최형욱 옮김, 『음빙실문집』, 지식을만드는지식, 2015, 141쪽

주창하게 된 것은 근대 구미 교육계에서 일찍이 유행하던 '취미 교육'의 영향이며, 자신이 창조한 말은 아니라고 밝히고 있다. 다만 량치차오는 자신의 취미론을 서구의 취미론과 구분하려고 한다. 근대 구미 교육계에 유행하는 취미는 '수단'에 그치지만 량치차오는 취미가 곧 삶의 목적이 되어야 한다고 보았다. 량치차오의 사상 안에서 취미론이 차지하는 중요성이나 중국 근대 미학에서 량치차오의 취미론이 갖는 의의는 잠시 차치하고라도, 여기서 동시대 서구와 중국에서 혹은 서양과 동양에서 취미론이 대두하며 영향을 주고받았다는 사실과 'taste'의 중국 유입에 영향을 받아 량치차오의 취미론이 정립되었음을 확인할 수 있다.

> 나는 취미주의를 주장하는 사람입니다. 만약 화학적으로 '량치차오'라는 이 물건을 분해할 때, 안에 들어 있는 일종의 원소인 '취미'라는 것을 뽑아내고 나면 아마도 남는 것은 단지 제로일 것입니다. 나는 무릇 사람들이 반드시 늘 취미 속에서 살아야지만 생활이 비로소 가치가 있게 된다고 생각합니다.[67]

량치차오는 취미가 곧 생이자 삶의 목적임을 강조하고 취미를 제외하면 자신은 존재하지 않는 것과 다름없다며 취미와 삶의 가치를 동격으로 보았다. 그리고 다음 글에서 취미의 속성을 무목적성과 놀이성에 두고 있다는 점에서 칸트의 취미론이 그에게 미친 영향을 명확히 추론할 수 있다.

---

67   량치차오, 위의 책, 133쪽.

무릇 취미의 성질은 결국 취미로 시작해 취미로 끝나야 합니다. 따라서 취미의 주체가 될 수 있는 항목은 첫째 노동, 둘째 유희, 셋째 예술, 넷째 학문 등입니다. (……)

나는 결코 학문이 도덕적이기 때문에 학문을 제창하는 것이 아닙니다. 학문의 본질은 충분히 취미로 시작해 취미로 마칠 수 있는 것으로, 나의 취미주의 조건에 부합하기 때문이며 따라서 학문을 제창합니다. (……)

여러분은 학문의 취미를 맛보고자 하십니까? 그럼 내가 경험한 바와 같은 다음 몇 갈래 길로 가셔야 합니다. 첫째, 무소위無所爲입니다. 취미주의의 가장 중요한 조건은 "목적하는 바가 없이 하는 것"입니다. 무릇 목적하는 바가 있어서 하는 일은 모두 또 다른 일을 목적으로 해 이 일을 수단으로 삼게 됩니다. 목적을 달성하기 위해 수단을 억지로 쓰게 되고, 목적에 도달하게 되면 수단은 곧 던져버리게 됩니다. (……) 내게 "무엇 때문에 학문을 하느냐"라고 물으십니까? 내 대답은 "무엇을 위해서가 아닙니다"입니다. 다시 물으신다면 내 대답은 "학문을 위해 학문을 합니다", 또는 "나의 취미를 위해서요"입니다. (……) 어린이들이 무엇 때문에 놀이를 할까요? 놀이를 하기 위해 놀이를 하는 것입니다.[68]

학문의 본질인 취미성, 학문의 무목적성과 놀이성을 중국 근대의 독자들이 공감하기란 쉽지 않았을 것이다. 하지만 취미를 노동에서 예술, 유희까지 삶의 전 영역에 적용한 것은 그 실천들의 과정과

---

68 위의 책, 134~136쪽.

몰입의 경험을 중시했기 때문이다. 량치차오가 청년 시절 설파했던 계몽 이론이 근대 초기 중국의 "암울하고 혼란스러운 정치 현실을 반영하는 시대적인 이론이라면, 취미의 이론은 근대의 지식인이 중국 전통의 예술론을 총괄하고 평가하며 또 량치차오 자신의 문인으로서의 예술에 대한 심득心得을 보여주는 이론"[69]이라는 평가를 받는다. 사회 개혁의 도구로서의 예술을 주장하는 계몽의 예술론과 개인적인 차원에서 예술을 향유하는 취미의 예술론은 상반된 예술 이론이지만, 량치차오에게서 동시에 나타난다는 것은 그가 격동의 중국 근대를 파행적으로 살아낸 지도자이자 사상가임을 보여준다.

사실 근대 초기 대다수의 서구어를 번역하여 주변 동아시아 국가에 전파한 것은 일본이었다.[70] 특히 1900년대에 성행한 일본의 취미 담론은 당시 한국에 거주하는 일본인들을 대상으로 경성에서 발행하던 신문과 잡지에도 지속적으로 실리게 되면서 '취미'를 유포했다. 1908년부터 경성에서 발간된 일본어 잡지 『조선』朝鮮을 비롯하여 그 후신인 『조선과 만주』朝鮮及滿洲 등에서 다이쇼 문화주의를 배경으로 한 일본 근대어 '취미'를 발견하는 것은 어렵지 않다. 이런 매체들을 통해 일본발 '취미' 개념과 사상이 한국에 유입되었다. 심지어 문명의 대리자를 자처했던 당시 제국 일본은 식민지 한국의 상황을 '무취미'無趣味로 진단하고 그것을 교정하려는 목적으로 근대적 취미론을 한국에 설파하기도 했다. 1900년대 개화기 한국에서는 자생적 필요에 의한 본격적인 취미론이 등장하지는 않았지만, 문명,

---

69   이상우, 앞의 책, 43쪽.
70   야나부 아키라, 서혜영 옮김, 『번역어 성립 사정』, 일빛, 2003.

계몽, 근대적 지식과 연동하는 개념으로 '취미'라는 개념이 발화되기 시작했다. 20세기가 되면서 한국 사회에 취미라는 개념이 새롭게 등장한 것인데, 취미 개념의 등장과 국내외적 영향관계가 궁금하지 않을 수 없다.

2장

취미의 한국적 전사
前史

취미 유입의 초창기 흔적

서양의 'taste'가 일본에서 '취미'趣味로 번역되면서 취미는 지식인들의 담론은 물론이고 평범한 사람들의 일상적 언어 속으로 흘러들었다. 메이지 말기에 일본 전국에 실시된 위로부터의 취미개량운동, 그리고 다이쇼 시대가 되는 1910년대 초기에 민간에서 시도된 취미개량운동 등은 약간의 시차를 두고 식민지 조선에 영향을 미쳤다. 19세기 후반 이래로 양국의 역학관계상 한국의 새로운 사상과 개념은 일본으로부터 직접 영향을 받을 수밖에 없는 사회·문화적 구조였다. 다음은 메이지 말기에 획정된 일본의 '취미'라는 개념이 근대 한국에 영향을 주었음을 확인할 수 있는 자료로, 1905년이라는 이른 시기의 것이다.

[광고] 독습 일어잡지讀習 日語雜誌. 본 잡지는 다취미부실익多趣味富實益ᄒ야 일어 독습의 최량最良 사우師友요 축차逐次 매호每號를 헌상獻上 황실皇室ᄒᄂ 광영光榮을 몽유蒙有한 자이라 경향京鄉

제유諸儒가 무불상찬無不賞
讚하오니 일어 학습에 유지
제씨有志諸氏는 특위애독特
爲愛讀ㅎ심을 복망伏望하오.
제3호붓터는 발매일發賣日
을 개정改定ㅎ야 매월每月 5
일五日로 ㅎ오.

— 경성학당 내 일어잡지사 [1]

1905년 6월 28일자 『황성신문』에 실린 광고인데, 광고주는 '일어잡지사'였다. 일본어 독학 서적인 『독습 일어잡지』를 광고하는 문안 가운데 "다취미부실익"多趣味富實益이라는 일본어식 문구가 눈에 띈다. 일본이 '취미와 실익'을 강조한 것은 메이지 말기 문화개량운동이 진행되던 시기부터였다. 쓰보우치 쇼요 등의 문화개량운동 이후 각종 잡지에는 '취미와 실익'을 강조하는 기사들이 기획되었다. 그리고 이 시기 일본에서 생산되거나 유입된 각종 상품들이 한국의 매체에 광고될 때 사용된 '취미와 실익'은, 이후 한국어 어법에 정착하게 되었다. '취미와 실익'은 각종 서적이나 잡지, 공연물과 활동사진 등 근대 매체와 각종 '신'新문물 광고에 자주 등장하면서 중요한 가치이자 관용구로 자리매김했다.[2] 취미를 충족하고자 하는 구매자

1   『황성신문』, 1905. 6. 28; 1905. 6. 29; 1905. 7. 1.
2   ①『청춘』, 1914년 10월, '古本 츈향젼' 광고. "今에 그 內容을 約記ㅎ건데 開卷 第一에 白頭山 以下 八域名勝을 周遊吟賞ㅎ 滿五面長歌는 趣味津津ㅎ 중에 歷史地理의 要職을 得훌 것이오 (……) 舊社會事物의 展覽場과 如ㅎ니 系統的으로 一讀

의 입장에서 실용적인 이익까지 준다는 내용은 그것이 무엇이든 기꺼이 소비하고 싶게 만드는 매력적인 광고 문구였을 것이다.

1908년 3월 21일자 『통감부문서』統監府文書 중에 「한어신문 발행계획에 관한 건」韓語新聞發行計劃ニ關スル件(40호)[3]이 있다. 발송인은 블라디보스토크 영사 노무라在浦潮 領事 野村基信였다. 그 내용을 보면 블라디보스토크에 살고 있는 한국인들이 『해조신문』海潮新聞이라는 신문의 발행을 기획하고 있다며 통감부에 보고하는 문서다. 『해

ᄒ면 趣味가 異常ᄒ 一編情史오 부분적으로 各讀ᄒ면 實益이 雙ᄒ 百科事彙라."
②『매일신보』, 1914. 1. 13. "革新團, 演興社에서 公演 '鬼娘毒婦姦計'. 십륙 세에 소년녀즈가 악의로 간부를 부동ᄒ야 신랑을 밤에 목을 미여 쥭이려 ᄒ다가 발현되야 일장 풍파가 이러는 사실을 본단에서 일신 기량ᄒ야 풍속상 모범이 되도록 취미 실익을 겸ᄒ야 흥힝ᄒ오니 속속 리님ᄒ심을 망흠."
③「편집실에셔」, 『신문계』, 1915년 1월, 126쪽. "본호ᄂ 대ᄉ적 개혁을 ᄒ야 或實益도 取ᄒ고 或趣味도 取ᄒ며 或實益과 趣味가 겸ᄒ 문제로 면목을 일신케 ᄒ고져 ᄋᄋ야 繼續ᄒ던 寓意談 百丈紅 등의 십수 건을 停止ᄒ고 일층신신ᄒ 재료를 채집ᄒ엿ᄉ오며 본호에 대ᄒ 부록은 신년 일월에 적당ᄒ 趣味를 助長도 하고 (……)."
④「발간의 사」, 『태서문예신보』, 1918년 9월, 1쪽. "본보ᄂ 태서의 유명한 쇼설, 시됴, 가곡, 음악, 미슐, 각본 등 일(반) 문예에 관한 기사를 문학대가의 붓으로 즉접 본문으로붓터 충실하게 번역하야 발행할 목적이온자 다년 경영ᄒ든 바이 오날에 데일호 발간을 보게 되엿습니다. 편즙상 불충분한 점이 만사오나 강호제위의 이독ᄒ여 주심을 싸라 일반 기자들은 붓을 더욱히 가다듬어 취미와 실익을 도모ᄒ기에 일층 로력을 다ᄒ겟습니다."
3   국사편찬위원회 편, 『통감부문서』 5권, 2000(국사편찬위원회 홈페이지 http://www.history.go.kr/front/dirservice/dirFrameSet.jsp). "韓語新聞發行計劃ニ關スル件ー第四〇號 當地在留韓人中ニ新聞紙發行ノ企劃ヲ爲シ排日主義ヲ鼓吹セント努メ居ル趣豫テ聞ク候ニ付内々探索致居候處頃日別紙趣意書ノ通り海朝新聞ヲ發行シ一般韓國民ノ智識ヲ增進シ國權ノ恢復ヲ謀リ獨立ノ實ヲ擧クルコト本國及列國ノ狀態ヲ普ク報道スルコト官廳ノ達示·法制·學術·農工商業等ニ關スル新事實ヲ譯拔スルコト, 趣味アル談話ヲ揭載スルコト等ノ主義方針ヲ發表シ廣ク韓人中ニ購讀者ヲ募集シツゝアリト而シテ一方ニハ新聞社ニ充ツル爲メ家屋ヲ建築シ輪轉機一臺ヲ据付ケ韓人ノ技師一名ヲ雇入レ目下發刊ノ準備中 (……) 更ニ探知ヲ遂ケ御通知及フヘク候モ右不取敢御參考迄申進候 敬具. 一明治四十一年二月二十一日 在浦潮 領事 野村基信."

조신문』은 블라디보스토크에서 1908년 2월 26일 최봉준과 정순만이 주도하여 창간한 일간신문이다. 학문과 지식을 넓히고, 실업의 흥왕을 권장하며, 국민정신을 배양하고 국권회복을 주장하는 것을 창간 취지로 삼았다. 문서 내용은 통감부가 신문 발행 취지서를 살펴보고 발행 허가를 엄중히 결정해달라고 요청하는 것이었다. 이 문서에는 『해조신문』 발행자 측에서 제출한 한국어 발행 취지서[4]와 이를 일본어로 번역한 일본어 취지서가 별지로 첨부되어 있다. 흥미로운 점은 문서에 '취미'라는 용어를 사용한 대목이다. 한국인 발행자가 "국문과 국어와 자미있는 이야기로 알기 쉽게 발간함"이라고 쓴 부분을, 일본인 총영사는 "취미 있는 이야기를 게재할 것"(趣味アル談話ヲ揭載スルコト)으로 번역했다. 즉 한국어 '자미'를 일본식 조어 '취미'로 번역한 것이다. '자미'는 당시 매체에서 '滋味'로 표기되던 단어로 현재는 '재미'라는 단어로 남았다. 이것은 '재미'와 '취미'가 호

---

4   海朝新聞刊行趣旨書(別紙) 쥬지서: 사람마다 자긔심듕에 싱각ㅎ기를 보고 듯지 안이ㅎ야도 사람이면 사람의 직책을 다ㅎ는 줄로 알아도 결단코 그러치 안이홀 것이 잇스니 보고 듯는 것이 업스면 이 세상 만물 듕에 사람이 가장 귀ㅎ다 닐으지 못홀지니 (……) 남과 갓치 시세상복을 눌어 남의 문명을 불어워ㅎ지 안이ㅎ면 본샤도 신문을 설치흔 본의를 일우고 구람ㅎ시는 쳠군자도 효력이 젹지 안이홀이니 남녀로쇼 간에 본 신문을 바다 보시고 귀를 기울여 날마다 시소식을 드르시기 간절히 바라는 바이로소이다.
    一. 신문 일흠은 히죠신문이라 함
    一. 일반국민의 보통지식을 발달ㅎ며 국권을 회복ㅎ야 독립을 완전케 ㅎ기로 목 덕흠
    一. 복국과 열국의 소문을 너리 탐지ㅎ야 날마다 발간흠
    一. 정치와 법률과 흑문과 상업과 공업과 농업의 식문꼿를 날마다 번역 게재흠
    一. 국문과 국어와 자미잇는 이약이로 알기 쉽도록 발간흠
    一. 실업상 진보의 기타 죠흔 ㅅ업에 발달을 위ㅎ야 광고를 쳥ㅎ는 일이 잇스면 상 의 게재흠

환 가능한 의미로 쓰였음을 보여주는 사례이기도 하고, 일본적 개념
어 '취미'가 유입되어 활발하게 사용되기 시작한 초창기의 기록이기
도 하다.

　일본의 번역어 '취미'가 1900년대 초반 한국어 매체에 활용된
사례를 먼저 제시한 이유는 언어와 제도 유입의 일방향적 영향관계
를 증명하기 위함이 아니다. 이러한 언어 유입의 초기 장면이 자칫
그런 편향을 갖게 할 수 있으나, 번역어 유입과는 별개로 한국의 전
통문화 속에서 '취미적인' 사유와 실천이 광범위하게 존재하고 있었
음을 놓쳐서는 안 된다는 점을 역설하려는 것이다.

　취미 개념의 유입 경로와 사례를 실증적으로 밝히지 않은 채로,
"근대 초 서구의 taste가 일본을 통해 한국에 '취미'라는 용어로 정
착"했다는 전제에서 논의5를 전개하는 것은 경계해야 할 학문적 태
도다. 한국에 '정취'情趣, '풍취'風趣, '흥치'興致라는 전통적인 예
술 개념이 있었다는 점을 고려하지 않는다면, 이 개념들이 일본에
서 '趣味'(しゅみ)가 형성되는 것과 동일하게 서구의 'taste' 개념과
결합하면서 한국의 '취미' 개념이 만들어졌을 것이라고 편의적으로
해석할 우려가 있다. 그렇게 되면 최남선의 "『소년』에서의 취미는
'taste'에 내포된 인간의 주관적이고 개인적인 '취향' 및 '미적 판단
력'의 의미가 '근대화', '계몽'의 의미로 전유되어 여기에 전통 개
념의 '취'趣와 '미'味의 개념이 합치되면서 형성된 것"6이라는 모호
한 결론을 별다른 실증 없이 성급하게 받아들이게 된다. 1906년 이

5　이현진, 「근대 초 '취미'의 형성과 의미 분화」, 『현대문학의 연구』 30호, 현대문학
　연구학회, 2006, 45~70쪽.
6　위의 글, 50쪽.

후 잡지들의 편집인과 필자 다수가 일본 유학을 경험한 지식인이었고, 일부의 기사들은 번역 여부를 명기하지 않고서 일본의 서적이나 법령을 번역해 실은 경우가 많았다. 물론 그런 기사들에서 사용된 '취미'는 일본어의 '취미'를 그대로 번역한 것이 다수 있다. 한국어 '취미'가 일본어 '취미'의 번역어였다는 발생적 상황 자체가 크게 문제가 되지도 않는다. 그러나 번역어로 들어온 말이 한국의 현실에서 살아남아 외연이 한정된 구체적인 개념어로 자리 잡을 수 있었던 한국의 정신적·문화적 과정과 그 의미를 밝히는 것은 중요하다.

취趣와 미味, 취미趣味와 취미臭味

근대 한국으로의 변모를 꿈꾸던 대한제국의 이전 시기, 즉 조선에서 취미의 한국적 기원을 찾는 것은 가능한 작업일까. 조선시대에는 '취미'라는 말이 지금처럼 일상적으로 사용되지 않았다. '취趣'와 '미味'는 심지어 개별적으로 사용되는 동양의 미학 용어였다.[7]

　　조선시대에 '취미'라는 말이 쓰였는지, 쓰였다면 어떤 맥락에서 쓰였는지 그 용례와 의미를 파악하기 위해 『조선왕조실록』의 원문을 검색하면 6개 정도의 사례가 발견된다.[8] 물론 말이 사용되는 상황과 그 말의 의미는 발화되면서 동시에 사라지는 경우가 더 많고, 『조선왕조실록』을 통해 '취미' 개념의 활용 양상을 확인한 결과가 조선시

7　장파, 유중하 외 옮김, 『동양과 서양 그리고 미학』, 푸른숲, 1999.
8　http://sillok.history.go.kr의 자료를 활용했다.

대의 '취미'를 완전하게 보여주지도 않는다. 다만 실록이 국가의 방대한 공식 기록이라는 점을 감안한다면 이 텍스트가 언어 사용의 대표성을 갖는 하나의 문자기록이 되어준다는 점에서 살펴볼 만한 것이다. 현대 국어로 번역된 『조선왕조실록』 국역판에서 검색된 '취미'趣味의 경우 원문에는 '취미'臭味, '치'致, '취'趣, '미'味, '기'嗜로 표기되어 있었다. 『조선왕조실록』에서 '臭味'는 '趣味'보다 훨씬 많은 50회 이상의 용례를 찾을 수 있다. 조선시대에 '趣味'는 거의 사용되지 않았고, '臭味'가 더 많이 사용되는 말이었다.

'취미'趣味가 사용된 용례로는, "명류名流는 취미가 같지 않다",[9] "취사取捨를 할 때는 관리들의 취미에 따를 (것)",[10] "서늘한 계절 고요한 밤에는 그 취미가 더욱 심원하고",[11] "(두 재상이) 서로 언의言議와 취미가 같지 않다",[12] "역적과는 취미가 같지 않다",[13] "성기聲氣와 취미는 전혀 상관없다"[14] 등이 있었다. 이 구문이 쓰인 실록 원문의 전후 맥락을 살펴보면 '기호'嗜好, '의향', '분위기', '가치관' 등의 의미로 사용되었음을 알 수 있다. '기호'나 '좋아하는 것'을 뜻하는 경우는 지금의 '취미'와 동일한 의미에서 사용된 것이지만, 사람의 '가치관'이나 '의향'과 같이 광의의 정신적 개념을 의미하는 말로 쓰이기도 했다. 『조선왕조실록』 외에 18세기 문헌

9   『효종실록』, 즉위년(1649) 9월 13일.
10 『효종실록』, 효종 3년(1652) 4월 27일.
11 『현종실록』, 현종 6년(1665) 9월 24일.
12 『영조실록』, 영조 26년(1750) 8월 11일.
13 『영조실록』, 영조 31년(1755) 5월 25일.
14 『순조실록』, 순조 1년(1801) 1월 23일.

에서 찾은 '趣味'는 '수석취미'水石趣味[15]나 '유객취미'遊客趣味[16]라
는 표현으로 빈번하게 쓰였으니, 자연에서 즐기는 '풍류'와 동일한
의미를 가진 것이었다.

『조선왕조실록』에서 50회 이상 나오는 '취미'臭味(냄새 '취'臭
자)가 지금의 '취미'趣味와 가장 유사한 의미로 사용되었다. 그중에
서 '성색취미'聲色臭味[17]라는 숙어가 자주 사용되었는데, 이때 '취미'
臭味는 부정적인 의미를 띠거나 취미臭味의 주체를 비난하는 맥락에
서 사용되었다. '성색취미'는 전통적으로 '근골기운'筋骨氣韻과 대
비적으로 쓰이는 말이었다. 정신적인 부분을 의미하는 '근골기운'과
달리 소리나 색, 냄새나 맛과 같은 감각적인 부분을 지칭했다. 구체
적으로는 주로 여색과 음주에 몰두하는 것을 의미했으니, 당연히 비
판적인 어조를 띨 수밖에 없었다.

취미臭味, 풍류風流, 기嗜, 벽癖,치致─취미의 한국적 전사

근대 '취미'趣味와 비슷한 전근대의 미학적 개념어로 '풍류'風流를

---

15 「稀年錄-中」, 『樊巖先生集卷之十八』. "曾在明德山也 貞敬權夫人 爲製鶴氅衣 以佐
    水石趣味 蓋知我有考槃永矢之意也 未十年 夫人死 余亦入相府 簪纓絆身 鶴氅有亡
    未暇念也 屬上筋朝紳 服朝服 必以白衫承其內 公卿侍從無素具 頗窘速 余念鶴氅制
    同白衫 斯可以用 於是命家人窮索塵篋 鶴氅宛爾在矣 遂庸以成朝儀 使夫人有知 能
    不笑我東山遠志化爲小草也歟 一愧一愴 摩掌以吟."
16 「自靑川入華陽」, 『性潭先生集卷之一』. "[詩]自靑川入華陽 路過桃源里 村人膾魚烹
    狗 以待于川邊 極助**遊客趣味** 半酣成吟 以記卽事."
17 『숙종실록보궐정오』, 숙종 32년(1706) 3월 3일;『영조실록』, 영조 9년(1733) 8월
    2일;『순조실록』, 순조 1년(1801) 5월 11일;『순조실록』, 순조 1년(1801) 6월 10일.

꼽을 수 있다. 풍류는 노장과 도가 사상을 기본으로 하는 동양 미학의 기본 개념으로 한국, 중국, 일본의 미의식의 근원에 자리한다.[18] 조선조 각종 문헌과 기록에 나타난 풍류의 의미는 크게 다섯 가지로 구분된다.[19] 첫째, 신라 화랑도의 의미에 근간한 풍류 개념. 둘째, 경치 좋은 곳에서 연회를 베풀고 노는 것. 셋째, 예술 또는 예술적 소양에 관계된 것을 나타내는 표현. 넷째, 사람의 인품(성격, 교양, 태도, 외모, 풍채 등)이나 사물의 상태가 빼어난 것을 형용하는 표현. 다섯째, 남녀 간의 정사情事를 나타내는 말이 그것이다.

풍류도 지금의 취미처럼 단일하게 정의할 수 없는 다양한 의미망을 가진 용어였다. 이 중에서 조선시대에 가장 일반적으로 사용된 풍류는 위의 두 번째 의미에 해당할 것이다. 종교성, 예술성, 유희성을 모두 포괄했던 풍류 개념은 시간이 흐르면서 도道나 형이상학적 요소가 약화되었고, 예술의 향유나 놀이성의 개념이 부각된 것으로 보인다.

동아시아 삼국에서 풍류는 공통되게 "예술적으로 혹은 미적으로 노는 것"[20]으로 규정된다. 어느 나라에서건 풍류는 애초에 부富와 일정 정도의 신분, 지위를 갖춘 계층의 정신적 여유를 바탕으로 한 '귀족 취미'에서 비롯되었다. 놀이가 생활의 실용적 목적과는 거

---

18 한국과 중국, 일본에서 정의하는 '풍류'의 사전적 의미는 다음과 같다(신은경, 『풍류: 동아시아 미학의 근원』, 보고사, 2003, 21쪽에서 재인용).
• 한국(『우리말큰사전』): 속된 일을 떠나 풍치 있고 멋스럽게 노는 일.
• 중국(『중문대사전』): 風化流行(풍속이 교화되어 아래로 흐르는 것).
• 일본(일본국어대사전『言泉』, 小學館): 기품이 있고 우아한 모습, 세속으로부터 떠나 취미趣味 있는 곳에서 노니는 것.
19 신은경, 위의 책, 52쪽.
20 위의 책, 66쪽.

리가 있음을 감안할 때 일상적 삶에 구애받을 필요가 없는 상류층이 야말로 미적인 것을 추구하고 향유할 기반을 확보하고 있었기 때문이다.[21]

그렇다면 전근대에 특정 계층이 전유하던 미적 정서와 활동으로서의 '풍류'가, 계급이 철폐된 근대사회에서는 보편적이고 공중公衆적인 근대적 '취미'의 개념으로 이전하게 된 것은 아닐까 추론해볼 수 있다. 그러나 상류층의 풍류문화가 곧바로 근대적 취미 개념으로 대체된 것은 아니다. 일단 조선 후기 문화적 지반 안에서 근대적 취미를 선취先取한 새로운 흐름과 균열이 생겨나고 있음을 18세기 신지식인층의 문화에서 찾아볼 수 있다.

역사적으로 풍류는 양반 사대부의 문화 양식이었다. 그런데 조선 후기가 되면 한양에 거주하는 중인이나 경아전층京衙前層으로 그 문화가 확산되면서 풍류를 향유하는 계층이 넓어졌다. 중인층의 풍류활동은 문화적 상징행위를 통해 정치·사회적 주변성을 극복하고 상류층 문화의 권위에 저항하는 것이었다. 이는 한편으로 상류층의 미의식과 문화를 모방하려는 욕구의 표출이기도 했다. 18세기 이후 서울을 중심으로 중인층 '풍류 공간'이 출현함과[22] 동시에 '여항閭巷 문학'이 등장했고, 경화세족京華世族이 벽癖과 치痴를 추구하는 등, "18세기 지식인의 새로운 지적 경향과 변화된 문화 환경"[23] 등이 새

---

21 위의 책, 66~67쪽.
22 송지원, 「조선 후기 중인층 음악의 사회사적 연구」, 『민족음악의 이해』, 민족음악 연구회, 1994.
23 정민, 「18세기 조선 지식인의 자의식 변모와 그 방향성」, 『조선 지식인의 발견』, 휴 머니스트, 2007, 111쪽.

로운 욕구 출현의 배경에 있었다.

경화세족[24]은 『조선왕조실록』을 비롯하여 조선 후기 문서에 빈번히 등장하는 말로, 서울에 거주하면서 독특한 문화적 에토스를 형성한 양반층을 가리킨다.[25] 이들은 청요직淸要職에 오를 가능성이 높은 공인된 가문의 출신으로, 대부분 벌열閥閱에 속했다. 동일한 대상을 지시하지만 '벌열'이 정치적 개념이라면 '경화세족'은 문화 기반을 강조한 개념이라 할 수 있다. 이들은 "18~19세기 권력투쟁의 장본인이었고 자신들이 누린 명예와 부는 당시 사회의 정점에 있는 것이었지만" 삶에 있어서는 "아취 넘치는 탈세속적 경지를 추구"[26]했다.

18세기 후반 서울에서 형성된 문화를 대표하는 또 다른 문예 집단으로 연암일파를 꼽을 수 있다. 연암일파 문인들이 주축이 되어 열리던 시주회詩酒會는 당시 서울의 문화 동향을 파악할 수 있는 중요한 행사였다. 이 시기 시단을 주도한 백탑시파白塔詩派의 시주회에는 경화세족과 여항인들도 함께 어울렸다.[27] 17세기를 전후로 등장한 여항의 시사詩社는 새로운 현상이었다. 시사는 중인층이 주도한 한시 창작 위주의 사적 모임으로 일종의 사교 회합이었다. 이들 모임과 예술의 가장 중요한 특징은 하급관료들, 정치적으로 청요직에 오를 수 없는 숙명적 한계를 지닌 중인층이 생산한 '여항예술'이라

---

24 경화사족京華士族이라고도 불린다.
25 강명관, 「조선 후기 경화세족과 고동서화 취미」, 『조선시대 문학 예술의 생성 공간』, 소명출판, 1999, 279쪽.
26 위의 책, 285쪽.
27 안순태, 「남공철의 문예취향과 한시」, 『한국한시연구』 12호, 한국한시학회, 2004, 394쪽.

는 점이다.[28] 조선 후기 문화의 한 영역으로 범주화되고 있던 여항예술에서 '여항'이라는 말은 "귀족이나 사대부가 아닌 축들이 사는 골목"을 뜻하며, 당대 여항 시사를 주도하던 여항인은 중인 중에서도 서울에 거주하는 기술직 중인과 경아전층(서리층)이었다.[29] 이렇게 경화세족과 연암일파, 여항인들은 계층과 신분의 차이가 뚜렷한 집단들이었고 각각의 문화적 취향을 공유하고 있었다.

18~19세기 서울 문인 지식인층이 형성하고 향유한 문예 취향에서 중요한 점은 그들 사이의 사회·경제적 기반의 편차로 인한 문화적 지향의 차이가 '무시'되었다는 점이다.[30] 연암일파의 상당수는 서얼 출신이었는데, 사람을 가리지 않고 교제한다는 비난을 받기도 했다.[31] 이들은 각자 처한 상황이 달랐지만, 공통적으로 어느 정도 경제적인 여유가 있었고 고동서화古董書畵를 비롯한 예술품의 아름다움을 감상할 만한 감식안도 갖추고 있었다.

조선 후기에서 시간을 조금 더 거슬러 올라가보도록 하자. 우리가 상식적인 선에서 상상하는 조선 전기 사대부는 성리학적 세계관의 영향을 받으며 절제를 몸에 익힌 금욕적인 인간형이다. 그런데 사대부에 대한 규범적이고 완고한 인상과 달리 이들 지배층의 15~16세기 음악 향유 양상과 임진왜란 전까지의 향악열享樂熱[32]을 실증적으로 확인해보면, 이들이 매우 적극적으로 유희와 쾌락을 추

---

28 서지영, 「조선 후기 중인층 풍류공간의 문화사적 의미」, 『진단학보』 95호, 진단학회, 2003, 288~289쪽.
29 임형택, 「여항문학과 서민문학」, 『한국문학사의 시각』, 창작과비평사, 1984, 440쪽.
30 안순태, 앞의 글, 389~390쪽.
31 오수경, 「18세기 서울 문인지식층의 성향」, 성균관대 박사학위 논문, 1990, 11쪽.
32 강명관, 「조선 전기 사대부의 음악 향유의 제 양상」, 앞의 책, 107~156쪽.

구했음을 알 수 있다.

　서울의 대표적인 훈구 관료였던 성현成俔(1439~1504)뿐만 아니라 사림파도 교양의 하나로 거문고를 선호하며 자가생산-자가소비적으로 음악을 즐겼다. 이들은 수시로 국가기관인 장악원掌樂院이나 지방 행정기관에 소속된 악공과 기녀를 초청하여 예능을 즐겼다. 악공과 기녀를 초청하려면 정식 청원과 허가 절차를 밟아야 했으나 이 규정은 무시되는 경우가 많았다. 또 사대부 집안에서는 가내에서 음악을 즐기기 위해 악노樂奴(남자)나 성비聲婢(여자, 가비歌婢라고도 한다)를 양성하기도 했다. 사대부 가내에서 이러한 예능인, 그중에서도 주로 여성 가비를 양성하여 음악을 즐겼다는 사실은 성리학의 도덕적 음악관과 정면으로 배치되는 것처럼 보인다. 그러나 "도덕적 음악관의 존재를 실제 음악 향유와 동일한 것으로 판단하는 것은 오류일 가능성이 짙다."[33] 음악을 즐기는 것에 대해 부정적이었던 사림의 예를 찾기가 어려우며, 17세기 초까지 사대부들이 가내에 악노, 성비를 솔축率蓄했던 현상이 광범위하게 발견되기 때문이다. 여성이 제공하는 음악을 '음란한 소리'(淫聲)로 판단하는 것은 도덕적 음악관에서 유래한 것인데, 그것이 완전히 의식화되어 행동으로 나타나는 경우는 드물었다고 한다. 그러니 조선 후기 사대부에서부터 경아전층에 이르기까지 폭넓게 향유한 미적 취향의 흐름이 그 시기에 돌출적으로 등장한 문화적 사례는 아니었던 것이다.

　조선의 18세기는 사회 내부의 급격한 변화와 함께 외국과 활발한 문화 교류가 이루어지면서 지배 담론이던 성리학의 권위가 급격

33　위의 책, 145쪽.

히 쇠퇴하고 생동하는 도시 문화가 빠른 속도로 보급된 시기였다.[34] 중국과 일본으로부터 각종 서적과 사치성 소비재들이 유입되었다. 사대부 지식인들 사이에서는 '벽'癖 예찬론이 출현했다. '무언가에 미친다'는 뜻의 '벽'癖이라는 말은 18세기 지식인의 새로운 경향을 보여주는 것이다. 왜냐하면 그전까지 벽癖은 군자가 경계해야 할 대상이었기 때문이다. 사물에 대한 지나친 집착을 경계하는 유가儒家의 전통적인 '완물상지'玩物喪志 논의가 바로 그것이다. 그런데 이 시기에 이르면 사대부 지식인들은 벽癖이 없는 사람과는 사귀지도 말라고 하고, 벽이 없는 사람을 쓸모없는 인간으로 간주하는 풍조가 나타났다.[35] 예전에는 완물상지라 하여 금기시되었던 사물에 대한 관심은, 어느새 격물치지格物致知의 자리로 격상되었다. 이전까지 사물은 마음 공부와 이치 탐구의 수단에 불과했지만, 이제 그 자체가 탐구의 대상으로 승격된 것이다. 지식인들은 주자학을 벗어던지고 실사구시實事求是의 합리성과 벽癖의 열정을 옹호했다.[36] 이들 신지식인들이 바로 경화세족과 연암일파, 경아전층 등이었다. 정조의 사위였던 홍현주洪顯周는 「벽설증방군효량」癖說贈方君孝良이란 글에서 '벽'에 대해 이렇게 적고 있다.

벽이란 병이다. 어떤 물건이든 좋아하는 사람이 있게 마련이다. 좋아함이 지나치면 이를 '벽'이라고 한다. 동중서董仲舒나 두예杜預는 학문에 벽이 있던 사람이고, 왕발王勃과 이하李賀는 시에 벽

34   정민, 「18세기 조선 지식인의 '벽'과 '치' 추구 경향」, 앞의 책, 85~109쪽.
35   위의 책, 13~14쪽.
36   위의 책, 52쪽.

이 있던 사람이다. 사령운謝靈運은 유람에 벽이 있었고, 미불米芾은 돌에 벽이 있었으며, 왕휘지王徽之는 대나무에 벽이 있었던 사람이다. 이 밖에 온갖 기예에도 벽이 있다. 궁실宮室이나 진보珍寶, 그릇 따위에도 벽이 있다. 심지어 부스럼 딱지를 맛보거나 냄새나는 것을 쫓아다니는 종류의 벽도 있는데, 이는 벽이 괴상한 데로까지 들어간 사람이다.[37]

'벽'은 단순히 즐김이 지나친 것을 말하지 않는다. "미친 듯 몰두하여 다른 것을 돌아보지 않는 몰입의 상태"[38]를 뜻했다. 그 일을 하는 행위 자체가 즐겁고 좋아서 온전히 자신을 잊고 몰입하는 순수한 행위, 말하자면 동기의 무목적성, 순수성에 대한 옹호인 셈이다. '벽'의 예찬이라는 배경에서 18세기 이후 경화세족의 고동서화 취미,[39] 독서 및 장서 수집 취미,[40] 원예 취미와 화훼 취미[41] 등의 문화 현상이 등장했다. 이 시기 지식인들이 "선善의 추구만을 지상의 과제로 알고 있었고 그 규범주의, 명분주의의 질곡화에 따라 인간의

37   홍현주, 「벽설증방군효량」, 『枚居詩文集』(정민, 위의 책, 95쪽에서 재인용).
38   정민, 위의 책, 95쪽.
39   여기에 대해서는 다음 연구들을 참조했다. 이우성, 「실학파의 고동서화론」, 『한국의 역사상』, 창작과비평사, 1982, 106~115쪽; 강명관, 「조선 후기 경화세족과 고동서화 취미」, 『조선시대 문학 예술의 생성 공간』, 소명출판, 1999, 277~316쪽; 안순태, 「남공철의 문예취향과 한시」, 『한국한시연구』 12호, 한국한시학회, 2004, 388~411쪽; 정우봉, 「조선 후기 문예 이론에 있어 취趣 개념과 그 의미」, 『한문학보』 21호, 우리한문학회, 2009, 417~444쪽.
40   강명관, 「조선 후기 서적의 수입·유통과 장서가의 출현」, 앞의 책, 253~276쪽; 진재교, 「경화세족의 독서성향과 문화비평」, 『독서연구』 제10호, 한국독서학회, 2003, 241~274쪽; 정민, 「18세기 조선 지식인의 '벽'과 '치' 추구 경향」, 앞의 책, 85~109쪽.

감정이 자유로울 수 없었던 이조 후기 성리학의 풍토에서 '선'에 못지않게 '미'美의 세계의 가치를 인식하고 그것을 주장한 것은, 동시에 성리학으로부터의 문학 예술의 해방을 약속할 수 있었"[42]기 때문이었다. 특히 고동서화 취미는 19세기까지 경화세족 문사들, 박지원 중심의 서얼 지식인층, 그리고 역관이나 의관 출신의 중인층 시사 동인에 이르기까지 신분을 막론하고 보편적 문화 취미로 확산되었다.[43] 서화를 제외한 고동의 영역에는 와당瓦當, 벼루, 필세筆洗, 필가筆架, 필산筆山, 인장印章 등 서재 소용의 문방구가 포함되었다.

경화세족 중의 한 사람이었던 정범조가 밝히는 고동서화 취미에 대해 들어보자.

> 사장詞章과 필찰筆札 역시 학문하는 사람의 일이나, 군자는 오히려 '완물상지'玩物喪志로 경계한다. 하물며 화예畵藝는 어떻겠는가? 그러나 세상의 화리華利를 좋아하고 성색聲色을 탐혹하여 그 심술心術을 미혹시키는 것과 비교해본다면 또 차이가 있는 것이다. 따라서 기인奇人 운사韻士들이 왕왕 주머니를 털어가며 명화名畵를 사서 소장해 보완寶玩으로 삼는 것은 비록 도덕道德에는 마땅하지 않다 하더라도 역시 아치雅致에 속하는 것이다.[44]

정범조는 완물상지의 경계를 언급하면서도 서화예술에 대한 기

41   정민, 「18~19세기 문인 지식인층의 원예취미」, 위의 책, 181~200쪽.
42   오수경, 앞의 논문, 175쪽.
43   서지영, 앞의 글, 297쪽.
44   정범조, 「畵帖序」, 『海左先生文集』 22권(강명관, 앞의 책, 286쪽에서 재인용).

호와 그림을 소장하고 싶어 하는 욕구가 기인奇人, 운사韻士의 '아치'雅致, 즉 우아한 풍치라고 고평했다. 이 문맥에서 사용된 '아치'의 어의는 오늘날의 취미와 거의 일치한다. 예술품을 감상하고 소장하는 행위는 현재 우리가 분류하는 다양한 취미 중의 하나다. 게다가 경화세족의 고동서화 취미가 개인적인 취미에 그치지 않고 문예 취향이 비슷한 교류 집단 안에서 유행하는 공통 취미였다는 점에서 상당히 근대적인 양상을 보인다. 하지만 경화세족이 중인층까지 포괄하면서 신분을 막론한 보편적 문화 취미를 향유했다고 해도, 이 취미 공유 집단은 분명 극복할 수 없는 계층적 한계가 전제된 문화 집단이었다. 중인층 신지식인들은 양반귀족층과 소통 가능한 수준의 지식과 감수성을 지닌 자들이었다. 박제가는 "새로운 세계를 개척하고 전문적 기예를 익히기 위해서는 벽癖적인 태도가 반드시 필요하다"라고 했고, "사람이 벽이 없으면 버림받은 사람"[45]이라고까지 표현했다. 당시 서울 지식인들은 취미를 공유하지 못하면 당연히 소외감을 느낄 수밖에 없었다고 한다. 취미를 공유하는 집단은 '문화적 유대감'을 형성하는 것은 물론 다른 집단과 '문화적 구별 짓기'를 행함으로써 문화권력이 되기도 했다.

18세기 후반이 되면 경화세족의 고동서화 소장이 보편화되어 더는 특별한 일이 아니게 되었고, 동시에 광적인 수집에 대한 비판이 새롭게 제기되기도 했다.

오늘날 사람들은 고서화古書畵를 많이 소장하는 것을 청아淸雅한

---

45   박제가, 「百花譜序」, 『貞蕤閣文集』 1권 (안순태, 앞의 글, 399쪽에서 재인용).

취미로 삼아 남에게 비단 한 조각이라도 있다는 소리를 들으면, 떳떳지 못한 온갖 수단으로 기필코 구해 농짝을 가득 채우고 진귀한 보배인 양 자랑한다. 그러나 도리어 스스로가 각기 서화에 견줄 수 없는 지극히 귀중한 빛나는 보배를 가지고 있음을 알지 못하니, 어찌된 일인가.[46]

서화 소장에 열을 올리는 저간의 사정을 비판한 글이다. 여기서 '청아한 취미'로 국역된 부분의 원문을 찾아보면 '청치'淸致다. 앞서 인용한 정범조의 글에서와 마찬가지로 18세기 후반 경화세족의 취미생활을 표현하는 당대의 용어가 '치'致였음을 다시금 확인할 수 있다.

고동서화가 어떤 점에서 '취미'일 수 있는지를 설명하는 박제가의 글도 흥미롭다.

어떤 사람은 "풍부하기는 하지만 민생民生에 아무런 도움이 못 되니 죄다 태워버린다 한들 무슨 손해가 있겠는가?"라고 한다. 그 말도 정말 그럴듯하지만, 실제로는 그렇지 않다. 청산靑山과 백운白雲은 모두 꼭 먹는 것이겠는가마는, 사람들이 그것을 사랑한다. 만약 민생에 무관하다 하여 까마득히 모르고 좋아할 줄 모른다면 그 사람이 과연 어떠하겠는가.[47]

46 이정섭, 「題李一源所藏雲問四景帖後」, 『樗村集』 4卷(강명관, 앞의 책, 299쪽에서 재인용).
47 박제가, 「古董書畵」, 『北學議』(강명관, 앞의 책, 312쪽에서 재인용).

본격적인 취미론이라고 할 수는 없지만, 박제가는 이 글에서 고동서화 취미의 본질을 실용성이 아닌 대상의 심미적 속성에서 찾고 가치를 부여하고 있다. 먹고사는 문제(민생)와 직접 연관이 없더라도 취미생활의 미적 속성이 인생을 풍요롭게 한다는 논리는, 오늘날 근대 자본주의 사회에서 취미가 요청되는 방식과 다르지 않다는 점에서 상당히 선구적이라고 할 수 있다.

취미趣味는 조선시대에는 거의 사용되지 않던 말이다. 오늘날의 취미와 같은 의미로 사용된 조선시대의 미학 용어는 臭味, 致, 趣, 味, 風流, 嗜, 癖 등이었다. 이 중에서도 대상의 미적 속성과 분위기를 즐긴다는 의미로 빈번하게 사용된 용어는 '臭味'였다. 그러나 취미臭味는 성색聲色을 대상으로 할 때는 비난의 의미가 담긴 부정적 용법으로도 자주 사용되었다.

근대 취미의 본질을 미학적으로 정의함에 있어 핵심이 되는 것은 미적 감식안, 미적 대상에 몰입하는 순수한 정신, 동기의 무목적성 등이다. 이때 취미는 문화자본과 상징자본의 의미를 내포하면서 경제자본 못지않은 문화권력으로 작동한다. 그런데 이런 구별 짓기 수단으로서의 취미력과 취미 사상을 일찍이 18세기 한국의 신지식인층 문화에서 찾을 수 있었다. 경화세족과 연암일파, 경아전층으로 구성된 새로운 지식인 집단은 실사구시의 합리성과 더불어 벽癖의 열정을 옹호했다. 미美에 대한 자유로운 감수성과 벽癖 예찬은 18세기 후반부터 고동서화 취미, 독서 취미, 장서 수집 취미, 원예 취미 등을 유행시키는 배경이 되었다.

서구의 'taste'가 일본을 경유하여 근대 한국에 번역되어 유입되는 개념사적 지류 찾기와는 별도로 다른 한편에서 취미의 한국적 전사前史라 할 만한 미학 용어들을 추적했다. 마치 취미의 개념 사슬이라고 할 만한 전통적 미학 용어들이 꿰어져 올라왔고, 그 안에서 다양한 계층의 취미에 대한 열정을 확인할 수 있었다.

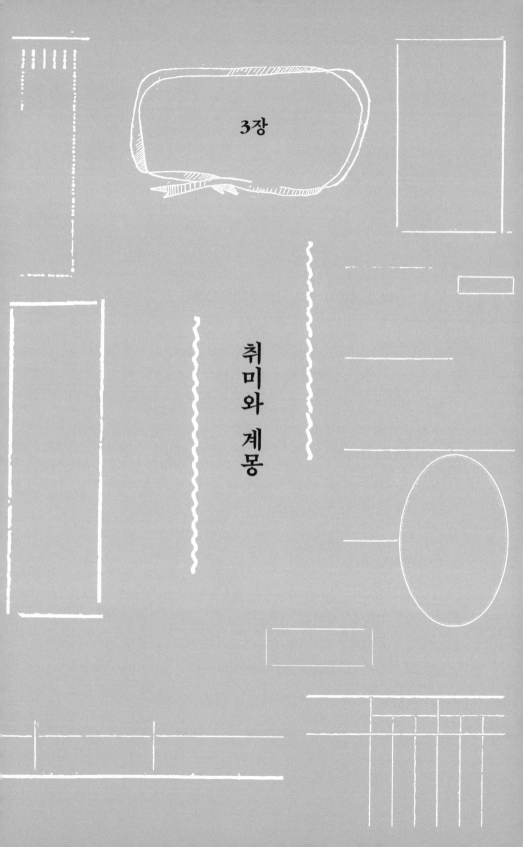

3장

취미와 계몽

취미가 개화기 계몽 담론을 만났을 때

근대 초기 한국의 새로운 매체에서 '취미'라는 기표가 출현하고 활용되는 새로운 맥락을 밝히려면 오래된 신문과 잡지를 뒤적일 필요가 있다. 연기처럼 소멸하는 말을 붙들어 그 등장과 쓰임새를 확인할 수 있는 고되지만 분명한 방법이기 때문이다.

1900년대를 전후해 발간된 근대 매체 중에 대표적인 신문으로 『황성신문』, 『독립신문』, 『대한매일신보』를 들 수 있다. 학회지로는 『대동학회월보』, 『대조선독립협회보』, 『대한자강회월보』, 『대한협회회보』, 『서우』, 『서북학회월보』, 『기호흥학회월보』, 『태극학보』, 『호남학보』 등이 있었다.

1908년에 발간된 최초의 근대 문학잡지인 『소년』은 계몽기 사회 담론과 문학 담론에서 사용된 취미 개념을 함께 살필 수 있는 좋은 텍스트다. 이들 매체의 기사에서 발화되고 있는 '취미' 개념과 그 의미 변화의 맥락을 살펴본다면 1900년대 취미가 담고 있던 여러 층위의 의미를 좇을 수 있을 것이다.

한국 근대 매체에서 가장 이른 시기에 '취미' 용법이 발견된 것은 1899년 7월 7일자 『황성신문』 제153호 논설에서다.[1] 『황성신문』은 『대한매일신보』나 『독립신문』 같은 동시대의 여타 신문과 달리 전통적 지식인을 독자층으로 삼았다.[2] 이 신문은 민중의 시각에서 보수적인 관료층 및 기득권을 비판하겠다는 의지를 분명히 가지고 있던 매체였다.[3] 『황성신문』 1899년 7월 7일자 논설은 어부로서 강호에 살았던 당나라 은사 장지화와 스스로를 오류선생이라고 칭했던 도연명을 거론하며, '자업'資業(근대적 실업)할 것과 '생애를 절구切求하는 자'(살아나갈 방도를 구하려는 자)가 될 것을 촉구하는 내용을 담고 있다.[4]

한자로 쓰인 이 기사의 논지를 국역해보면 다음과 같다. 인간은 사농공상 빈부귀천 할 것 없이 각기 직분을 가지고 그 힘으로 먹고산다. 재물이 많았던 재상이라도 그 지위를 내려놓게 되면 직업이 없어지므로, 반드시 강호와 사림에 은거하면서 고기를 잡거나 밭을 갈아서 생계를 꾸려야 한다. 그것이 국가의 신민臣民으로서의 책임이고 사람이 살아가는 본분이다. 세상 사람들은 장지화가 자연에서 고기를 잡는 것이 '취미'趣味를 취한 것이지 먹고사는 이익을 얻으려는 것이 아니라고 한다. 반면 혹자는 의식衣食을 갖추지 못하면 취미도 구할 수 없으므로, 의식이 충분치 않아서 하루 벌어 먹고사

---

1   『독립신문』, 『대동학회월보』, 『대조선독립협회보』, 『호남학보』에서는 이렇다 할 '취미'의 용례를 찾을 수 없다.
2   정선태, 『개화기 신문 논설의 서사 수용 양상에 관한 연구: 독립신문, 매일신문, 데국신문, 황성신문을 중심으로』, 서울대 박사학위 논문, 1999, 90~91쪽.
3   위의 논문, 97~99쪽.
4   「논설」, 『황성신문』, 1899. 7. 7.

1899년 7월 7일자 『황성신문』 논설에서 '취미' 용법이 발견되는데, 이는 한국 근대 매체에서 확인할 수 있는 가장 이른 시기의 '취미' 개념의 사용이다.

는 장지화의 삶이 자연의 한가한 풍류는 아니었다고 말한다. 사람들은 도연명이 콩밭을 맨 것은 세상 이치와 세정世情을 알고자 함이지 생계 때문은 아니라고 한다. 또 혹자는 도연명이 평택 수령으로 녹봉을 받는 삶을 버리고 고향에 돌아왔을 때 땅의 거친 풀을 보고 탄식하고서는 논을 경작했는데 어찌 생계를 구하는 자가 아니겠느냐고도 한다. 무릇 그 두 사람은 생계에 골몰한 자들인데, 후세 사람들은 이들의 명예만 헛되이 흠모하고 그들이 했던 일을 실행하지 않는다. 강호산림에 한가로이 누워 스스로 은일이라 하고 생계를 도모하지 않으니, 그 관습이 세속적 숭상으로 변해버렸다. 이것이 이 글의 내용이다.

이 기사는 이른바 조선의 유림 대부분이 실업에 종사하지 않는 실태가 명예에 대한 세속적 숭상에서 비롯된 것임을 비판하고 있다. 성리학적 전거를 통해 당시 보수적 관료와 전통적 지식인을 질타하는 논조인데, 『황성신문』 논설의 전형을 보여주는 글이다.

여기서 우리가 주목할 것은 '취미'라는 기표의 출현과 그것이 사용된 문맥이다. 이 글에 따르자면 취미는 '직분'이나 '살아갈 방도를 구하는 일', '생계를 꾸리는 일'과는 상대적인 자리에 놓여 있다. 그러나 취미와 생계는 상관관계가 있는데, 생계가 해결되지 않으면 취미가 불가능하다는 게 그것이다. 여기서 취미는 이전 봉건사회의 미의식이라고 할 만한 '풍류'에 가까운 개념으로 쓰였다. 다만 기사의 논조는 장지화와 도연명 같은 인물이 고민하고 실천했던 것들을 전혀 실행하지 않으면서 명예만을 '헛되이 흠모'하고 '세속적으로 숭상'하는 개화기의 유림과 봉건관료를 비난하는 것으로, 풍류정신의 예찬과는 거리가 멀다. '실행', '자업資業'을 강조하면서 실업 중시, 부국강병, 식산흥업을 외치던 개화기 논설과 맥을 같이한다.

취미 자체에 대한 직접적인 예찬이나 비난이 문면에 드러나 있지는 않지만, 취미론이 개화기의 계몽 담론과 다른 지점에 놓여 있는 것만은 분명하다. 1899년은 아직 노동과 여가라는 근대적인 노동 관념이 확립되지 않은 시기이지만, 이 글에서 말하는 '자업'과 '취미'는 근대적 노동 관념이 가까운 시기에 도래할 것임을 예견하게 한다.

『황성신문』 이후 1900년대 중반까지 각종 신문, 잡지 등에서 '취미'趣味 기표를 찾기란 쉽지 않다. 이것은 '취미' 용법이 단절된 것이라기보다, 1899년 『독립신문』과 『매일신문』이 폐간된 이후 1905년까지 학회지와 단행본의 발행이 잠복기에 들어갔다가 1906년 이후 다시 나타나기 시작한 매체사적 현상과 관련이 있는 것으로 보아야 한다.[5] 1894〜1899년까지 갑오농민전쟁, 청일전쟁, 갑오개혁 등 역사적 사건들이 발생한 역동적 시기에 여러 근대적 개념들이 활발하게 출현하고 논의되었다. 그러다가 1906년까지 계몽 담론이 수면 아래로 가라앉게 되는 이유는 대한국국제大韓國國制가 제정되고 광무정권이 유지되는 역사적 배경에서 찾을 수 있다.

1906년 7월 27일자 『대한매일신보』 논설에서 1906년 이후 '취미'의 용법을 살필 수 있다.[6] 기자는 이 논설에서 잡지 『조양보』朝陽

---

5   박주원, 「근대적 '개인', '사회' 개념의 형성과 변화」, 『역사비평』67호, 역사문제연구소, 2004, 220〜222쪽.
6   「論說 讀朝陽報」, 『대한매일신보』, 1906. 7. 27. "向日本記者ㅣ 各種雜誌發行에 對하야 一般攢祝之意를 表하얏거니와 今에 朝陽報 第二號를 接讀홈이 尤覺趣味深長

報의 의의와 중요성을 설파했다. 『조양보』는 심의성沈宜性이 1906년 6월에 창간한 대한자치협회 기관지였다. 기자는 당시에 "각종 잡지가 발행되는 것"을 기뻐하면서 『조양보』 2호를 읽었는데, "더욱 취미가 심장해짐을 느꼈고 지루한 줄도 몰랐다"(尤覺趣味深長 令人忘倦)라고 한다. 여기서 "취미심장"趣味深長함이란 무엇을 말할까.

다양한 층위의 의미를 가지고 있는 '취미' 개념의 특성상 구체적인 의미를 추적하기 위해서는 취미와 관련한 그 대상이 무엇인지 혹은 취미를 느끼는 주체는 어떤 의식과 감각의 과정을 겪으면서 취미를 감지하는지를 살피는 것이 중요할 것이다. 기자는 "이 언론의 고명高明과 문자의 정묘精妙를 점점 더 확인할 수 있었으니 어찌 기쁘지 않겠느냐"라며 "대한인민의 문명진보가 점차 나아지고 인권의 자유와 국가의 독립을 머지않아 회복하기를 간절히 바란다면 오직 인민이 지식 계발을 해야 한다"라고 주장한다. "인민의 보통지식普通知識은 신문과 잡지에서 얻을 수 있는데, 그렇기 때문에 문명한 국민은 상하귀천을 막론하고 『조양보』의 글을 읽지 않는 자가 없다"는 것이다. 신문·잡지라는 근대 매체의 중요성과 문명국이 되기 위한 지식 획득의 급선무를 전제하면서, 잡지 『조양보』의 의의와 활용을 강조했다. 기자는 대한제국의 인사들 중에서 대국의 정세와 내외

흐야 令人忘倦이라. 此以往으로 以至數十幾 百幾千號에 其言論의 高明과 文字의 精妙를 將次 弟得見이니 豈不可賀哉아 本記者ㅣ 開此報館以來로 惟是大韓人民의 文明進步가 漸臻 美흐야 人權의 自由와 國家의 獨立을 匪久回復흐기로 深切希望흐는 빅인故로 丁寧勸告가 頗費苦心이나 然이나 人權의 自由와 國家의 獨立을 回復코셔 흐면 오즉 人民의 知識發達에 在흐고 人民의 普通知識은 新聞과 雜誌를 由흐야 門을 始得흐나니 所以로 文明흔 國民은 無論 上下貴賤흐고 報館文字를 不讀흐는 者ㅣ 絶無흐지라. (……)"

시사에 관한 주요 신문 내용, 사회와 국가의 관계, 교육의 필요, 실업의 이익, 가정교육의 중요성 등을 알고자 하는 자는 이 잡지를 읽어야 한다고 힘주어 말한다.

『조양보』의 실제 성격과 기능은 별개로 하더라도 위의 문맥에서 읽어내야 할 것은, 한국과 일본의 저명한 학자와 지식인들이 집필했으며 개화기 문명 담론과 계몽의 주제들을 다양하게 담고 있는 이 잡지를 읽음으로써 시대가 요구하는 지식을 얻고 발달시키는 일련의 과정이 바로 "취미趣味를 심장深長"한다는 논리다. 이때의 취미는 즐거움을 주는 통속적인 재밋거리도 아니고, 한가로운 풍류도 아니다. 개화기의 필수 과제였던 '문명', '지식'의 획득을 통해 결과적으로 얻게 되는 '근대적 앎의 성과'다. 이는 취미가 근대적 지식을 통해 얻을 수 있는 자질을 의미하는 것으로, 취미가 개화기 계몽 담론과 만났을 때 생성해낸 특이점이기도 하다.

근대적 직분과 교육 논리부터 단순한 흥미와 호기심까지

1906년 9월에 발간된 『태극학보』太極學報 2호에는 편집인 장응진張膺震이 쓴 「인생의 의무」라는 논설이 실렸다.[7] 그는 인간이 절대 고립적으로 살 수 없으므로 "상호 의기투합하고 상부상조하여 아름다운 사회를 만든 연후에야 개인의 생활을 안락"하게 도모할 수 있다고 말한다. 길지는 않지만 이 시기에 시급하게 구성해내야만 했던

7   장응진, 「인생의 의무」, 『태극학보』 2호, 1906년 9월, 19~21쪽.

근대적 개인관. 국민관, 국가관을 담고 있는 글이다.

장응진은 "국가에서 제정한 법률에 복종하며 조세를 납부하고 성인이 되면 병역에 복무하며 국가에 위급한 사태가 발생하면 자신의 몸을 바쳐 공무에 봉사해야 한다. 헌신하는 선량한 국민의 책임을 다하여 국가로 하여금 부강발전을 이루게 하는 것이 국가에 대한 의무다. 국민은 동포를 서로 사랑하고 사리사욕에 집착하지 말며 공익을 존중하여 복리를 계획하고 사회 일분자의 직분을 다해 금일의 불완전한 사회 상황을 점차 나아지게 하는 것이 사회에 대한 의무"[8] 라는 것이다. 개인적인 이익(我利)보다 공익(公德)을 존중하라는 것이 논설의 요지다. "사회 일분자의 직분을 다"해야만 "사회생활의 참뜻을 자각"할 수 있는데, 이것이 바로 이 글의 필자가 말하는 개화기적 "생활의 취미"였다.

근대 국민국가가 만들어지던 시기에 국민으로서의 개인은 사농공상, 빈부귀천에 관계없이 '직분'과 의무에 충실함으로써 국가의 발전을 도모하는, 사회의 일분자로 표상될 수 있었다. 그렇기 때문에 개화기 생활의 '취미'는 이전 시대의 한가하고 여유로운 삶에서 느낄 수 있었던 풍류와는 거리가 멀었다. 이 취미는 재편된 근대적 삶의 양식 안에서 개인들이 느낄 수 있을 것이라고 설명된, 혹은 표준으로 제시되고 강제된 것이다. 맥락의 저변에는 개화기에 학식은 있으나 노동하지 않는 유교적 지식계급에 대한 비판, 전통적 계급관에 대한 비판의식이 가로놓여 있었다.

한편 취미는 '교육'이 뒷받침되어야만 가능한 '능력'으로 표상

8 　위의 글, 20쪽.

되기도 했다.

> 교육은 개인의 지식을 발달케 하며 인격을 양성함이요 인격은 교
> 육의 함양으로 인하여 자신의 품위를 고상케 함이니, 오인은 이
> 러한 세상에서 웅대한 인격과 고상한 지식을 반드시 가져야 하며
> 학문을 배우고 가르침을 받는 것은 오인의 일종의 의무요, 반드
> 시 거쳐야 할 중요한 사건이다. 음악의 참뜻을 자각하는 것은 눈
> 과 귀를 통해서이지만 기실 정신이 하는 작용이고 이런고로 정신
> 이 점차 고상하고 웅대해지면 지식과 취미도 또한 고상웅대한 경
> 지로 나아갈 것이다.[9]

이 글은 취미가 교육을 통해 고취될 수 있는 '정신적 능력'임을
전면에 내세웠다. 즉 지식이 교육을 통해 연마되듯, 음악의 참 아름
다움(眞美)을 간파하는 능력은 시비와 선악을 판별하는 정신의 작용
을 통과한 취미의 고상웅대함에 있다는 것이다. 이처럼 취미는 교
육을 통해 지속적으로 연마될 수 있는 개인의 정신적·지적 능력이
며, 새 시대가 요구하는 개인의 자질 중의 하나로 제시되었다. 계
몽을 "근대적 국가와 계몽된 개인을 동시에 산출하고자 하는 역사
적인 기획"[10]이라고 한다면, 취미가 그 계몽의 기획 안에 포섭된 것
이다.

---

9   남궁영, 「인격을 양성ᄒᆞᄂᆞᆫ데 교육 효과」, 『대한유학생회학보』 1호, 1907년 3월,
     27∼28쪽.
10   김동식, 「1900∼1910년 신문 잡지에 등장하는 '문학'의 용례에 대하여」, 『미학예
     술학연구』 20호, 한국미학예술학회, 2004.

그 외에도 개화기 '취미'의 다양한 용례들을 찾아보면 이런 것들이 있다. 1907년 『태극학보』 9호에 실린 「인격수양과 의지공고意志鞏固」[11]라는 글에서 필자 곽한칠은 " 이 주제는 표면만 보면 평범하여 취미가 전혀 없는 듯하지만 이를 깊이 생각해보면 결코 당연한 것이 아니니 청년학생은 이를 깊게 연구해야 할 것"이라고 했다. 이 문맥에서 '취미'는 '단순한 흥미'나 '호기심'[12]의 의미로 읽힌다.

『태극학보』 11호에 실린 「수水의 니야기」[13]에서는 취미가 '느낌, 피부로 느끼는 감각'의 의미로 쓰였다. 13호부터 15호까지 연재된 「교수와 교과에 대ᄒ야」[14]는 고대 서구 이래 교수敎授 목적과 교과 선정의 방식 등을 서술한 근대적인 교과교육론이다.

이 글에 따르면 "교수의 목적은 현세인류의 개화를 위해 적당히 이해할 만한 필요한 내용을 전수하고 아동의 지능을 계발하는 작용"[15]에 있다. 13개 교과목을 분류해서 각각의 교과목에 그 의미와 교수 방법, 교육 목표들을 부기했는데, 교과목은 수신과, 언어과, 수

---

11 곽한칠, 「인격수양과 의지공고」, 『태극학보』 9호, 1907년 4월, 6~19쪽.
12 『태극학보』 12호(1907년 7월)의 「童蒙物理學講談」은 "뉴톤의 인력 발명"을 소개한 글로, 뉴턴의 생애, 만유인력을 발견한 과정, 만유인력의 원리 등을 기술하고 있는 학술 기사다. 이 글의 저자는 서두에 "여긔 一種 趣味잇는 니야기가 有ᄒ오"라며 말문을 열었고, 어린 뉴턴이 "同學의게 능욕을 당ᄒ고 憤心이 大發ᄒ여 急히 工夫ᄒ여 其 友를 勝ᄒ고 其 後는 工夫에 趣味를 附ᄒ"였다고 쓴다. 여기서의 취미 역시 "재미, 흥미"의 의미로 쓰였다.
13 NYK生, 「水의 니야기」, 『태극학보』 11호, 1907년 6월, 40~45쪽. "육칠월경 청명ᄒ 늘 태양이 暴酒홀제 滌署次로 淵沼邊에 臨ᄒ여셔 처음 싱각에는 태양이 이갓치 暴暴ᄒ니 此 淵水도 必然 寒凉ᄒ 趣味가 無ᄒ리라 自度ᄒ고 아모 싱각 업시 投入ᄒ면 表面은 暖ᄒ나 裏面은 寒冷."
14 장응진, 「교수와 교과에 대ᄒ야」, 『태극학보』 13호~15호, 1907년 9월~1907년 11월.
15 장응진, 위의 글, 『태극학보』 13호, 1907년 9월, 3쪽.

학과, 역사과, 지리과, 이과과理科科, 도화과圖畵科, 창가과, 체조과, 수공과, 농상업과, 법제경제과, 가사재봉과로 구분되었다. 그중 도화과, 창가과, 체조과를 설명하면서 거론된 개념이 바로 취미다. 세 교과는 "교육상 미적 요소"를 양성하는 과목으로 설정되었다. "창가唱歌는 아동의 발음, 청음의 기능을 발달ㅎ야 음악의 취미趣味를 양여養與하고 고상高尙 순결純潔흔 심성心性을 양성養成ㅎ야 덕성德性의 함양涵養을 계計ㅎ는 자者"로 소개되었다. 특히 미적 능력과 미감은 심성을 고상하게 하여 덕성의 양성으로까지 이어지는 교육 효과를 발휘하기 때문에 영향력이 아주 크다고 강조했다. 체조과의 경우 "유희游戲를 과果ㅎ야 활발흔 자유自由의 운동으로써 운동의 취미趣味를 증진增進"케 해준다고 했다. 훈련과 달리 체조는 유희처럼 재미가 있기 때문에 쉬지 않고 운동할 수 있는 습관을 만들어준다는 논리다. 이때 미적 교육의 '취미' 정서와 그로 인한 실천은 '일시적'인 흥미나 재미와 다르게 "반복을 통해 양성되고 교육되는 무엇"이라고 설명되고 있다. '지속성', '반복'이라는 취미의 중요한 '조건'을 함께 거론하면서 취미를 설명하고 있어 상당히 근대적인 해석이라고 할 수 있다.

「지성至誠의 역力」[16]에는 '생활의 취미'라는 표현이 쓰였다. "나라의 흥망과 사람의 생사가 깊은 관련이 있음"을 알고 양자의 승리를 위해 실천하며, 거기서 민족과 미래에 대한 희망을 가진다면 '생활의 취미'를 가질 수 있다는 주장이다. 국가와 개인을 위해 가장 시급한 것은 교육, 정치, 군술軍術, 실업 등인데, 이것을 실현하는 데

---

16   김홍량, 「至誠의 力」, 『태극학보』 20호, 1908년 5월, 1~3쪽.

근본적으로 요구되는 것이 바로 지성至誠이라는 설명이다. 취미는 근대 국민으로서의 일개인이 지성至誠과 지식을 바탕으로 국가의 발달진보를 위해 살아가는 과정에서 얻게 되는 삶의 의미를 말한다. 그렇기 때문에 이 논리에서 취미는 개인적이고 주관적인 것이 아니라, '대의적大義的이고 공공적公共的'인 것이다.

「위생문답」[17]은 당시 진화론이나 우생학의 관점에서 중요한 연구 대상으로 떠올랐던 뇌의 위생법(건강법)에 대한 질문과 답변으로 구성된 학술 기사다. 뇌 건강을 위해 뇌의 사용 시간과 휴식 시간을 규칙적으로 정해놓고, 먹고 자고 운동하는 시간도 정해놓아서 규칙적인 신체리듬을 가지라고 충고한다. 이것은 이제 막 한국에 도입되어 당대인들의 삶의 양식을 규율하기 시작했던 근대적 '시간 관념'과도 관련된 사고방식이다.

이 글에서 강조하는 것은 "자기가 좋아하는 직업을 올바로 선택"하는 문제였다. 왜냐하면 "자기가 즐겨할 수 있는 직업은 자신도 모르는 사이에 취미를 얻을 수 있게 해주고 그로 인해 노동의 고충이 쌓이지 않게 하기" 때문이다. 규칙적인 노동과 즐길 수 있는 직업이 '취미'를 가져다줄 것이라며, 근대적 직분 논리와 정신건강에 대해 서술했다. 그리고 휴식으로는 '산책이나 실내체조', '소설'이나 '연극장 관람', '하절기에 전지휴양' 등을 추천했다.

이 글이 흥미로운 것은 하나의 글 안에서 다양한 취미 용법을 발견할 수 있다는 점이다. 노동과 여가(휴식)라는 근대적 노동 개념이 자연스럽게 서술되었고, 직업을 통해 취미를 얻을 수 있다며 취미를

---

17 김영재, 「衛生問答」, 『태극학보』 22호, 1908년 6월, 43~55쪽.

근대 노동자 개인의 삶에 결부지었다. 또 '휴양'休養으로 산책, 체조, 소설책 읽기, 연극 관람, 피서 등을 거론함으로써 근대적 '여가' 개념을 선취하고 있다.

「교육의 목적」[18]이라는 글은 우미주의優美主義의 입장에서 '고상한 취미'[19]를 언급하고 있어 주목을 끈다. 우미주의자들은 실리 추구의 태도를 천하게 여겼는데, 고상한 취미를 위해 "미술 문장 등"을 교육해야 한다고 주장했다. 취미 중에서도 '고상한 취미'는 예술과 문장 교육을 통해 길러야 한다는 것인데, 실제로 1910년대가 되면 근대 한국에서도 취미 교육론이 대두한다. 1910년대의 '취미'는 '경직'耕織과 같은 실리를 목적으로 하는 직업이나 노동과 대척되는 지점에 놓였고, 정신적 능력이나 미의식을 표상했다. 다만 이 글은 개화기의 시점에서 "결코 미술, 문장 등을 전체 배척함이 아니"라면서 '실업'과 '취미'의 균형을 강조했다.

1900년대 매체에서 발견한 수십여 개의 취미 용법[20]은 공통적으로 근대적 계몽과 문명을 지향하는 정신작용을 의미하고 있다. 하지만 전근대적 의미의 풍류에서 근대적 직분과 교육까지 다양한 맥락

---

18 정영택, 「교육의 목적」, 『기호흥학회월보』 1호, 1908년 8월, 29~32쪽. "敎育의 目的은 人의 體, 智, 德 三者를 完全發達케 ᄒ야 能히 獨立的 人物 되게 홈"(31쪽)에 있다고 하며 국가에 보탬이 되는 국민을 만들어야 한다는 국민 양성의 필요성을 설파했다.

19 위의 글, 31쪽. "酒若是披霞(英國文人) 等의 文子만 謳歌ᄒ고 開坐ᄒ면 不耕코 能食ᄒ며 不織코 能衣홀가 耕織의 責은 他人에 是任ᄒ고 高尙홀 趣味ᄂ 獨自로 享受홀가 天下에 如斯홀 主義가 豈有ᄒ리오 余ㅣ 決코 美術文章 等을 全體排斥홈이 아니오 只其如右홀 妄說을 攻擊홈에 論鋒을 不休ᄒ노라."

20 필자는 1900년대 매체에서 40여 가지 '취미' 용법을 발견했는데, 이 수는 검토하는 텍스트 항목이 확대될수록 더 늘어날 가능성이 있다.

에서 구별 없이 사용되며 그 의미의 수렴을 보여주지는 못했다. 시간이 흐르면서 '취미' 개념이 내포하는 의미와 용법이 사회적 합의를 이루지 않을까 기대하며, 다음 시기를 살펴보아야 할 것이다.

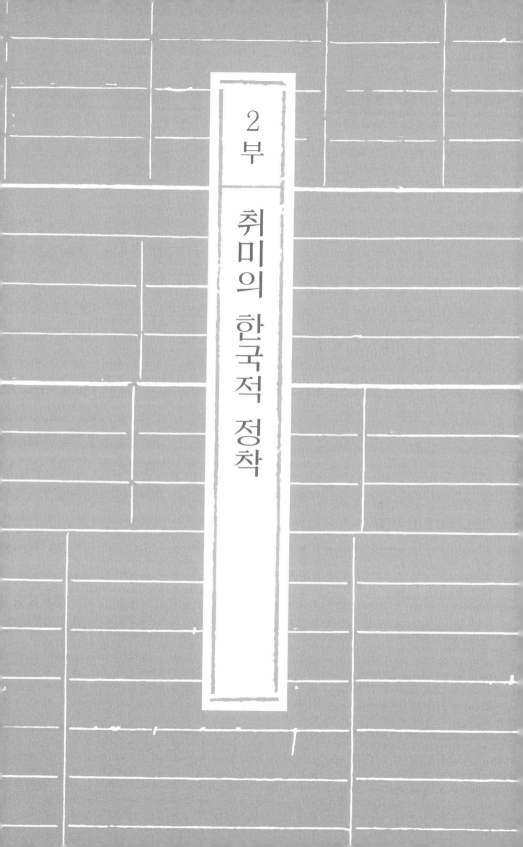

2부

취미의 한국적 정착

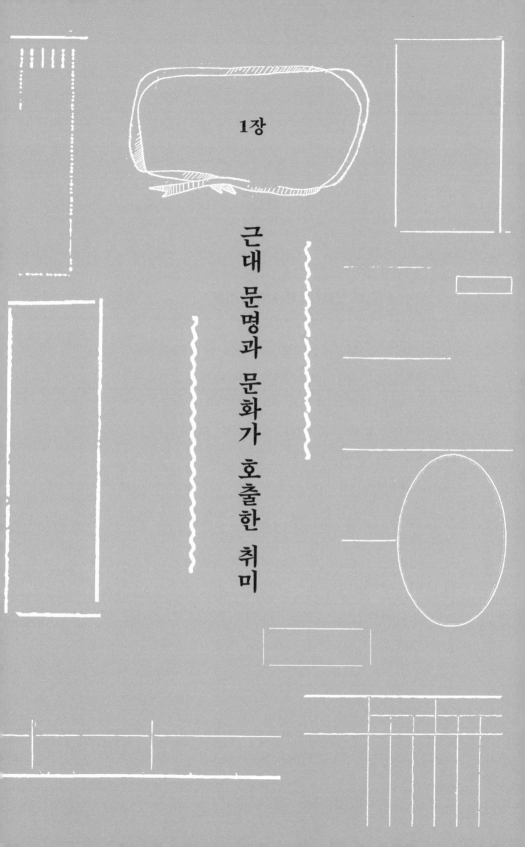

1장

근대 문명과 문화가 호출한 취미

『소년』과 신지식, 최남선의 '취미'

1908년 한국 최초의 근대 문예잡지 『소년』少年이 창간되었다. "활동적 진취적 발명적 대국민을 양성하기 위하야 출래한"[1] 잡지 『소년』은 생물, 화학, 지리, 물리 등의 학과 교육독본敎育讀本과 과학 전반을 소개하는 기사 및 논설, 번역소설과 우화, 모험담, 위인 소개, 세계 정세와 수신修身, 처세 관련 기사, 유머와 좌우명 등의 토막기사들로 구성되었다.

반갑게도 『소년』 1년 1호(1908년 11월)에 실린 창가집 「경부철도가」 광고 문안에서 '취미'를 발견할 수 있다. 최남선은 "이 책은 우리나라의 대동맥인 경부 연로의 명승고적을 노래하여 남반부의 지리상 형성과 역사상 사실을 교시하고자 함이니 그 곡조는 새롭고도 우아(雅)하며 그 느낌(味)은 넉넉하고(饒)도 깊은(濃)지라. 머지않아 출현할 「경의철도가」와 함께 소년 제군이 그 사정을 가장 취미

1   『소년』 1년 1호, 1908년 11월.

趣味 있고 경묘輕妙하게 알고자 한다면 이 책이 반드시 있어야 할 것이다"라고 광고했다. 「경부철도가」와 같은 시가 형식은 근대 지리 관련 지식을 효과적으로 전달할 수 있는 계몽주의적 지식 보급의 한 형태였다. 신체시가 창작된 조건은 시나 예술의 차원이 아니라 '신지식 수입'의 차원이었다.[2] 근대의 지리적 지식과 창가의 결합을 시도하면서 최남선도 역시 '취미'를 근대 문명과 지식의 관점에서 보급하고자 했던 것이다.

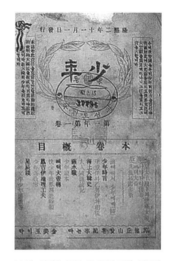

『소년』 창간호 표지. 1908년 11월, 신문관 발행. 월계관 그림 안에 잡지명 '소년'을 배치한 것이 눈에 띈다.

최남선의 이런 태도는 1910년대 잡지 『청춘』에 실린 「세계일주가」에서도 찾아볼 수 있다. 『청춘』 창간호의 부록이었던 「세계일주가」에는 창가 가사와 악보가 실려 있고, 황하, 해삼위(블라디보스토크), 우랄산맥, 모스크바 궁전, 폼페이, 베를린 브란덴부르크, 런던, 프랑스 루브르궁 박물관, 뉴욕, 나이아가라 폭포, 그리고 일본의 오사카, 후지산, 고베 등 전 세계 고적과 명승지를 실물사진이나 삽화를 곁들여 소개했다.[3] 게다가 표트르 대제, 러시아 남부의 농민, 에스파냐 여인, 파리의 유명 여배우, 셰익스피어, 워싱턴 등의 인물 삽

2   김윤식·김현, 『한국문학사』, 민음사, 1971, 110~113쪽.
3   「부록 세계일주가」, 『청춘』 1호, 1914년 10월, 37~101쪽.

화와 사진도 곁들여 흥미를 높였다. 「세계일주가」는 실제적인 지식 정보와 실물사진이 첨부된 일종의 세계지리백과였다. 무려 70여 쪽에 달하는 이 부록의 첫 문장은, "이 책은 취미趣味로써 세계지리 역사상 긴요한 지식을 주며 아울러 조선이 세계 교통상 중요한 부분임을 인식케 할 뜻으로 수록(排次)하였음"⁴이었다. 이때 최남선에게 취미는 근대 문명과 지리에 대한 지식이 가져다주는 가치였다.

『청춘』에 실린 다른 기사에도 발간 취지에 걸맞게 창간호부터 전 세계의 유적지와 명승지의 사진, 동서양 위인들의 사진을 실어 당대 독자들이 상상할 수 있는 공간지리적 스케일을 확장시켰고 기사 내용의 실감도를 높였다. 특히 바다와 관련한 일련의 기획 기사들을 싣고 소년들에게 '활발', '모험', '웅대', '장쾌'의 기상과 기개를 주문했다.

『소년』 창간호에는 스위프트의 『걸리버 여행기』가 「거인국표류기」라는 제목으로 번역되어 실렸고, 1909년 1월호에 「로빈손무인절도표류기담」을 싣겠다고 예고한 뒤 1909년 3월호부터 연재하기 시작했다. 창간호에 실린 「쾌소년세계주유시보」快少年世界周遊時報에서 최남선은 "우리나라 사람이 여행을 싫어하는 경향"이 있다며 "여행에 대한 감흥이 감퇴하야 모험과 고난을 싫어하게 된"⁵ 것을 우려했다. 최남선 자신은 "말로만 배우고 귀로만 듣는 것보다 눈으로 보고 마음으로 느끼는 것이 중요하다고 생각하는 성미"라서 "항상 내 발로 직접 밟고 내 눈으로 직접 보는 것이 소원"⁶이라고 했다.

4 　위의 글, 37쪽.
5 　「快少年世界周遊時報」, 『소년』 1년 1호, 1908년 11월, 74~75쪽.
6 　위의 글, 77쪽.

얼마 동안 쇠강衰降하였던 여행성을 재기케 하여 그저 우리 소년만이라도 더욱 활발하고 더욱 쾌활하여 능히 남아사방의 뜻을 디딜 만한 사람 되기를 권유하고자 함이라. (……) 소년이여 울적한 일이 있을 리도 없거니와 있으면 여행으로 풀고 환희한 일이 있거든 여행으로 늘리고 더욱 공부의 여가로써 여행에 시간을 쓰기를 마음에 두시오. 이는 여러분에게 진정한 지식을 줄 뿐 아니라 온갖 보배로운 것을 다 드리리이다.[7]

독자들에게 여행을 통해 지식을 얻으라고 권유하면서, 최남선은 자신이 여행을 가게 된다면 "몸은 비록 혼자이지만 글월이나마 자주 올려놓아 흥취興趣를 같이 하"겠다고 약속했다. 여기서 눈에 띄는 것이 '흥취'라는 말이다. 이 말뜻은 재래적 의미에서 크게 벗어나지 않는데, 산수를 구경하거나 자연 기행을 하면서 얻을 수 있었던 전통적인 풍류와 비슷한 의미다. 하지만 이 글의 맥락상 '흥취'가 살아 있는 세계교과서를 직접 체득하면서 근대적인 지식의 함양을 목적으로 한다는 점에서, 일종의 '학습'이며 '교육과정의 연장'으로 보아야 한다. 다음의 용례 역시 이와 유사한 맥락으로 사용되었다.

우리는 쾌장快壯한 것을 좋아하니 그럼으로 하늘과 바다를 사랑하며 우리는 영특英特한 것을 좋아하니 그럼으로 모험적 항해를 즐겨하며 하늘과 바다를 좋아하고 항해를 즐겨함으로 표류담, 모험기적 문학을 탐독耽讀하는 것이라. 지금에 이 성미는 나로 하여

7   위의 글, 77쪽.

금 이 불세출의 기이한 책(奇文子)『로빈손 크루서』를 번역하여
우리 사랑하는 소년 독자로 더불어 같이 해상생활의 흥취와 항해
모험의 취미를 맛보게 하도다.[8]

  1909년『소년』에서 발견된 '취미' 용례 역시 비교적 이른 시
기의 것이다. 최남선의 취미도 개화기의 다른 용례들과 마찬가지
로 근대적 계몽과 문명을 지향하는 정신작용을 의미했다. 최남선
의 해사사상海事思想과 해사지식욕海事知識慾을 염두에 둘 때, "해상
생활의 흥취와 항해모험의 취미"는 유익한 지식과 교육적 흥미라
는 계몽 의도를 담고 있음이 분명하기 때문이다. 특히 "대양을 지
휘하는 자는 무역을 지휘하고 세계의 무역을 지휘하는 자는 세계
의 재화를 지휘하나니 세계의 재화를 지휘함은 곳 세계 총체를 지휘
함이오"라는 '랄늬'〔영국의 군인이자 탐험가였던 롤리 경Sir Walter
Raleigh(1554~1618)으로 추정〕의 말을 기사 뒤에 바로 첨부했는데,
해양지식은 이 시기에 강조되던 '부국강병'과 '식산흥업'으로 가는
첩경이었다. 즉 해상지식은 교육과 지식의 장에만 한정되는 것이 아
니라 세계 무역과 상업을 통해 '부국강병'이라는 계몽기 최대의 열
망을 실현하는 밑바탕임이 은근히 강조되고 있다. 그러므로 취미는
근대적 자장 안에서 획득할 수 있는 자질이며, 근대인이 지향해야
할 정신과 그 효과에 다름 아니다. 최남선은 취미를 반복적으로 근
대 지식 습득의 매개로 사유했다.

---

8   최남선,「로빈손무인절도표류기담」,『소년』2년 1호, 1909년 1월, 42쪽.

한편 『소년』 2년 10호에 실린 「자기의 처지」[9]는 ‘개성’과 ‘정체성’의 표징으로 취미를 들고 있다.

> 누구든지 일을 할 때에는 꼭 자기의 처지에 대하여 정확한 자각을 가져야 하느니 그렇지 아니하면 그때 자기의 재능과 취미와 사정에 맞지 아니함으로 큰 자신이 없음으로 순조롭게 잘 되어가면 모르지만 역경을 맞아 곤란해지면 길게 견디고 굳게 지키지 못하고 그때 그때 실패하는 치욕을 당하고 마는 것이다. 무슨 일이든지 자기가 자기를 아는 것이 먼저니라.[10]

위 맥락에서 취미는 자신의 처지, 즉 자기가 누구인지 스스로를 확인하는 항목 중의 하나로 설정되어 있다. 인간은 자신이 어떤 능력을 가졌는지, 나를 둘러싼 사정은 어떠한지, 나의 취미는 무엇인지, 나의 상황은 어떠한지를 잘 알고 있어야 한다는 것이다. 여기서 취미가 구체적으로 무엇을 가리키는지는 명료하게 제시되지 않았지만, 중요한 것은 근대적 개인이 자신을 성찰하고자 할 때 검토해야 하는 개인적 특성 중의 하나로 취미가 거론되었다는 점이다. 따라서 논의는 바로 ‘본색’本色으로 이어진다. “일이나 물건의 본색이란 무엇이뇨? 우리나라 말에 ‘다운’이란 것이 곧 그것이다. 늙은 사람은 어디까지든지 늙은이답고 어린이는 어디까지든지 어린이다워야 한다. 더욱 소년은 어디까지든지 소년다워야 한다. 또 더욱 신대한新大

---

9   「자기의 처지」, 『소년』 2년 10호, 1909년 11월, 9~15쪽.
10   위의 글, 9쪽.

韓의 소년은 어디까지든지 신대한의 소년다워야 한다."[11] 자신을 드러낼 수 있는 특질, 혹은 자신의 정체성을 찾아야 하는 조건은 '-답다', '-다운 나'이다. 다소 추상적으로 언급되었지만, 여기서 강조한 것은 '신대한의 소년다움', 즉 조선인의 국민됨이었고, 취미는 그것을 드러내는 항목의 하나로 설정되었다.

'취미'趣味와 '취미'臭味의 경합

조선시대에 사용되었던 '취미'臭味가 개화기인 1900년대에도 여전히 사용되는 사례가 있었다. 그러나 20세기 초두가 되면 확실히 전세가 역전되었고, 언론매체에서 '취미'趣味의 사용 빈도가 우세한 양상을 보였다. 『대한협회회보』 6호에 실린 「정치학과 근세의 정치학」에서 필자 안국선은 고대 그리스부터 최근까지의 서양 정치학을 개괄했다.[12] 이 글에서 "중세에 이르러서는 일반 학문이 퇴폐하니 정치학도 함께 부진하였으니 간혹 국가 성질에 관한 학리적 설명을 시도한 자가 있었지만 다수는 종교적 취미臭味로 젖어들었다(薰染)"[13]라는 표현을 썼다. 여기서 '취미'臭味는 흥미나 관심을 의미하며 '취미'趣味와 거의 동일한 뜻으로 사용되었다. 같은 호에 실린 「가족 교육이 전 국민적 단체의 기관」에서는 "학교 교육을 통한 취미臭味의 상합相合"이라는 표현이 보이기도 한다. 이 역시 臭味＝趣味의 통

---

11 위의 글, 15쪽.
12 안국선, 「정치학과 근세의 정치학」, 『대한협회회보』 6호, 1908년 9월, 30~32쪽.
13 위의 글, 31쪽.

상적인 용법으로 해석할 수 있다. 1909년 8월 12일자 『대한매일신보』에 실린 기서寄書(투고 기사)에 사용된 '취미'臭味는 『조선왕조실록』에서 여러 차례 용례가 확인된 '성색취미'聲色臭味였다.[14]

1909년 12월에 발행된 『대한흥학보』에는 몽몽夢夢(진학문)의 소설 「요죠오한」이 수록되어 있다.[15] '요죠오한'은 네 첩 반짜리 다다미방을 뜻하는데, 제목에 '四疊半'이라는 한자어가 부기되어 있다. 주인공 '함영호'와 그의 벗 '채'는 일본 유학생이다. 작가는 이들의 내적 고민인 본국의 현실에 대한 괴로움과 이상에 대한 갈등, 문학과 예술에 대한 동경 등을 고백적인 논조로 서술했다. 그런데 작가는 함영호와 채의 관계를 설명하면서 "우연한 기회로 얼마만큼 같은 취미臭味를 가진 함을 보고서 서로 본능이 감응하야 오래지 아니하여 슬그머니 서로 좋아하는 사이가 되었더라"라고 표현했다. 여기서의 취미臭味는 취미趣味와 같은 용법으로 쓰였다고 보아도 무방하다. 관심사와 흥미를 느끼는 부분, 즐겨하는 것을 의미할 터인데, 소설 안에서 구체적으로 '같은 취미'가 무엇인지는 언급하지 않았다. 그러나 그 취미를 짐작할 수는 있다. '함'은 결석을 자주 하며 학과 공부보다는 '대륙 문사의 소설', '시집 번역본', '신문예잡지'를 즐겨 읽으며, 책상 앞에는 '투우르케네브(투르게네프)의 소조小照'를 놓아둔 문학 청년이다. '함'보다 한 살 어린 '채'는 "격렬한 시대신조에" 몸을 던져 본국과 일본을 오가며 "사회의 본상本像이

---

14   『대한매일신보』, 1909. 8. 12. "부귀가 能히 淫치 못하고 빈천이 能히 移치 못하고 威武가 能히 屈치 못하는 거시 堂々흔 大丈夫의 志어늘 수에 聲色臭味의 奪志홈을 味免하니 是吾輩 可憂의 第二오."
15   夢夢, 「요죠오한」, 『대한흥학보』 8호, 1909년 12월, 23~30쪽.

니 인생의 진의眞意니 " 하는 "현실과 이상의 교섭과 사실과 상징의 형식 등"으로 번민하는 고독한 청년 지식인이다. 이런 묘사들을 통해 이들이 공통적으로 가진 '취미'臭味는 문학과 독서이며, 사교와는 거리가 먼 개인적인 내면에 몰두하는 행위임을 알 수 있다. 지금 우리가 쓰는 그 의미로서의 취미를 확인할 수 있는 글이다.

개화기의 '취미'臭味는 '냄새'(臭)와 '맛'(味)이라는 글자가 환기하는 선명한 감각성으로 인해 그 의미가 확대되기 어려웠을 것으로 보인다. 그리고 결과적으로 '취미'趣味라는 근대적 개념과의 경쟁에서 밀렸음을 알 수 있다. 서구어 'taste'의 번역어와 일본의 취미趣味 사상 유입 등으로 근대 매체에서 '취미'趣味의 쓰임이 더욱 빈번해졌기 때문일 것이다. 1900년대 당시에도 '취미'趣味의 쓰임이 '취미'臭味보다 현격하게 많았지만, 1910년 이후가 되면 「요죠오한」에서 쓰인 것과 같은 용례는 거의 찾을 수 없다. 넓은 의미에서 기호嗜好나 취향趣向, 흥미興味의 의미로 드물게 쓰였던 '취미'臭味가 「요죠오한」 이후 언설의 수준에서 거의 사라졌다.

1900년대 개화기의 '취미'趣味 개념은 전근대적 맥락과 근대적 가치체계가 혼용된 채로 사용되었고, 개념의 외연이 담을 수 있는 그 내포들 사이에 무수한 충돌이 있었다. 그 가운데 앞에서 살펴본 대로 '고상한 취미'高尙흔 趣味[16]라는 분화된 개념이 동시적으로 쓰인 것은 하나의 개념이 이제 막 정착하려는 초창기에 어느 한편에서는 그것이 이미 질적인 분화를 거친 개념으로 쓰이고 있었음을 보여준

---

16 1908년의 학술 기사인 「교육의 목적」은 우미주의의 입장에서 '고상한 취미'를 언급했다(정영택, 「교육의 목적」, 『기호흥학회월보』 1호, 1908년 8월, 29~32쪽).

다. 이것은 이미 사회적으로 '취미'에 대한 문제 제기가 있었고 '취미'의 사회적 효과와 그 문화적 실천에 대한 정리가 한 번 끝난 일본의 영향을 받은, 한국의 식민지적 특수성으로 볼 수도 있겠다. 또 한 사회에 처음 등장해서 시대적 특수성을 담을 수 있는 개념으로 정착하기까지 그 언어가 순차적으로 발달·보급되는 것이 아니라, 혼용과 오용의 다중구조를 만들어내기 때문이기도 할 것이다.

개화기에 사용된 '취미'의 개념에는 아직 전통적인 '치'致의 흔적이 남아 있었다. 하지만 개화기가 요구하는 시대정신과 맞닥뜨리면서 의미론적 맥락과 배치관계가 달라졌고 어의가 확장되었다. 빈번하게 결합하는 이웃 항과 그 결합이 강화되는 맥락을 함께 해석함으로써 근대적 '취미' 개념을 도출할 수 있었다. 개화기라는 특정한 시대적 상황 아래 진행되는 개별적 언어 행위 속에서 취미는, "개념들의 역사는 존재할 수 없고 단지 특정 주장 속에서 그것들이 사용된 방식의 역사만이 존재할 수 있다"[17]라는 것을 보여주었다. 서로 다른 기의를 가진 '취미'가 동일한 기표 안에서 조우하고 있었다. 취미는 '근대적 앎에 대한 흥미'를 의미하거나 '지적 능력을 담보한 인격'을 지시했고, '분위기'나 '감각', '단순한 호기심'이나 '재미'를 뜻했다. 이 시대의 주도적인 이념인 계몽의 전권全權 아래서, '치'致와 '흥'興 같은 전통적인 의미는 배제되거나 부정되는 경우가 많았다. '계몽'은 개화기 담론의 핵심적 내용이었다. 조선의 청년들은 국민과 국가를 비롯해 정신, 문명, 제도 등을 만들어내야 하고 민

---

17 나인호, 「레이먼드 윌리엄스의 'keyword' 연구와 개념사」, 『역사학연구』 29호, 호남사학회, 2007.

족을 계몽해야 하는 계몽의 주체이자 창조의 주체이면서, 동시에 계몽의 대상이었다.[18] 계몽 담론은 '직분'職分, '실업'實業, '실무'實務를 강조하는 근대적 직분론 안에 '취미'趣味를 포섭함으로써, 근대적 취미를 보급했다.

취미는 전통적 용법으로 사용되기도 했고, 개화기적 문명관과 서구어의 일본식 번역어에 영향을 받으면서 확장, 전위, 변용되는 역동성을 드러냈다. 또 기억해야 할 것은 근대적 개인이 자신을 성찰하고자 할 때 검토하는 개인의 특성으로 취미가 거론되기 시작했다는 점이다. 이 사례들에서 우리는 의미의 정합성과 엄밀성을 따지기보다 의미의 변화에 주목해야 할 것이다. 왜냐하면 언어는 현실을 반영하는 지표일 뿐만 아니라 현실을 만들어내는 힘을 갖고 있기 때문이다. 취미는 개화기의 문명, 교육, 실업, 구국 담론과 같은 '실제'들의 지표이면서, 동시에 실제를 구성하는 요소였다. 결론적으로 개화기의 취미는 근대 정신의 일반적 상태나 습속 같은 총체적인 의미를 내포한다고 말할 수 있겠다. 근대 국민으로 호명된 개인이 문명과 신사상을 지향하며 근대적 주체로 살아가는 삶의 태도 전반을 가리키는, '태도'로서의 취미인 것이다. 개화기의 취미는 계몽과 교화의 실현을 위한 일종의 개념적 장치로 쓰였던 셈이다.

18 "우리들 청년은 被教育者되난 동시에 교육자 되어야 할지며, 학생 되난 동시에 사회의 일원이 되어야 할지라. 詳言컨댄, 우리들은 學校나 先覺者에서 배호난 동시에 자기가 자기를 敎導하여야 할지오, 學校나 其他 敎育機關에 統御함이 되난 동시에 此等機關을 運轉하난 者가 되어야 할지라. 人格修養上에도 그러하고, 學藝學習上으로도 그러하고, (……) 우리들은 造次顚沛하난 사이에라도 이를 닛지 마라서 소극적으로는 修養으로 우리의 정신을 向上發展케 주의하야 自己가 自己를 敎養하야써 新大韓建設者 될 第一世 大韓國民이 될 만한 資格을 養成치 안이치 못할지라." 孤舟, 「今日我韓青年의 境遇」, 『소년』 4년 6호, 1910년 6월, 26∼31쪽.

2부 – 취미의 한국적 정착

문명과 문화 그리고 식민

을사조약 이후 조선은 '국권회복'이라는 종파를 초월한 이념 아래 다양한 민족운동을 시도했다. 그러나 1910년 8월에 한일강제합방이 예정된 수준을 따라 치밀하게 단행되었고 조선인들은 국권의 붕괴를 목도하며 충격에 휩싸였다. 국권이 상실되자 사회진화론에 기초한 문명개화론은 자기모순에 빠질 수밖에 없었다. 이후 1910년대에는 국가라는 말이 거의 사라지고 자아 확립, 자기실현, 자기표현이라는 말이 공공연하게 등장했다.[19] 1900년대 부국강병의 문명론을 지지해준 것은 보편과 진보에 대한 믿음이었다. 개화기의 문명 개념은 1910년대에 부상한 '자기', '자아' 관념 앞에서 균열되기 시작했다. 문명은 '물질상 문명'과 '정신상 문명'으로 구분되어 언급되었고, 정의와 도덕에 반하는 '문명'은 비판을 받기도 했다.[20] 문명의 자리를 대신한 것이 바로 '문화'였다.

'문화'라는 관념이 등장하면서 새로운 인식의 국면이 펼쳐졌다. 윤리, 도덕의 '정신상 문명'이 우위를 점하게 된 것이다. 1910년대가 되면 '문명'은 인간의 삶에 있어 상대적으로 비본질적인 영역을 뜻하는 말로 폄하되었다.[21] 물질과 정신의 이분법에 근간을 두고 '문화'라는 개념이 세력을 넓혀갔고, '문화'적 분위기 속에서 개체의 주관과 내면이 우위를 점하는 논리가 형성되었다. 따라서 1910년대

---

19 박찬승, 『한국근대정치사상사연구』, 역사비평사, 1992, 176~185쪽.
20 류준필, 「'문명', '문화' 관념의 형성과 '국문학'의 발생」, 『민족문학사연구』 18호, 민족문학사학회, 2001, 24쪽.
21 위의 글, 24~28쪽.

의 지식인들은 국가와 국민, 충군애국과 부국강병의 이념이 사라진 시공간의 고립과 공포를 넘어서기 위해, 에머슨의 사상을 빌려 범신론적 사유를 시도하기도 하고 동정同情과 사랑을 실천적 대상으로 제시하기도 했다.[22]

취미는 1910년 이후 문예 담론과 취미 담론 안에서 비중 있게 사용되기 시작했다. 취미를 호명하는 장場의 주체와 그 욕망에 따라 이 개념은 각기 다른 방식으로 견고해졌다. 1910년대 잡지 중에서 앞서 살핀 『소년』(1908년 11월 창간~1911년 5월 폐간)과 더불어 『청춘』(1914년 10월 창간~1918년 9월 폐간), 『학지광』(1914년 4월 창간~1930년 4월 폐간. 여기서는 잡지의 성격이 변하기 이전인 1919년 8월 18호까지만 다루기로 한다), 『신문계』新文界(1913년 4월 창간~1917년 3월 폐간)를 중심으로 '취미'의 변용과 전유 양상을 추적해볼 수 있다.

『소년』과 『청춘』을 만든 근대 초기의 최남선은 한국적 국민문화의 제도적 형성을 지향한, '근대 문화제도의 기획자'[23]였다. 본격적인 식민화의 과정 속에서 최남선은 근대 문명을 민족적으로 주체화하기 위해 교육 사업에 몰두했다. 그에게는 근대 지식이야말로 개인과 사회의 번영을 약속하는 가치 범주였다. '잡지를 통한 교육'이 1910년대에 하나의 시대적 경향성이었는데, 『소년』, 『청춘』과 병립했던 『신문계』 역시 중요한 매체였다.[24] 최남선이 지향하는 근대

22 권보드래, 『한국근대소설의 기원』, 소명출판, 2000, 35~36쪽.
23 한기형, 「근대잡지와 근대문학 형성의 제도적 연관」, 『대동문화연구』 48호, 성균관대 대동문화연구원, 2004, 45쪽.
24 위의 글.

지식이 '도구적 지식'을 넘어 유연하게 다방면에서 활용할 수 있는 '심미적 지식'이었다면, 일본인 다케우치 로쿠노스케竹內錄之助가 발간한 친일 잡지『신문계』는 식민지 근대화의 확산을 목표로 한 '도구적 지식'이었다.[25] 이 두 잡지의 계열은 취미의 용법과 의미화의 기제 방식에서도 큰 차이를 보이고 있어 흥미롭다.

1910년대 중반 이후 조선의 사상계는 유학생을 통한 신지식과 신사상의 흡수와 보급이 이루어지면서 새로운 장으로 진입했다. 이들은 최남선이 신문관에서 발행한『청춘』과 당시 유학생 학우회 기관지였던『학지광』을 중심으로 활동하면서 신사상을 개진했다.[26] 『학지광』6호에 실린「일본유학생사」[27]에 따르면, 일본 유학생들은 세 부류로 나뉘었다. 제1기는 일본 유학이 시작된 1880년대 이후부터 1904년 이전까지로 그 대부분은 정치 망명인이었다. 이들은 학업보다는 일본어를 익히는 데 유학의 목적이 있었고 귀국 후 사환仕宦이 되기를 희망하던 부류였다. 제2기는 1904년에서 1910년 사이의 시기로 일본 세력이 조선에서 우세해지면서 일본 유학을 떠나던 때인데, 다수 청년들이 좌절하고 귀국하는 경우가 많았다. 제3기가 바로 1910년대에 해당하는데, 이 시기 유학생은 현실을 비판적으로 바라보려는 비판적 신지식인층과 일본의 문명개화 노선에 무비판적으로 동화된 친일적 지식인으로 구분되었다. 국권이 강탈된 후 어느 정도 사회적 분위기가 정돈되자 우선 개인적인 실력을 길러야 한다

---

25 위의 글, 45~50쪽.
26 김복순,『1910년대 한국문학과 근대성』, 소명출판, 1999, 37~38쪽. 1910년대 신지식인층의 사상과 문학계의 흐름에 대해서는 많은 부분 이 책의 도움을 받았다.
27 「일본유학생사」,『학지광』6호, 1915년 7월, 11~13쪽.

는 실력주의가 비판적 신지식인층을 중심으로 생겨났다. 그중에서 실력양성론자들은 일단 현실적인 고려에서 문명개화, 실력 양성, 민족성 개량에 주력해야 한다는 입장이었다. 독립을 전제로 한다는 점에서 이들의 주장을 '자주적 실력양성론'으로 볼 수도 있다. 이런 입장은 1910년대 일본 유학생과 국내 지식인층의 상당수, 그리고 국외에서 안창호의 흥사단 등에 의해 지지되었다.[28]

1910년대 실력양성론자들이 제시한 것은 개화기와 유사하게 '교육', '산업'의 장려와 진흥이었다. 실업 교육과 과학 교육을 강조했고, 공업과 생산업 부흥의 필요성을 역설했다.[29] 그런데 이 방법론은 당시 일본 총독부가 조선의 지배정책으로 활용하고 있던 모토이기도 했다. 이 때문에 '비판적' 실력양성론자와 '동화주의적' 실력양성론자를 구별할 필요가 있다. 이광수, 백대진, 유만겸 등의 실력양성론은 '독립'에 대한 확고한 의지 없이 일제의 지배정책을 추종하는 동화주의적 입장에 서 있었다.[30] 그렇기 때문에 이광수의 산업진흥론과 실력양성론은 "총독부 측의 입장의 산업진흥론으로서 일제의 식민지적 산업구조 개편을 긍정하는 것이었으며 일본인 주도의 산업진흥을 비판의 눈이 아닌 선망의 눈으로 바라보고 있"[31] 었다는 평가를 받기도 한다. 독립을 전제로 한 자주적 실력양성론자들의 주의주장과 실천에도 문제가 없었던 것은 아니지만, '교육'

---

28 김복순, 앞의 책, 41쪽.
29 1910년대의 신문과 잡지에 실린 기사의 다수는 '과학', '실업', '교육'을 주제로 하고 있다.
30 김복순, 앞의 책, 48쪽.
31 위의 책, 51쪽.

과 '산업'의 진흥을 부르짖는 목소리 안에 서로 다른 가치관과 세력이 교차하고 있음을 주지해야 할 것이다. 그럼에도 결과적으로 실력양성론은 직접적 정치 투쟁이 아닌 내재적 실력 양성의 길을 택한 것이었고, 궁극의 목표가 독립이 아닌 자본주의적 문명의 수립이었다.[32]

『청춘』, 고상한 쾌락과 활력으로서의 '취미'

일본 유학생들이 필진으로 전면 등장하면서 근대 신지식의 유입과 보급은 속도를 낼 수 있었다. 1910년대 각종 매체의 광고에서 가장 빈번하게 사용된 문구는 '취미趣味와 실익實益'이었다. 책, 활동사진, 연극 등이 그 내용을 불문하고 독자와 관객, 즉 소비자에게 '취미와 실익'을 줄 수 있다는 것은 최고의 상품성을 보증한다는 것이었다. 이때의 취미와 실익은 구체적으로 어떤 맥락에서 나온 것이며, 얼마의 시간이 지난 후에 일종의 상투어가 되어 사용되었을까. 『청춘』 창간호에 실린 신문관 발행 『古本 춘향전』 광고를 보자.

> 여기에 그 내용을 간략하게 적으려고 하는데 1권 제1에서 백두산과 함께 팔도 명승을 주유하고 노래한 만오면장가滿五面長歌는 취미진진趣味津津한 중에 역사지리의 중요한 내용을 얻게 할 것이오. (……) 구사회舊社會 사물의 전람장과 같으니 계통적으로 읽

32 박찬승, 『일제하 '실력양성운동론' 연구』, 서울대 박사학위 논문, 1990, 14~90쪽.

『청춘』창간호 표지. 1914년 10월, 신문관 발행. '청춘'의 기상과 열의에 부응하려는 듯 청년과 꽃, 호랑이를 표지에 그렸다. 한국 최초의 서양화가 고희동의 그림이다.

으면 보통 이상의 취미趣味가 있는 한편의 역사이고 부분적으로 각각 읽으면 실익이 무쌍한 백과전서이라.

　이 광고는『춘향전』을 읽으면 "취미진진한 중에 역사지리의 중요한 내용을" 알 수 있게 된다고 선전하고 있다. 당대 독자들이『춘향전』의 내용을 몰라 책을 사서 보는 경우는 아주 드물었을 것이기 때문에, 서사 내용보다는 이 소설을 읽음으로써 얻을 수 있는 효과를 강조하는 전략을 택하고 있다. 소설의 전개가 "구사회 사물의 전람장"과 같아서, 처음부터 끝까지 "계통적으로 읽으면 보통 이상의 취미가 있는 한편의 역사이고 부분적으로 각각 읽으면 실익이" 많은 백과사전과 같다는 수사를 구사하고 있다. 취미와 실익을 어느 부분에서 어떤 식으로 얻을 수 있는지는 구체적으로 제시하지 않았지만, 즐거움이나 심심파적의 소설 읽기가 아니라 백과사전을 읽는 것처럼 지식 습득에 도움이 된다며 계몽적 효과를 광고한 것이다. '전람장'과 '백과전서'라는 실체적인 말에 기대어 추측할 때, 이 맥락에서의 '취미와 실익'은 '근대 지식의 압축적 습득'과 관련이 있다.

　『청춘』2호에는 막연한 지시적 개념이 아니라 '취미'의 구체적인 상像을 떠올리게 하는 소성小星 현상윤의 글이 실려 있다. 그는 도쿄 유학시절을 회고하면서 '거처와 식사', '학교와 수업', '산보와 소요', '복습과 독서', '반가운 일요일', '목욕 가는 이야기', '방문과 친목', '잇는 취미와 부러운 일' 등의 소제목을 붙여 자신의 일본 유학생활을 그려냈다. 그중에서 취미에 대해 서술한 대목을 보자.

> 8. 잇는 취미趣味와 부러운 일: (……) 먼저 그들에게는 지식의 요구에 대하여 공급의 길이 십분 완비함을 보았음이니 아무리 막바지 좁은 길목과 열리지 못한 빈궁굴을 간다 하더라도 눈에 번쩍 뜨이는 것은 책사冊肆요 신문잡지 종람소縱覽所라. 노동자에게는 노동자에게 어울리는 서적이며 잡지요 소학생에게는 소학생에게 적당한 책이 있으며 여자에게는 여자에 관련한 책이 있어서 몇십 전의 돈만 가졌으면 각각 자기에게 적당하고 긴요한 지식과 사상을 누리게 된 것과 어느 날 어느 때를 물론하고 곳곳마다 연설이 있고 강연이 있어서 눈만 가졌으면 각각 자기에게 폭폭 새겨지는 앞장선 무리에게서 수양적 교훈과 현대의 새 사조 새 경향을 들을 수 있음이며, 둘째 그들에게는 주위에 있는 공기가 매우 가벼움을 보았음이니 그들의 가는 곳에는 몸이 납신납신 날아갈 듯이 조금도 거침이 없고 그들의 머리 속은 맑고 새로워서 항상 살아 뛰노는 피가 돌아다님이라.[33]

이 글의 필자는 일본에 노동자, 소학생, 여자 등의 구분 없이 각

---

33   小星, 「東京留學生生活」, 『청춘』 2호, 1914년 11월, 110~117쪽.

계층에 어울리는 서적과 잡지가 풍부하고 실제로 그것을 향유하는 분위기가 존재한다는 것을 부러워한다. 이 진술이 일본 사회 전체를 정확하게 파악한 후에 나온 것은 아닐 것이다. 그러나 현상윤은 독서와 강연회, 연설회 등을 통해 지식, 사상, 현대의 사조와 경향 등을 체득할 수 있는 일본인들의 삶의 방식을 목도하고, 거기서 그들의 '취미'를 감지했다. 식민지 유학생인 그가 일본에서 목격한 삶, 즉 '취미 있는 삶'을 사는 일본인들에게는 활기와 약동이 있었다. 그가 보기에 취미 있는 삶을 가능케 하는 동력은 지식과 사상의 풍부한 수혜였다. 1910년 당시 조선 내에서 '활사회'活社會와 '활력'活力의 강조가 있었음을 고려할 때, 취미는 생명력 있는 삶, 근대인의 지적 자극과 활력을 제공해주는 매개로 받아들여진 것이다.

1910년대 취미 담론의 중요한 비중을 차지하는 글 「고상한 쾌락」[34]은 일종의 취미 교육 담론이다. 고상한 쾌락은 취미로 수렴되

---

34 「高尙한 快樂」, 『청춘』 6호, 1915년 3월, 50~63쪽.

고, 취미는 직업으로 이어진다는 논지를 전개하는 이 글은 근대적 오락과 여가에 대해서도 소개하고 있다. 필자가 누구인지는 밝혀져 있지 않지만, "『소년』과 『청춘』이 일인 잡지였기 때문에 이들 잡지의 무기명 글은 모두 최남선의 것으로 보아야 한다"[35]라는 해석을 귀담아들을 만하다. 전체적인 논지를 파악하기 위해 목차를 살펴보면 다음과 같다.

「고상한 쾌락」: 쾌락의 정의 | 고등감각과 열등감각 | 군자의 쾌락과 소인의 쾌락 | 취미의 양성 | 직업이 스스로 쾌락 | 학자의 쾌락 | 특별한 오락재료 | 결론

「고상한 쾌락」은 우선 심리학에 기대어 인간의 의식을 지知, 정情, 의意 세 가지로 나눈다. 이 글에 따르면, 지知가 진리를 구하고 의意는 정의를 구하고 정情은 미美와 쾌快를 구한다. 그런데 쾌락은 "정情을 만족시키는 것"이며 그중에서도 "고상한 쾌락"은 "윤리적 의미로 정情을 만족하게" 한다고 본다. 또 인간의 감각 중에서 미각, 후각, 촉각은 "극히 순간적"이므로 "열등감각"이라고 한다면, 시각과 청각은 "비교적 장구성이 있"으므로 "고등감각"으로 분류된다.

아름다운 자연이라든가 미술품이며 서적 등과 좋은 음악 같은 것은 능히 수 시간이나 그 쾌감을 존속하며 그뿐 아니라 이런 것은

---

35 한기형, 「최남선의 잡지 발간과 초기 근대문학의 재편」, 『대동문화연구』 45호, 성균관대 대동문화연구원, 2004, 226쪽.

쾌감이 사라진 뒤에도 덕성에 고귀한 보익을 주며 또 후에 회상을 하여도 꿈같은 미감美感에 취할 수 있는 것이로되(……)[36]

이 글의 필자는 '열등감각'의 만족이 주는 쾌감이 순간적이라면, '고상한 쾌락'은 장시간의 쾌락을 주고 그 이후에 덕성에 고귀한 보탬이 되기 때문에 윤리적인 측면까지 고양시킨다고 주장한다. 고상한 쾌락은 입과 배를 충족시키는 물질적 쾌락이 아니라 정신적 쾌락에 관여하는 것으로 아름다운 자연이나 미술품, 서적, 음악 등을 통해 얻을 수 있다는 논리다.

그럼으로 먹고 마실 것이 없으니 쾌락이 없다고 하는 자의 취미趣味의 천함은 말할 것 없거니와 보고 들을 것이 없어 쾌락이 없다고 하는 것도 취미가 고상치 못한 자의 말이다. 대개 우리에게 맑게 닦은 심정만 있으면 어느 때 어느 곳에나 쾌락을 얻을 수 있음이니라. (……)
취미의 양성: 취미의 고하가 지식 정도의 고하에 관계되는 것은 물론이라. 그러나 이미 오인의 의식 상태를 지정의로 나누고 쾌불쾌가 정의 작용임을 알고 본즉 독립한 정情의 수양으로 족히 취미의 정도를 높일 수 있을지니 작용은 매우 광대한지라. 다만 취미만이 정情의 작용의 전체인 것은 아니다. 그럼으로 문명제국의 교육제에도 취미의 양성을 매우 중히 여겨 음악과 미술과 문예 무도 등 학과를 더 만드는 것이며 또 소년, 청년, 가정 등의 읽

---

36 「高尚한 快樂」, 『청춘』 6호, 1915년 3월, 51쪽.

을거리가 고상高尚한 취미趣味를 불어넣으려고 하는 본의리다.
(⋯⋯) 달고 고소한 것만 찾던 입이 담박한 것을 맛들이게 되고 아
양스럽고 요탕한 빛과 소리만 보고 들으려 하던 눈과 귀가 순결
청아한 것을 즐기게 하고 황당 요외한 것만 생각하던 심정이 우
미 고상한 묵상에 어리게 되면, 이에 취미의 수양修養을 이룬 것
이니 (⋯⋯)[37]

이 글은 한편으로 아름다운 그림과 경치를 보는 것, 아름다운 음
악과 무도를 하는 것, 좋은 글을 외우고 시를 읊으며 한가한 거문고
나 즐기는 것, 후원에 올라 꽃을 노래하고 밝은 달 구경을 하며 시작
법을 배우는 것, 죽장망혜로 명산승지 찾는 것을 '고상한 취미'로 꼽
았다. 이런 고급 취미는 그 미의 정수를 느끼고 읽어낼 수 있는 최소
한의 교육과 지식을 필요로 한다. 반면 맛있는 것을 먹고 좋은 옷을
입는 것, 술과 계집을 즐기고 골패와 화투를 즐기는 것, 학생들이 활
동사진집에 갔다가 청요릿집에 가서 장기나 두는 것은 '저급 취미'
로 구분했다. 고급 취미로 명명된 행위에는 근대적 학제로서의 회
화, 음악, 무용, 독서, 문예의 실천들과 함께 전통적인 풍류의 행위
까지 포함되었다. 즉 인생을 즐기는 쾌락으로서의 취미에는 근대와
전근대적 행위가 혼용되어 있다. 이 시기에도 근대적 의미의 취미가
확정되지는 않았던 것이다. 하지만 취미를 고급과 저급으로 구분하
고, 의식주와 관련된 '살기 위함'의 행위는 저급한 취미로, 쾌락은
'즐겁기 위함'으로 변별하고 있다.

37   위의 글, 55쪽.

음악과 그림과 문예를 즐긴다고 해서 그것이 바로 고상한 취미인 것은 아니었다. 반드시 '아름다운', '좋은'이라는 한정적 관용어와 취미를 결합함으로써 그 대상을 제한했다. 그리고 취미 담론은여유로운 도락에서 끝나지 않고, '직업' 담론으로 확장되었다. 저자는 글의 후반에서 "취미의 수양이 있는 그의 직업이 스스로 쾌락이니"[38] "무슨 직업을 잡거나 '이것이 나의 직업이거니' 하야 그것에의의를 부치고 그것에 정情을 들이고 그것에 성誠을 다하야 (……)제 직업 속에 제 몸을 두어 그중에서 쾌락을 차즘"[39]이 있어야 한다고 주장했다.

이렇게 미적 향유를 통한 정신적 쾌감을 직업·노동과 연결하는논의는, 근대 초기 한국의 취미 담론이 갖는 특수성으로 간주해야할 것이다. 모든 제도와 지식과 사상이 '문명'과 '문화'의 이름으로정립되던 1910년대의 상황에서, 노동이나 실업과 분리된 '쾌락'과'취미'는 전근대의 계급적 풍류의식과 접합될 위험이 있기 때문이다. 실제로 당대 권력층과 상류 지식인들의 유락遊樂 문화는 여전히비판의 도마에 올랐다.

> 그러하거늘 저 속류배들은 소위 소창消暢이니 하고 막대한 시간과 금전을 소비하여 난창요무亂唱遙舞로 치치蚩蚩(어리석음: 인용자)한 유락에 탐하거니와 혹 청년들이 이를 한 행세로 알아 그 추태를 부러워하고 본받으려 함에 이르니 기막히다 할까 한심하다

---

38 위의 글, 56쪽.
39 위의 글, 57쪽.

할까.[40]

속류배들이 소창이랍시고 기생들을 불러다가 야외에 나가 놀이
판을 벌이는 세태를 구체적으로 꼬집고 있는데, 이 속류배의 대부
분은 권세와 재력을 가진 구한말 권력층이거나 관료들이었다. 이들
의 저속한 풍류문화를 비판하는 논조는 개화기의 계몽 담론과 다르
지 않다. 특히 이들의 사치 풍조와 시간 개념을 지적하면서, "통 속
에 누운 거지 디오게네스가 엄청난 부와 권력을 가진 알렉산데르 대
왕을 코웃음한 실로 장쾌한 일"을 인용했다. 그리고 "영구히 변치
않는 무슨 큰 쾌락"이 바로 "학문의 쾌락"이라며, "작은 성공, 작은
이익밖에 모르는 조선 청년"들에게 이렇게 충고했다.

> 특별한 오락재료: 그러나 직업 즉 쾌락 지경에 들어가기는 좀처
> 럼 쉽지 아니하며 또 사람이란 평생토록 혹은 종일 본업에 매달
> 릴 수 없으니 지금 휴양할 필요가 있다. (……) 이에 건전한 소견
> 법消遣法(이래저래 마음을 붙여 세월을 보내는 방법: 인용자)이
> 필요하도다. 그럼으로 문명국에는 고상한 공원, 극장, 동식물원,
> 공회당 같은 것이 있고 (……) 각 개인에 각각 제 취미趣味에 맞는
> 오락이 있는데, 가령 집에는 악기와 사진첩과 환등과 화단과 독
> 서회, 시회, 무도 등이 있어 명절과 저녁 식사 후 등 여유 시간에
> 화기애애한 단란 속에 보내며 좋지 못한 유혹이 엿볼 틈이 없게
> 하는 동시에 부지불식간 지식과 취미를 향상하며 (……) 우리 사

---

40 위의 글, 58쪽.

회는 어떠하뇨. 유일의 오락기관이 정루주사情累酒肆요 그러지 아니하면 박혁博奕(도박: 인용자) 음주 잡담이라 제 백옥 같은 천단天壇을 가진들 어찌 비천하지 않을 수 있으리오. 근년 내로 활동사진관, 연극장 같은 것이 대도회에는 여기저기 생기는 모양이나 대개 이윤만 아는 상인의 경영으로 또한 엄정한 사회의 제재가 없으며 오직 부패한 사회 인심에 영합하기에만 급급하여 거룩할 사회 민중의 오락장이 탕남요녀의 야합하는 소굴로 되어버려 극장이라 하면 식자의 빈축타기嚬縮唾棄하는 곳이 되고 말아 부패한 인심을 더욱 부패하게 할 뿐이며 가정과 개인은 고상한 취미를 깨닫지 못하고 또 날로 심해지는 생활난과 그들을 교화할 만한 인물의 결핍은 더욱 그들이 취미에 전념할 기회가 없게 하며 청년학생은 취미의 무엇을 깨닫지 못하고 그 야속누추함이 더하니 참 한심할 바로다.[41]

이 글에서 '취미'는 직업생활을 하는 근대인에게 휴양과 건전한 여가가 필요하다는, 근대적 방식의 시간 분할 및 여가 개념과 자연스럽게 합류했다. 개화기 이래 꾸준히 보급된 서구적 근대 시공간의 개념과 삶의 양식이 내면화된 것이었다. 문명의 지표가 되는 서양에는 공원, 극장, 동식물원, 공회당 등 '고상한' 취미 기관이 있고, 가정에서는 사진 수집이나 화단 가꾸기, 독서회, 환등사진 관람 등을 통해 '지식과 취미'를 향상시키고 있다고 선례를 들었다. 조선에도 활동사진관과 연극장이 도회지를 중심으로 여럿 있기는 하지만, 문

41   위의 글, 61~62쪽.

제는 그런 취미 기관이 거룩한 오락장이 되지 못하고 '탕남요녀'蕩
男妖女의 '야합'野合 장소가 되어버렸다는 데 있다. 이 글은 광의의 취
미와 협의의 취미가 하나의 담론 안에서 동시에 활용되고 있다는 점
에서 1910년대식 취미의 활용법을 보여준다. 고상한 쾌락을 감지하
는 미적 능력으로서의 '취미'taste와, 그것의 구체적인 실천 방식으
로서 영화 관람, 연극 관람, 사진 수집, 독서 같은 '취미'hobby가 동
시에 쓰이고 있기 때문이다.

　최남선으로 추측되는 이 글의 저자는 조선 청년의 "취미 양성",
즉 "지덕知德의 양성"에 가장 시급한 것이 '독서력'이라고 보았다.
그러나 조선어 서적이 별로 없고, 일본 서적을 보자니 어학의 힘이
부족하며, 그나마 조선문朝鮮文으로 된 서적은 천하고 더러운 이른
바 신소설이라고 한탄했다. 차라리 "옥루몽, 수호지, 서유기, 삼국
지 같은 고문학을 읽음이 어문의 발달과 취미의 향상에 썩 조력할
줄로 믿"는다며, 고전문학을 추천했다. 그런데 여기서 언급한 고전
문학은 『청춘』 창간호부터 지속적으로 광고하고 있는 신문관 발행의
고전 책들이기도 했다. 이 대목에서 우리는 신문관 광고에서 반복적
으로 발화하는 "취미와 실익"의 의미를 새삼 추론할 수 있다. 취미
의 함의는 어느 정도 파악할 수 있었지만 해결되지 않는 부분이 바
로 '실익'의 의미였다. 여기서 고전문학 독서를 통해 얻을 수 있는
실질적인 이익이라면 바로 조선 어문의 능력을 키우는 것이다. 저자
는 "언어 행동에 고결한 취미의 빛이 나타나게 되기를 바"란다는 말
로 언어 능력 향상의 실익을 제시했다.

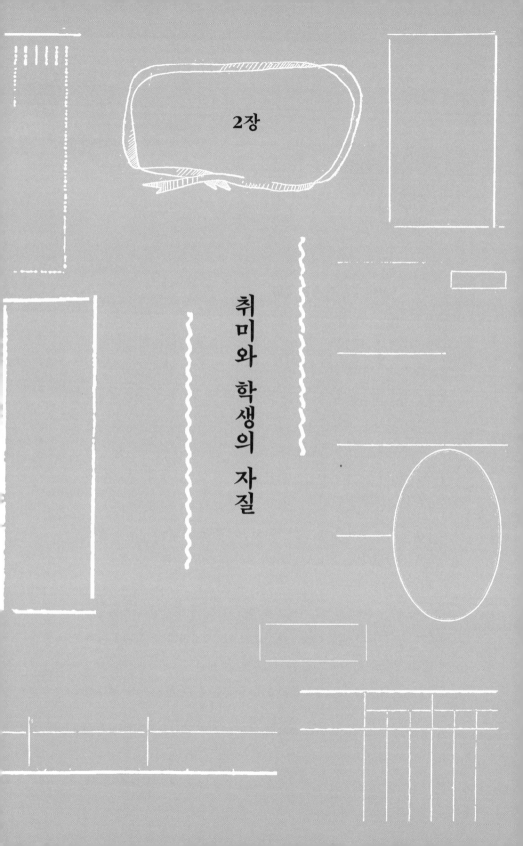

2장

취미와 학생의 자질

『신문계』, 학술과 취미

1910년대에 접어들면서 '무단통치'라는 정책적 기조 아래 식민화가 진행되었다. 그렇게 한국은 암흑의 시기로 돌입했다. 언로言路가 통제되었고, 교육과 제도가 폭력적으로 제정, 강요되었다. 식민체제를 위협하는 사상을 배제하기 위해 서적을 압수하거나 출간을 금지했다. 이 때문에 1910년대에 출판물과 잡지들은 발간 허가를 받기 어려웠을 뿐만 아니라 지속적인 발간은 더더욱 불가능했다. 종교계 배경의 학회지들이 몇몇 있기는 했지만 유통이 원활하지 못했다.

　『청춘』과 『학지광』은 각각 1918년 15호와 1919년 18호를 마지막으로 폐간되었다. 1913년 4월에 창간된 월간잡지 『신문계』新文界는 1917년 3월까지 정기적으로 발행되면서 총 49호를 냈고, 이후 『신문계』의 후신이라고 할 수 있는 『반도시론』이 창간되어 1919년 4월까지 29호가 더 발행되었다. 『신문계』가 1910년대 잡지로서는 최대 발간 횟수를 기록하고 있는 배경에는 일제와 총독부의 비호가 있었다. "일제는 무단통치의 이면으로 한국인에 대한 심리적 복속정책을 병행하지 않을 수 없었다. 더욱 효율적인 식민지 지배를 위해 한국인의 정신개조 사업을 기도"[1]했는데, 『신문계』의 발간 목적은 식민정책을 보완하는 것이었다.[2] 발행인은 일본인 다케우치 로쿠노스케竹內錄之助였고, 최찬식, 백대진, 송순필이 기자로 활약했다.

『신문계』가 독자로 상정한 계층은 학생이었다. 식민지 체제에서 새로운 주역으로 활약할 지식인층을 키우는 것이 목표였다. 『신문계』는 "식민지 근대화의 제도적 충실화를 위해 발간"[3]된 잡지로 평가받기도 한다. 잡지에는 문명론, 진화 담론, 교육과 과학(화학, 생물학, 유전학, 인종 등)에 관련된 학술 기사, 각종 종교론, 학교 탐방기, 근대 과학자 소개, 일본어와 영어 습자, 편지와 연설문 서식 등이 실렸다. 식민지의 현실을 자각하거나 비판할 수 있는 사상적인 글이나 조선 현실에 기반을 둔 사회 기사는 거의 실리지 않았다. '도구적 지식'만을 확대 재생산하고 보통교육을 실현함으로써, 근대의 문제를 피상적이고 관념적인 차원에서만 사고하게 하는 것이 이 잡지의 특징이었다.

1913년 4월 창간호의 '발행지'發行旨를 살펴보자.

---

1   한기형, 「무단통치기 문화정책의 성격 — 잡지 『신문계』를 통한 사례 분석」, 『민족문학사연구』 9호, 민족문학사학회, 1996, 225쪽.
2   잡지 『신문계』에 대한 연구 논문은 다음과 같다. 김복순, 「1910년대 단편소설 연구」, 연세대 박사학위 논문, 1990; 한기형, 「무단통치기 문화정책의 성격 — 잡지 『신문계』를 통한 사례 분석」, 『민족문학사연구』 9호, 1996; 권보드래, 「1910년대 '新文'의 구상과 『경성유람기』」, 『서울학연구』 18호, 2002; 한기형, 「근대잡지와 근대문학 형성의 제도적 연관 — 1910년대 최남선과 竹內錄之助의 활동을 중심으로」, 『대동문화연구』 48호, 2004.
3   한기형, 위의 글, 2004, 58쪽.

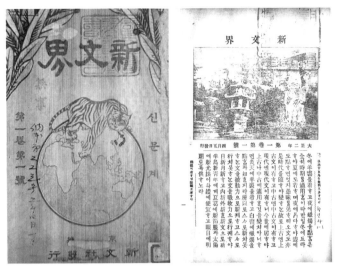

『신문계』 창간호(1913년 4월) 표지와 창간사. 창간사가 '발행지'라는 제목으로 표지 뒷장에 실려 있다.

(……) 스스로 신新치 못호는 문文을 피동력被動力으로 신新케 호고 스스로 행行치 못호는 문文을 흡수력吸收力으로 행行케 호야 일신월신日新月新호고 내신외신內新外新흔 신문新文으로 신반도 신청년新半島新靑年에게 하갈夏葛에 신절복新節服과 태양太陽에 신광선이 신체에 편의便宜호고 안목眼目에 명랑明朗토록 공공供호 노라.[4]

창간사는 다소 과장된 희망의 소회로 채워졌고, 창간호 머리말에는 네 장의 사진 '20년 전 경성 남대문', '세탁' 장면, '동경고등상업학교', '미국 고로라도 부근 해안'이 실렸다. 이 네 장의 사진

4 「발행지」, 『신문계』 1권 1호, 1913년 4월, 1쪽.

은 『신문계』가 지향하는 바와 그들의 입장을 상징적으로 드러낸 것
으로, 과학과 실업을 진흥하고 교육을 통해 새 시대의 주역이 된다
면 바로 문명에 도달할 수 있을 것이라고 강조하는 고압적인 편집이
었다. 포장되지 않은 흙길에 달구지와 헐벗은 아이가 서 있는 '20년
전 경성 남대문'과, 개천에서 빨래하는 여인네들이 찍힌 '세탁' 장
면은 다소 여유로운 풍경으로 비치기는 하지만 폐기해야 할 구한국
의 풍경이며 극복해야 할 현재적 과제를 환기한다. 반면 일본과 미
국의 사진, 그중에서도 근대적 건축물의 위용을 드러내며 신지식의
산실임을 과시하는 '동경고등상업학교'의 전경과, 광활한 지대에 목
가적 풍경을 보여주는 '미국 고로라도 부근 해안' 사진은 조선인이
지향해야 할 모범으로 제시되었다. 사진의 배치에서 제국의 시각과
식민의 전략이 은밀하게 숨어 있음을 알 수 있다.

　　『신문계』가 말하는 '新文界'는 "야매한 사회를 일변하여 문명한
세계가 됨"[5]을 의미했다.[6] '신문계'적 취미 용법을 잘 보여주는 것은
1913년 5월호에 실린 「주장主張 학술 연구의 취미」[7]라는 글이다.

　　연구가 무無ᄒ면 학술이 활용이 되지 못ᄒ고 취미趣味가 무無ᄒ
　　면 인생이 존재키 어려우니 부득불不得不 존재를 희망ᄒᆯ진딘 취미
　　趣味를 과득科得ᄒᆯ 것이고 취미趣味를 과득科得코자 ᄒᆯ진딘 학술

5　「신문계론」, 『신문계』 1권 1호, 1913년 4월, 5쪽.
6　구체적으로 "學界 정도를 一變하여 물리 화학과 格致 경제와 天文 地文의 필요한
　　학술로 사해동포를 교육하며 五洲種族을 涵泳하여 日新月新에 진보"하게 하는 것
　　이었다. 위의 글, 5쪽.
7　「주장主張 학술 연구의 취미」, 『신문계』 1권 2호, 1913년 5월, 2~4쪽.

을 연구홀 것이니 학술의 연구는 일조와 일석에 종결ㅎ는 사事가
아니라 수水에 침浸ㅎ고 산山에 상上흠과 굿치 일보一步를 전前하
야 이보二步를 전진홀 방향과 묘리妙理를 과득科得ㅎ고 일층을 상
上ㅎ야 갱상更上홀 계급과 절차를 주상注想ㅎ야 침침상상浸浸上上
ㅎ야 목적지에 도달흔 후에 일보일층을 부진불상不進不上흔 하륙
下陸의 인人을 회간回看ㅎ면 장거리에 원격遠隔흠이 소양霄壤(천지
天地: 인용자)의 현절懸絶흠(두드러지게 다름: 인용자)과 여如ㅎ니.
관觀ㅎ라 왓도(J. Watt)의 방촌方寸으로 기起ㅎ야 수증기 사용을
해득解得ㅎ야 기선철도의 대양大洋을 할도割渡ㅎ고 평륙平陸을 축
래縮來ㅎ는 것이 연구의 연구를 가加ㅎ고 취미의 취미를 득得ㅎ
야 유구유정愈久愈精ㅎ야 금일에는 세계적 취미로 제일위第一位
에 재在ㅎ고 마루고니(G. Marconi)의 뇌수腦髓로 여시如始ㅎ야 무선
전無線電을 발명ㅎ야 기개년幾個年을 경經흔 금일에는 공동의 취
미趣味를 득得ㅎ엿고 라이도(Wright brothers)의 기점으로 제조
흔 비행기는 기개인幾個人의 연구가 유기愈奇ㅎ야 금일에는 혹동
혹이或同或異흔 제종諸種의 사용이 편리ㅎ니 대개 위인달사偉人達
士의 연구력도 잠시暫時에 속성速成이 아니라 세월歲月로 점진漸進
ㅎ다가 당년當年에 종료終了히 못ㅎ면 자손계子孫計까지라도 계
속 연구로 완전흔 결과를 득ㅎ야 각각 연구와 각각 취미를 생ㅎ
야 취후取後에는 무량無量흔 공익共益을 득ㅎ니 (……)
학술은 목木에 비譬하면 근본根本과 여如ㅎ고 연구는 수기水氣와
여如ㅎ고 취미趣味는 화실花實과 여如ㅎ니 수기水氣가 무無ㅎ면
근본이 고사枯死ㅎ고 화실花實을 영결英結치 못ㅎ는 것이 연구가
무無ㅎ면 연원淵源이 갈망渴亡ㅎ야 일종의 취미趣味를 득키 난難

흠과 여如흠은 정定흔바 원리原理라. 금슈에 다소에 학술學術이 유有흐나 전인前人의 발명發明이 의표意表에 초출超出ㅎ다 ㅎ야 단但히 전인前人의 술비術備만 인순因循ㅎ고 경更히 후인後人의 일층진보될 것을 불구不究ㅎ면 도저到底히 갈원고근渴源枯根의 탄歎을 면치 못홀지라 왕고往古를 역산歷算ㅎ면 내후來後를 약지略知ㅎᄂ니 상상想像ㅎ면 연구의 범위ᄂ 한정이 무無ㅎ야 기선汽船을 발명ㅎ던 당년當年에ᄂ 더 기묘흔 연구가 업슬 쯧흔 사상도 얼마즘 허다許多하엿깃지마ᄂ 경更히 비행기의 일층 더 고상한 연구가 궁출ㅎ야 일반의 이목을 경당驚瞠ㅎ고 전선電線을 건설建設ㅎ던 당시에ᄂ 차외此外에 더 신속흔 기관이 업슸쯧흔 생각도 발착發着ㅎ엿깃지마ᄂ 일층 더 측량키 난難흔 무선전無線電의 연구를 주출做出ㅎ엿스니 차此를 추사推思ㅎ면 금일의 비행기와 무선전이 타일他日엔 구발명舊發明이 되야 제기 위에 사용될 이치理致가 확연確然ㅎ도다.

적극적으로 논論ㅎ면 연구 중에 발생되지 아닐 것이 반점半點도 무無ㅎ야 북인청산北印靑山에 취미趣味를 부지不知흔 선천귀객先天歸客을 가련可憐 이자二字로 증여贈與홀 심회心懷가 홀기忽起ㅎ니 여지후생餘地後生이 반反히 오인吾人에 대ㅎ야 여차如此흔 감상感想이 무無ㅎ도록 만종물류萬種物類의 형색形色을 일원뇌중一圓腦中에 각치刻置ㅎ고 신혼神魂을 유력遊歷ㅎ면 불능자기不能自己홀 고취高趣가 진진陣陣ㅎ야 설발雪髮이 만빈滿鬢흠을 무지無知홀지니 세간취미世間趣味가 차此에 과過홀자— 무無하도다.

연구하지 않으면 학술을 할 수 없고 취미가 없으면 인생이 존재하기 어렵다는 것을 전제로 서술한 이 글에서 '학술'과 '취미'는 등가의 가치를 갖는다. 학문 연구가 밑바탕이 되어야 취미를 얻고 인생의 희망을 가질 수 있다는 논리다. 결국은 학술 연구가 필요하다는 것이지만, 학술과 연구의 필요성을 인생의 '취미'라는 개념으로 환기시키는 것은 1910년대적 용법이라고 할 수 있다. 저자의 주장에 따르면, 와트의 증기 사용이 기선과 철도가 만들어지는 연구의 기반이 되어 오늘날 '세계적 취미'(전 세계적인 학문의 관심사, 지식)의 제1위가 되었고, 마르코니의 무선전신 발명은 '공동의 취미'를 얻었고, 라이트 형제의 비행기도 역시 이전 위인들의 활동과 마찬가지로 '무량한 공익共益'을 얻게 되었다. 취미는 학술 연구가 결과적으로 가져다주는, 전 세계적 공익인 것이다. 여기서 취미는 "취미를 과득科得하다", "세계적 취미에 머무르다", "취미를 부지不知하다"라는 용법으로 사용되었는데, 이때 취미는 발명이 가져다준 생의 쾌락, 인생의 의미, 생의 결실 등을 뜻한다. 쾌락의 의미가 과거의 것과 질적으로 달라졌다. 과학적인 연구와 발명을 통해 얻을 수 있는 것이기에 신학문, 신발명, 신문명과 조응하는 "생의 새로운 쾌락"인 것이다. 『신문계』에는 과학 기사가 수적으로 단연 우세하게 수록되었음을 확인할 수 있는데, 대부분은 현대 생활의 실용성과 연관된 것이었다.

　『신문계』의 여러 기사에서 쓰인 '취미'는 저자나 논지에 따라 물론 다양하게 전용轉用되는 양상을 보인다. 다만 『신문계』의 공식적인 입장을 피력하는 '권두언'이나 '편집 후기'에 나타나는 '취미'는 발행인과 편집진의 공통된 취미 용법이라고 말할 수 있을 것이다.『신문계』는 "청년 학해學海의 신사상을 발양하는 세계화"[8]를 내걸고 발간되었다. 앞서 인용한 창간사에서 창간 의도를 다소 추상적인 수사를 동원해 드러냈다면, 창간 2주년 기념사에서는 그동안『신문계』가 표방한 것이 무엇이었는지를 다음과 같이 밝히고 있다.

> 애독가愛讀家의 도사취금淘沙取金ᄒ며 공석득옥攻石得玉홀 취미趣味가 만일萬一이나 유조有助홈을 희망ᄒᄂ 혈성血性이 시종불투始終不渝를 기期ᄒ야 금일今日에 지至ᄒ얏스니 금일今日의 혈성血性이 즉명일卽明日의 혈성血性이오 금년의 혈성이 즉卽 명년의 혈성이라.[9]

독자들이 모래 속에서 금을 캐고 돌을 쪼개 옥을 구하는 것과 같은 '취미'를 얻는 데 조금이라도 도움이 되기를 희망한다는 내용이다. 3년 동안 잡지를 만들어왔던 기자 해동초인(최찬식)은 "여余의 종사從事ᄒᄂ 잡지 신문계ᄂ 기其 성질을 언言홀지면 즉 학술과 문예의 정신을 혼 자이니 기 목적은 동서양구東西兩球의 신문명을 윤래輪來ᄒ야 청년제군의 신지식을 여與ᄒ며 반도강산의 신광휘新光輝를 양揚코져 홈이오 기其 체질은 참신斬新혼 학술과 찬연혼 문예로셔 만편화식滿篇華飾ᄒ며 기其 정도는 중등 이하의 간이簡易혼 문법에 한限ᄒ야 만천하 독자 제군의 실익實益을 여與ᄒ며 취미를 감케 ᄒ도록 편집하는 자"[10]라는 입장을 분명히 밝혔다.

---

8   『신문계』 1권 2호 표지, 1913년 5월.
9   「본지 창간 이주년 기념의 辭」,『신문계』 3권 4호, 1915년 4월, 2~3쪽.
10   海東樵人,「余의 기자생활」,『신문계』 3권 1호, 1915년 1월, 58~63쪽.

『신문계』 독자층은 변화한 세상인 식민체제하에서 주도적인 역할을 해야 할 것으로 기대되는 청년·학생들이었다. 잡지는 "중등 이하의 간이한" 학문을 통해 그들에게 '실익'과 '취미'를 제공하고자 했다. 그리고 기자 스스로도 잡지 만드는 일을 통해 '취미'를 얻을 수 있었다.

> 발행 후에 나의 취미: 여余- 차此에 종사從事ᄒ기 이전에ᄂ 혹或
> 잡지를 독讀홀 시時에 항恒히 기其 문장의 미美를 상찬홀 ᄲ이오
> 실實로 기其 기자의 고심처苦心處ᄂ 심상尋常히 간관ᄒ얏더니 금
> 今에 여사如斯ᄒᆫ 경험이 유有ᄒᆫ 연후然後에야 가可히 동업자의 동
> 정을 표表ᄒ깃도다.
>
> 연然이나 여차ᄒᆫ 고심의 효과로 성成ᄒᆫ 일부의 잡지를 발행ᄒᆫ 후
> 에도 혹시 착오처錯誤處가 불무ᄒᆫ가 ᄒ야 전부의 수미首尾를 일통
> 고람一通考覽ᄒᄂ바 기고람시其考覽時에 여余의 취미趣味ᄂ 실로
> 무한無限ᄒᆫ 쾌락을 함기咸起ᄒᄂ니.
>
> 혹或 기其 기사 중에 건필健筆의 문구文句가 유有ᄒ거ᄂ 우又ᄂ 체
> 재중體裁中에 미묘ᄒᆫ 처處를 견見홀 시時에ᄂ 어심於心에 자이자
> 열自怡自悅홈을 불승不勝ᄒ며 혹或 불만족ᄒᆫ 처處가 유有ᄒᆫ즉 내
> 호來號에ᄂ 여사如斯々々히 개량ᄒ리라 ᄒ야 자경자각自警自覺ᄒ
> ᄂ 동시에 기其 취미趣味ᄂ 파頗히 일엽편주一葉片舟를 가駕ᄒ야
> 무이구곡武夷九谷의 춘광春光을 롱弄과 흡사恰似ᄒ도다.[11]

11 위의 글, 62쪽.

이 글에서 해동초인은 자신의 직업과 관련한 취미의 감회를 피력하고 있다. 그는 편집 작업을 할 때나 발행 후에 부족한 점을 발견하더라도 스스로 자각하는 바가 생기기 때문에, 그때의 '취미'는 조그만 배 한 척에 몸을 싣고 구비구비 계곡을 돌며 봄 햇살을 즐기는 것과 흡사하다고 표현했다. 취미는 곧 직업적인 기쁨과 성취감에 있는 것인데, 량치차오가 말한 '생활의 취미',[12] 일상에서 대상과 주체가 관계 맺는 방식 안에서 발생하는 미적 쾌락이 겹쳐져 떠오른다.

'취미와 실익', 학생의 자질

『신문계』의 발간 목적이 취미에 있음은 편집 후기에도 명시되어 있다. 「편집실통기」, 「편집록」, 「편집실에셔」, 「편집여언」 등으로 약간씩 제목이 달라지기는 하지만, 편집진은 편집 후기에서 여러 차례 『신문계』와 '취미', 혹은 개별 기사와 취미의 관계를 피력했다.

① 본지중本紙中에 '금강金剛은 천연적 공원'이라ᄂ 것은 즉 지리地理 비고秘考로 썩 소상昭詳하고 썩 취미趣味가 잇게 계속ᄒ야낼 터이오니 독자첨위讀者僉位ᄂ 완미ᄒ시면 유익ᄒ겟슴닉다.[13]

---

12   이상우, 『중국 미학의 근대』, 아카넷, 2014.
13   「編輯室通奇」, 『신문계』 1권 2호, 1913년 5월, 76쪽.

② 편집인이 발셔브터 경영ᄒᄂᆫ 것은 본지중에 이란 二欄을 배설排設ᄒ되 일 ᄒ은 동서문명이라 명칭ᄒ고 동아 서구에 기왕현재를 물론ᄒ고 문명의 지침指針될 만흔 기사를 취집聚集ᄒ고 일 ᄒ은 학생구락부라 명칭ᄒ고 학생 중에 취미趣味가 유有흔 언사言辭와 장진將進이 다多흔 효과效果가 학생계에 권점勸點될 만흔 것을 채취採取하여 학생의 일람一覽을 작作코죠 ᄒᄋᆸ더니 본호에 근僅히 동서문명란만 설設ᄒ고 학생구락부란은 차호브터 설設ᄒ기로 예정이오며[14]

③ 본호 편집은 (……) 결점이 되ᄂᆫ 것은 학술 연구學術研究 세계주유기世界周遊記를 본호에도 계속치 못흠은 해동자海東者가 건강치 못ᄒ와 ᄆᆞ음ᄃᆡ로 쯧ᄃᆡ로 ᄒ지 못ᄒ엿사오나 종당終當은 여러분도 역시 유람遊覽의 취미趣味가 쾌히 나도록 채구採究ᄒ겟ᄉᆞ오며[15]

④ (……) 본호브터 ᄯᅩ 문예文藝가 기묘奇妙ᄒ고 취미趣味가 유족裕足흔 한문소설漢文小說을 게재揭載ᄒ야 별반別般의 색태色態를 겸兼케 하얏ᄉᆞ오며[16]

⑤ 본호ᄂᆫ 역시 동아서구의 전쟁을 제際ᄒ야 출생ᄒᄂᆫ 본호이라. 설전舌戰, 필전筆戰, 의전, 심전이 시국으로 표리表裏가 혹 동이同

14 「편집록」, 『신문계』 1권 8호, 1913년 11월, 78쪽.
15 「편집실에서」, 『신문계』 2권 2호, 1914년 2월, 83쪽.
16 『편집실에서』, 『신문계』 2권 4호, 1914년 4월, 111쪽.

異호며 변화가 막상막하홀 재료를 거다히 취집聚集호은즉 일종의 모험적이나 여러분의 안목을 청신케 호고 흉해胸害를 쾌활快活케 호고져 홈이어니 전체 기사가 다소의 취미趣味를 함존含存호 중에[17]

⑥ 본호는 대々적 개혁을 호야 혹或 실익實益도 취取호고 혹或 취미趣味도 취取호며 혹或 실익實益과 취미趣味가 겸호 문제로 쪽목을 일신케 호고져 호야 계속繼續호던 우의담寓意談 백장홍百丈紅 등의 십수 건을 정지停止호고 일층신신호 재료를 채집호엿스오며 본호에 대호 부록은 신년 일월에 적당호 취미趣味를 조장助長도 하고[18]

⑦ 이후以後로는 어듸까지던지 선미鮮美호 편집編輯을 자기自期호오니 불구不久에 완전完全호 취미趣味를 보실 줄노 통량統亮호시옵소서.[19]

⑧ 본호 편집은 (……) 제2기념호를 의미로호고 공진회에 대호 목격目擊호 광경을 실사實寫호야 신신新々호 취미趣味를 조助호 외外에 금세今世 과학科學에 골경骨硬될 만호 재료를 수집蒐集호야 아무조록 애독가 제씨에게 일분一分이라도 특별호 취미趣味와 유

17 「편집실에셔」, 『신문계』 2권 11호, 1914년 11월, 90쪽.
18 「편집실에셔」, 『신문계』 3권 1호, 1915년 1월, 126쪽.
19 「편집여언」, 『신문계』 3권 7호, 1915년 7월, 92쪽.

익有益이 가히 의독意讀을 불근不斷ㅎ시도록 고심ㅎ바.[20]

⑨ 본 편집은 외국의 현장실사現場實事가 태반太半이오 겸ㅎ야 교육가의 인물평을 사寫ㅎ야 다소多少의 취미趣味를 정모ㅎ눈 중.[21]

⑩ '취미가 심한 북한산'은 즉 독자제씨의 연구상 필요로 취取ㅎ바오.[22]

두 번째 글은 『신문계』의 편집 방향과 그 목적을 분명히 드러내는 편집실의 전언傳言이다. 편집 방향은 크게 두 가지인데 하나는 '동서문명'이라고 해서 '문명의 지침'이 될 만한 기사들을 싣는 것이고, 다른 하나는 '학생구락부'라고 칭하며 학생들 사이에 취미가 있는 기삿거리와 장래 나아갈 바에 도움을 줄 만한 것들을 모아 학생들에게 읽히게 한다는 것이었다. 신지식 보급이라는 『신문계』의 입장을 고려할 때 학생들에게 권할 만한 '취미' 있는 기삿거리라 함은 '흥미'나 단순한 '재미'와 구별되는, '지식'이나 '교양'을 가리켰다.

세 번째 글의 유람 취미에서 말하는 '취미' 역시 학문적이고 지적인 흥미를 말한다. 「세계주유기」는 앞에서도 언급했듯이 '학술 연구' 항목으로 기획된 것이었다.

첫 번째 글과 열 번째 글의 '취미'는 금강산과 북한산에 대한 지

20 「편집여언」, 『신문계』 3권 10호, 1915년 10월, 94쪽.
21 「편집여언」, 『신문계』 3권 12호, 1915년 12월, 90쪽.
22 「편집여언」, 『신문계』 4권 2호, 1916년 2월, 84쪽.

리적 지식과 연구의 필요를 강조한 것으로, 단순한 흥미 이상의 것이다.

다섯 번째 글에서도 『신문계』가 목표로 하는 취미가 오락이나 흥미와는 거리가 있음이 확실히 드러난다. 1차 세계대전의 전황을 알리는 기사들과 함께 잡지에 실린 전체 기사가 가슴을 시원하게 해줄 '취미'를 담았다고 말한다. 취미는 근대인이 알아야 할 시국적 정보이면서 최신의 지식이 가져다주는 효과였다. 여섯 번째, 여덟 번째, 아홉 번째 인용문에서 재차 언급되고 있듯이 『신문계』는 "취미와 실익"이라는 1910년대의 최대 가치를 표방했다.

유교적 이념과 지식인의 허문虛文을 비판하고 실업實業의 진흥을 주장하는 것은 개화기 이래 계속된 논조였다. 이 주장에는 "실질을 숭상"하는 뜻이 담겨 있었다.[23] 다만 실익實益은 분야와 대상에 따라 구체적인 내용이 달라질 수 있는 가치였다. 문자文字를 대상으로 할 때는 조선어나 일본어를 익히게 돕는 것이었고, 정신적으로는 변화한 세상에 맞설 용기와 담력을 키워주는 것이었다. 사상적으로는 서구 문명과 신사상을 고취하는 것이었고, 경제적으로는 구체적인 산업과 무역, 즉 실업에 대한 지식과 필요성을 자각하게 하는 것이었다. 각 분야의 '실익'의 공통점은 조선인들에게 시급히 '요청되는 태도'와 '방법론'을 제공한다는 점이었다. '취미와 실익'이 당대에 얼마나 영향력 있는 가치였는지는 1910년대 말에 발간된 잡지 『태서

---

23 류준필, 「'문명', '문화' 관념의 형성과 '국문학'의 발생」, 『민족문학사연구』 18호, 민족문학사학회, 2001, 12쪽.

문예신보』泰西文藝新報와『삼광』三光을 통해서도 확인할 수 있다. 다음은『태서문예신보』와『삼광』의 발간사다.

본보는 태셔의 유명한 쇼셜, 시됴, 가곡, 음악, 미슐, 각본 등 일(반) 문예에 관한 기사를 문학대가의 붓으로 즉접 본문으로붓터 충실하게 번역하야 발행할 목적이온자 다년 경영ㅎ든 바이 오날에 데일호 발간을 보게 되엇습니다. 편즙상 불충분한 점이 만사오나 강호제위의 익독ㅎ여 주심을 싸라 일반 기자들은 붓을 더욱히 가다듬어 취미와 실익을 도모ㅎ기에 일층 로력을 다ㅎ겟습니다.[24]

음악의 청아함은 고저에 잇고 장쾌함은 장단에 잇으며 활달함은 강약에 잇다. 그런즉 악곡은 그 고저장단 강약 등의 변화에 따라서 희노애락의 경외공포의 감을 주는 것이다. 음악은 일종의 고상한 예술이다. 건축이나 조각 등의 조형적 예술이 아니고 감정이 있고 생명이 있고 또한 권능이 있는 생적生的 예술이다. 그러므로 우리 인류는 음악의 힘으로 의지와 사상 등을 견확堅確히 하여 정신과 취미를 수양할 것이다.[25]

『태서문예신보』[26]는 일본어 기사를 중역하지 않고 기자들이 서

---

24 「발간의 사」,『태서문예신보』1호, 1918년 9월, 1쪽.
25 홍영후,「음악이란 하오」,『삼광』1호, 1919년 2월, 3~5쪽.
26 1918년 9월 창간되어 1919년 2월 16호로 종간된 주간지로 발기인은 백대진, 김억, 이일, 장두철이다.

구의 글을 직역해서 태서(서구)의 문예 일반을 소개하는 문예지였다. 『삼광』은 문학, 미술, 음악을 대상으로 한 예술종합지를 표방했고, 그중에서도 음악에 비중을 둔 특색 있는 잡지였다. 1919년 2월 창간호를 내고 1920년 4월 3호 발행을 끝으로 단명했다. 발행인은 홍영후(홍난파)였고 발행소는 도쿄악우회樂友會였다. 두 잡지 모두 '취미'를 수양하는 데 목적을 두었다. 이 시기 '취미와 실익'은 확실히 모든 것을 압도하는 우위의 가치였던 것이다. 당시 매체들은 일상생활에 실용적 가치가 있는 지식을 제공하고자 했기 때문에 '오락'과 '재미'도 항상 '신지식', '상식', '교육' 같은 단어들과 조합하여 사용했다.

『청춘』에 실린 「고상한 쾌락」[27]을 중심으로 1910년대 취미 담론이 내포한 다양한 맥락들을 살펴본 결과, 취미가 근대적 개인과 일상과 관련한 주제로 설정되었음을 알 수 있었다. 지적인 능력을 기반으로 한 고상한 쾌락은 학문과 직업의 영역에서도 충족될 수 있는 근대적 가치였다. 일시적인 재미나 흥미가 아니라, 반복적이고 영속적인 쾌快야말로 취미를 보장해주는 것이었다. 또 문학, 음악, 미술 같은 예술이 무조건 '취미'를 담보하지는 않는다는 인식 아래, 취미 자체에 대한 평가적 진술도 가능해졌다. 고상/통속, 고급/저급의 준거 틀이 바로 그것이다.

친일계 잡지인 『신문계』에서 취미는 한일강제합방 이후 식민지 사회로 개편되면서 새로운 주체 세력으로 설정된 학생과 청년층의

27 「高尙한 快樂」, 『청춘』 6호, 1915년 3월, 50~63쪽.

'자질'로 제시되었다. '일선동화기관 역할을 충실히 수행'[28]한 『신문계』의 독특한 필진 시스템 중의 하나가 '고문부'顧問部라는 부서의 존재였다. 잡지사 기자 외에 다수의 학술 기사를 담당했던 필진이 바로 고문부에 소속된 현직 교사들이었다. "원래 전국의 명사 지식인으로 풍조의 선구되고 문명의 선각되어 현해玄海의 동주同舟되어 동경 학계에 새로운 흐름"[29]을 전해준 이들 대부분은, 도쿄 유학생 출신 현직 교사였다. 교사 집단이 가진 일본 문명에 대한 선망과 해박함이 잡지의 주 독자층인 학생들에게 미친 영향 등을 충분히 짐작할 수 있겠다. 『신문계』에 실린 취미 관련 분야는 사회에 전방위적으로 걸쳐 있었다. 다만 식민지 현실을 환기할 수 있는 사회진화론에 입각한 문명 담론이나 민족주의적 기사는 철저하게 배제되었다. 근대 과학기술의 성과를 소개하거나 법학, 경제학, 무역학 등 보편적인 학문 영역에 비중을 둔 것은 식민지화의 필연성을 간접적으로 선전하는 것이었다. 취미를 고취하는 기사로 소개된 법 제도, 교육 제도, 산업 제도 관련 기사들을 통해 해당 분야 지식들을 보급함으로써 식민지의 각종 제도를 피식민자들에게 내면화하는 효과를 기대할 수 있었을 것이다.

1910년대 취미 담론에서 알 수 있는 사실은 취미 개념의 분화와 획정이 가치중립적으로 이루어지지 않았으며, 취미가 제도화되는 과정이 근대의 권력 장치로 성장하는 과정이었다는 점이다. 무엇보다 취미는 식민권력의 통치 전략과 교육 방침에 선택적으로 활

---

28 권보드래, 앞의 글, 2002, 114쪽.
29 「고문부 설립의 謹告」, 『신문계』 4권 2호, 1916년 2월, 62쪽.

용되었는데, 이것은 아마도 '취미'가 그 특성상 개인의 신체와 영혼을 섬세하게 재단하는 규율권력[30]이 될 가능성이 크고, 미시적인 차원에서 제국이 바라는 개별 주체를 생산할 수 있었기 때문이었을 것이다.

---

30 미셸 푸코에 따르면 근대 사회의 권력은 교정 기제와 규율 기술을 통해 행사되므로, 근대 권력은 점차 법률체계로부터 규범체계로, 처벌보다는 교정을 목적으로, 사법기관에서 의학 및 복지행정기구로 그 주요 영역이 변화, 확대된다. 근대 권력의 목적은 특정한 유형의 강제를 부과하는 것이 아니라 '자유로운' 존재인 인간에게 자제력을 육성시키는 방법으로 사회 규범을 내재화시키는 것이다(미셸 푸코, 오생근 옮김, 『감시와 처벌』, 나남출판, 1994).

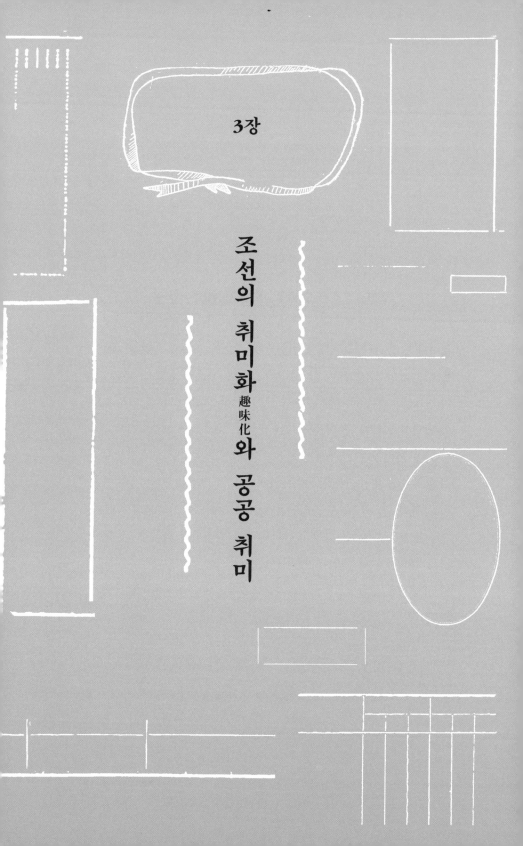

3장

조선의 취미화
趣味化
와 공공 취미

『조선』,『조선과 만주』와 공공 취미

풍속과 일상, 행정과 위생, 경찰법 등 제도와 관습을 망라한 식민지 통치의 다양한 전략 안에는 '취미'趣味의 전파와 교육도 포함되었다. 이때의 취미는 일본 내에서 메이지 말기부터 대두한 취미 교육의 당위성과 잡지『취미』趣味의 계몽운동, 다이쇼 문화주의라는 배경을 가진 것이었다. 메이지 말기 '좋은 취미'란 일본인의 감성에서 서양의 문화를 흡수, 소화하여 독자적인 새 문화를 만드는 것이었고, 이를 위해 새로운 풍속 스타일을 만드는 것이었다.[1] 일본의 '새로운 생활 양식의 창출'을 통한 '취미' 계몽은 일상적인 의식주 안에서도 시도되었다. 이러한 일본의 '취미(론)'가 조선에 끼친 제국-식민지 간 영향관계를 잡지『조선』朝鮮과『조선과 만주』朝鮮及滿洲를 통해 살펴볼 수 있다.[2]

1   진노 유키, 문경연 옮김,『취미의 탄생: 백화점이 만든 테이스트』, 소명출판, 2008, 44쪽.
2   1920년대까지『조선』과『조선과 만주』에 실린 취미론, 조선의 취미 관련 기사 등

일본은 조선을 근대화하고 문명화한다는 명목 아래 조선의 제
분야를 법제화했고, 조선인들에게 근대 규율을 내면화시켰다. 공원,
도서관, 공회당, 극장, 유락장遊樂場을 만들고, 위생취체법을 만들어
공동변소와 하수도를 개선했다. 이것은 "경성을 취미화하려는"(京
城を趣味化せざる)[3] 제국의 전략 중 하나였다.

　　경성京城에 거주하던 일본인 샤코오 슌조釋尾旭邦는 1908년부
터 경성에서 일본어 잡지『조선』을 발행했다. 1911년에는『조선』의
후신으로 역시 일본어 잡지인『조선과 만주』를 경성에서 발행했다.
『조선과 만주』는 1911년부터 1941년까지 무려 30년 동안 지속적으
로 발간되면서, 제국주의 국가 일본의 대륙 팽창정책을 민간에서 지

은 다음과 같다. '취미'라는 단일 주제를 가진 기사 분량과 내용의 폭이 상당함을
확인할 수 있다.「趣味の說」,『朝鮮』15號, 1909年 5月, 1쪽;「趣味の向上」,『朝鮮』
19號, 1909年 9月, 8쪽; 旭邦生,「主張: 在韓邦人と趣味」,『朝鮮』23號, 1910年 1
月, 6~7쪽;「趣味と娛樂機關」,『朝鮮』24號, 1910年 2月, 43~47쪽; 藤村狹川,「國
境の趣味」,『朝鮮』25號, 1910年 3月, 50~51쪽; 取調局事務官 監川一太郎,「朝
鮮人に對する娛樂機關の設備と改良を圖れ」,『朝鮮』39號, 1911年 5月, 16~18쪽;
旭邦生,「趣味化の設備」,『朝鮮』49號, 1912年 3月, 6~7쪽;「如何にせば趣味化し
得るか」,『朝鮮』49號, 1912年 3月, 45~58쪽; 警務總長,「夏の趣味」,『朝鮮及滿
洲』57號, 1912年 5月, 13쪽; 羽水生,「京城の冬: 趣味と京城人」,『朝鮮及滿洲』66
號, 1913年 1月, 140~147쪽; ヒマラヤ山人,「人物と趣味及び娛樂」,『朝鮮及滿洲』
90號, 1915年 1月, 66~71쪽; 秋山博士,「興味樣樣の正月」,『朝鮮及滿洲』90號,
1915年 1月, 100~106쪽; やまと新聞編輯長 日田亞浪,「俳趣味より觀たる元日」,
『朝鮮及滿洲』90號, 1915年 1月, 100~106쪽; 前日本主筆 永井柳太郎,「予は朝鮮
を如何に觀しか: 朝鮮中は趣味がある」,『朝鮮及滿洲』99號, 1915年 10月, 77쪽; 松
崎天民,「東京生活の興趣」,『朝鮮及滿洲』104號, 1916年 3月, 96~99쪽; 古川荻風,
「天山の仙趣俗趣」,『朝鮮及滿洲』109號, 1916年 8月, 76~79쪽; 夢の家た銀,「京
城花柳界の變遷と十年前後」,『朝鮮及滿洲』118號, 1917年 4月, 159~161쪽;「法
曹界と趣味」,『朝鮮及滿洲』129號, 1918年 3月, 36쪽;「趣味の將軍連」,『朝鮮及滿
洲』132號, 1918年 6月, 35쪽; 仁川觀測所長 平田德太郎,「朝鮮の時局に對して: 鮮
人に學術的趣味を喚起すべし」,『朝鮮及滿洲』146號, 1919年 8月, 25~26쪽.

3　　「如何にせば趣味化し得るか」,『朝鮮』49號, 1912年 3月, 45~58쪽.

지한 잡지였다. 초기에는 일본인의 조선 이주를 장려하고 이주 관련 정보를 제공했으며, 총독부 행정에 대한 비판과 건의, 재경在京 일본 인 사회의 생활상 보도와 비판, 경성 인상기와 여행기 등의 기사를 주로 실었다. 1911년 당시 조선에서만 6000부가 발행될 만큼 영향 력이 있었다.[4] 잡지는 일본과 조선에 거주하는 일본인들을 주요 독 자로 상정했다. 일본어 해독 능력이 있는 조선인도 독자층에 포함되 었을 것이다. 필자들은 대부분 일본과 경성에 거주하는 일본인 관료 와 명사들이었지만, 시간이 지나면서 조선의 각 분야 인사들도 필자 에 포함되었다. 『조선과 만주』에 실린 이기세, 서항석, 안석주, 김동 인 등의 글을 찾아볼 수 있다. 『조선』과 『조선과 만주』는 식민지 조 선으로 본국인들을 이주시켜 식민정책을 실시하고자 한 제국의 통 치 전략이 어떤 식으로 기획되고 전개되었는지를 좀 더 직접적이고 구체적으로 보여준다. 특히 1910년 이후로는 내지연장주의內地延長 主義의 일환으로 경성을 제국 일본의 지방으로 상정하고, 일본의 제 도와 행정을 경성에 바로바로 전송하는 역할을 했다.

한일강제합방을 목전에 둔 시기인 1909년 5월 잡지 『조선』에 권 두언 격인 「취미론」趣味の說이 실렸다.

인생에서 취미가 없다는 것은, 별이 없는 하늘과 같고, 물이 없는 사막과 같고, 꽃이 없는 황무지와 같이 아주 삭막한 것이 된다. 인 간으로서 취미에 대한 이해가 없다는 것은 사탕에서 단맛을 뺀

---

4   윤소영, 「일본어 잡지 『朝鮮及滿洲』에 나타난 1910년대 경성」, 『지방사와 지방문
     화』 9권 1호, 2006, 164~165쪽; 최혜주, 「한말 일제하 샤코오釋尾旭邦의 내한활
     동과 조선인식」, 『한국민족운동사연구』 45, 한국민족운동사학회, 2005.

것과 같고, 맥주에서 주정을 뺀 것과 같아서, 인간 존재의 의의를 소멸하게 한다.

옛사람의 취미가 반드시 오늘날의 취미와 같지 않고, 서양인과 동양인, 문명인과 비문명인이 각기 취미하는 바가 다르며, 노인과 어린이, 남자와 여자의 취미도 다르다. 부귀한 자와 빈천한 자, 교육받은 자와 무교육자가 종국에 취미를 같이하는 것은 어렵다. 직업, 상황, 계급, 주의, 기질에 따라 자연히 그 취미가 같지 않다. 취미를 통해 그 시대의 문명과 야만을 통찰하고 그 나라의 인문人文을 두루 살피려 한다면, 그 가정, 그 사회, 그 인격, 그 사람을 미루어 알고 있어야 한다. (……)

한인韓人의 취미는 이해할 수 없다. 하늘에는 광채가 없고 땅에는 색채가 없고, 사람에게는 예술이 없다. 재한在韓 일본인의 말을 들어보면, 한국은 그저 돈벌이의 땅이고 타관살이의 땅이다. 일본으로 돌아간 젊은이가 취미에 대해 말하는 것을 보면, 우리(일본인: 인용자) 동포가 조선을 개척하고 30년이 되었는데도 한국의 산과 물과 사람은 여전히 취미와 몰교섭하다고 말한다. 그 때문에 자연히 매춘이 번창하고 노름이 공공연하며 속악俗惡의 기운과 황량한 풍경만 있다. 이런 결과이고 보니 반도개척半島開拓, 신일본新日本 설비設備의 사명을 완성할 수나 있을까.[5]

인생에 있어 취미의 의미를 강조하고 취미가 문명/야만의 기준임을 서술한 이 기사는, 메이지 말기 문화개량운동의 취미론과 동일

---

5   「趣味の說」, 『朝鮮』 15號, 1909年 5月, 1쪽. 번역은 인용자(문경연)가 했다.

한 논리를 펼치고 있다. 그리고 조선인들은 취미와 몰교섭沒交涉하고 그저 매춘과 도박만을 즐길 뿐이라고 비난하고 있다. 물론 비난의 주체는 이미 취미라는 '문명적 자질'을 소유한 일본인이다.[6] 황량한 풍경의 조선을 개척하고 신일본을 설비하기 위해서는 취미 있는 삶이 반드시 전제되어야 함을 에둘러 말하는 이 글의 논조는 이후 식민지 조선에서 펼쳐질 취미론의 선두 격이 된다.

'조선의 민둥산'은 '무취미'하고 '살풍경'한 조선을, '벚꽃의 나라 후지산의 나라'[7]라는 수사는 '취미력'과 '미질'이 풍부한 일본을 상징했다. 일본이 조선의 '무취미'에 민감했던 일차적인 이유는, '10여 만 조선 거주 일본인'이 "점점 타락해가고 요보ヨボ(조선인을 비하해서 부르는 일본어)화되어가며 그러다가 종국에는 연회병宴會病에 걸리고 사치병에 빠지게 되는" 사회적 풍기 문제에 민감했기 때문이다. 여기에는 조선 거주 일본인들이 돈벌이를 위해서 타관살이를 한다는 단기적인 이주 태도를 버리고, 조선에 건전하게 정착하여 투자하고 산업을 일으켜야만 식민통치가 원활하게 지속될 것이

---

6 본격적인 취미론은 아니지만, 문명을 선취한 제국 일본이 식민지 조선에 취미를 보급한다는 취지에서 창경궁의 박물관 사업을 진행했던 제국 관료의 발언에서도 '취미'를 발견할 수 있다. 宮內府書記官 井上雅二, 「博物館及動植物園の設立に就て」, 『朝鮮』 4號, 1908年 6月, 68〜69쪽. "이렇게 오래되면 보통 건물과는 풍취가 달라지기 때문에 하나의 거대한 미술 골동품으로 완상해도 좋을 만큼 고색창연함을 풍깁니다. (……) 생각해보면 건물 자체로서도 지금에 와서 이 고상한 문명의 사업에 이용되는 것이 분명 만족스러울 것입니다. 실제로 다른 건 몰라도 박물관만은 이 오랜 역사를 지닌 고아古雅한 건물의 미美와 상응해서 무한한 아취雅趣를 더하는 것 같습니다. (……) 특히 순결한 오락의 취미가 결핍된 한국에서는 가장 필요한 것입니다. 첫째 일반 관람자들의 마음과 눈을 즐겁게 해주며 또 한편으로는 유익한 지식을 널리 알릴 수 있으며 고상하고 청신한 취미를 고취하기 때문입니다."(번역: 인용자)

7 「趣味の向上」, 『朝鮮』 19號, 1909年 9月, 8쪽.

라는 제국적 통치 시각이 근저에 깔려 있었다. 그래서 "도서관, 음악당, 공원 등을 설비하는 것이 급하"다는 인식과, "요릿집과 오복점에 투자하는 돈의 절반이라도 할애해서 취미가 많은 공동적 오락기관을 설비"해야 한다는 구체적인 제안들이 나오기 시작했다.[8]

1910년대 경성을 대상으로 한 일본인의 취미 담론은 모두 조선의 살풍경과 무취미에 대한 비판에서 시작되어 "도서관, 음악당, 극장, 오락장"과 같은 "정신상의 취미오락기관",[9] "공공적 취미오락기관",[10] "공공 취미公共趣味"[11] 의 설비에 대한 주장으로 수렴되었다. 한편 흥미로운 점은 이 같은 논리와 주장을 담은 취미론이 1926년 '취미 잡지'를 표방했던 『별건곤』 창간호[12]에서 그대로 반복되고 있다는 것이다. 식민지 조선의 '살풍경'殺風景과 '무취미'無趣味, '무활력'無活力이라는 비판적 수사와 '공공적 취미오락기관'의 설비를 주장하는 논리가 거의 동일하다. 다만 1910년대의 취미론이 제국 일본에 의한 식민지 조선의 야만스러운 취미 문화를 비판하는 것이었다면, 1926년 벽타의 발언은 식민지 조선인 내부에서 조선적 문화현실에 대한 자각과 성찰이 일어나기 시작했음을 보여준다고 하겠다.

당시 내부경무국장이었던 마쓰이 시게루松井茂는 '취미'趣味와 '오락'娛樂을 이렇게 구분했다. "취미와 오락은 자연 별개의 문제이지만, 취미가 야비하다면 열등한 오락에 빠지게 되고 오락기관이 도

8   위의 글, 8쪽.
9   旭邦生, 「主張 : 在韓邦人と趣味」, 『朝鮮』 23號, 1910年 1月, 6쪽.
10   「趣味と娛樂機關」, 『朝鮮』 24號, 1910年 2月, 43쪽.
11   旭邦生, 「趣味化의 設備」, 『朝鮮』 49號, 1912年 3月, 7쪽.
12   碧朶, 「貧趣味症慢性의 朝鮮人」, 『별건곤』 창간호, 1926년 11월, 57~61쪽.

움이 되지 않으면 취미가 저절로 타락한다."[13] 그는 '취미'를 인격이나 미적 감수성과 같은 정신적인 영역으로 간주하고, 그런 정신적 능력을 발현하게 하는 구체적 대상을 '오락'으로 구분했다. 전자가 서구적 개념어인 'taste'와 비슷하다면, 후자는 'hobby'에 해당한다고 하겠다. '정신'이나 '인격'에 대한 강조와 '오락기관'의 필요성에 대한 주장은 1910년대 제국 통치자와 관료들을 통해 지속적으로 이어졌다. "신영토의 수부首部인 경성만이라도 조금씩 도시다운 설비를 하고 아름다운 산수국으로 태어나게 함으로써 일본인의 면목을 발휘하고 우리 내지인들이 이곳을 즐길 수 있게 하는 동시에 조선인을 미화하는 것이 급무"라는 입장에서, 경성의 통치 비용을 "취미화의 방면에 할애"[14]해야 한다는 주장들이었다.

인심을 고상하게 하고 풍기를 향상시킬 만한 대표적인 공공적 취미오락기관으로 꼽히는 것이 바로 '극장'劇場이었다.

오락기관의 설비 여부는 국민 수준의 고저高低에 관계가 있는데, 문명국은 완비된 공원, 교회당, 대극장 등을 가지고 있다. 예를 들면 현재의 경성에도 3만~4만의 거주 일본인들에게는 어찌되었든 간에 공원도 있고 서너 개의 극장도 있지만, 이에 반해 조선인 20만여 명의 사람들에게는 볼 만한 것이 전혀 없다. 또 극장은 저열한 것조차도 마련되지 않았다. (……) 조선인의 연극은 배우도 기예도 모두 졸렬하고 각본도 엉터리다. 우선 조선인의 연극을

13 松井茂, 「趣味と娛樂機關」, 『朝鮮』 24號, 1910年 2月, 47쪽.
14 旭邦生, 「趣味化の設備」, 『朝鮮』 49號, 1912年 3月, 6~7쪽.

개량해서 진일보의 문명적 신취미新趣味를 가미함으로써 국민성의 개선을 도모하지 않으면 안 된다. (……) 연극이 사회 풍교상에 다대한 공헌을 한다는 것을 이제 와 말하는 것은 새삼스럽지만, 권선징악을 바탕으로 해서 각본을 구상하기 때문에 일본에서도 예부터 (연극을) 무학無學의 학문學問이라고 일컬어왔다. 이 점에서 연극이 오락기관일 뿐 아니라, 각본에 개량을 첨가하여 신재료를 취하고 조선인의 기호에 맞게 만들면 연극은 사회 풍교의 개선을 도모할 수 있다. 또 연극은 사회교육자의 역할을 하면서 국민성을 도야하는 데 수백 번의 설교보다 뛰어나다.[15]

경성에 극장이 거의 없다는 사실과 공연되는 연극의 일천함에 대한 비판은 여기저기서 계속되었다. "경성과 인천에 들어온 흥행은 하류 예인에 의한 공연이 많아서 무취미, 열등의 연극을 관람할 수밖에 없고, 점차 모르는 사이에 연극에 대한 취미가 타락해버"린 현실에 대한 지적이 이어졌다. 이 때문에 "소양 있는 인격을 갖춘 배우"가 연기함으로써 "위안을 주고, 의기를 앙양하고, 취미를 높이고, 풍속을 선하게 하는 등의 효과"를 보려면, 일단 "공공적 취미의 설비로서, 극장과 (……) 요세寄席(일본식 극장: 인용자)를 설비"해야 한다는 사회적 진단이 있었다. 또 "하류 예인들은 사회에 악풍을 끼치고 폐해를 조장하기 때문에""평양, 경성, 인천, 부산 등지의 각지 민간극단 유력자들이 연합해서 (내지의 고상한 연극을) 초청하

---

15   取調局事務官 監川一太郎,「朝鮮人に對する娛樂機關の設備と改良を圖れ」,『朝鮮』 39號, 1911年 5月, 18쪽.(번역은 인용자)

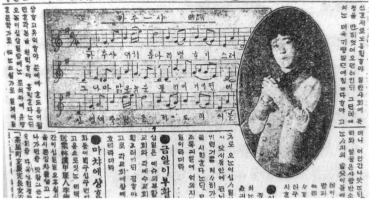

대중연극 주제가가 최초로 인기를 구가한 것은 1916년 예성좌藝星座의 공연에서였다. 톨스토이의 『부활』을
연극 <카추샤>로 각색하여 공연했는데, 동명의 주제곡이 공전의 히트를 기록했다. 연극 <카추샤>의 주제
곡 악보와 여장배우 고수철. 「예성좌의 근대극」, 『매일신보』, 1916년 4월 23일.

고 각 지역을 순차적으로 흥행하게 한다면 배우들도 안심하고 한국
으로 이주할 것 "이라는 제안이 나오기도 했다.[16] 그런데 "조선은 지
금 한편의 신파극도 조직할 수 없을 만큼 무기력 "하므로 "조선인 배
우들은 새로운 연기를 교양해야 하고 다소의 경비를 가진 자본주에
게 의뢰하여 난관을 뚫고 나아가야 할 것 "[17]이라고 구체적인 조언을
하기도 했다.

경성에 거주하는 총독부 관료와 사회 각계 인사 17명에게 "어떻
게 하면 (경성을) 취미화할 수 있을까 "[18]를 인터뷰한 특집 기사가 있

16 松井茂, 「趣味と娛樂機關」, 『朝鮮』 24號, 1910年 2月, 46쪽.
17 監川一太郎, 「朝鮮人に對する娛樂機關の設備と改良を圖れ」, 『朝鮮』 39號, 1911年
    5月, 16~18쪽.
18 「如何にせば趣味化し得るか」, 『朝鮮』 49號, 1912年 3月, 45~58쪽.

다. 이 기사는 무려 13면에 달하는 방대한 분량으로 기획, 게재되었다. 이것만으로도 "경성의 취미화"[19]가 당시에 상당한 사회적 이슈였음을 알 수 있다. 그중에서 고마쓰小松 국장은 "고상한 연극장의 설치를 희망한다"[20]라고 했고, 우사미宇佐美 내무부장관, 오하라小原 지방국장, 동양척식회사 하야시林 이사, 기업회사起業會社 와다和田 전무취체역, 변호사 다카하시 쇼노스케高橋章之助 등도 '극장 설비'를 요청했다. 이들은 모두 공공적公共的 취미오락기관으로 연극장을 강조했는데, 이는 내지에서 활발했던 다이쇼 시대 연극개량운동과 취미계몽운동의 연장선상에서 그 영향관계를 추측할 수 있다.

이상의 취미 담론에서 주지해야 할 것은, 1910년대를 전후하여 등장한 취미의 강조와 '조선의 취미화'라는 통치 전략에서 '취미'는 개인의 사사화私事化된 행위와 정신이 아니라, '공공'公共 취미였다는 것이다. 그 대상이 재조선 일본인이었을 때는 바람직한 조선 이주와 정착, 건전한 풍기風氣 향상을 돕기 위한 일상적인 차원에서의 취미오락 보급이 강조되었다. 한편 조선(인)을 대상으로 할 때는 미개와 야만의 상태로 인식된 식민지 조선을 문명화하고 조선인의 인심人心을 선화善化하려는 목적을 가지고 있었다. 즉 국가 기구의 "통치 전략"으로서 취미가 보급되었던 것이다. 이러한 취미는 공공 오락기관의 설치와 이용을 통해 고취시킬 수 있다고 주장되었다. 이 시기의 취미는 개인의 개성을 강조하거나 사적 주체의 내밀한 행위로 의미화되지 않았다. 취미는 항상 '공공적'公共的, '사회적'社會的[21]

19   旭邦生, 「趣味化の設備」, 『朝鮮』 49號, 1912年 3月, 7쪽.
20   「如何にせば趣味化し得るか」, 『朝鮮』 49號, 1912年 3月, 46쪽.
21   「大公園設置の議」, 『朝鮮』 24號, 1910年 2月, 7쪽. "당국자는 다른 비용을 절약해

이라는 수식어를 달고 있는 가치체계였다.

공공 오락으로서의 구경과 관람 그리고 운동회

1910년대 초반 한국의 매체들은 한결같이 경성의 문화적 상황을 "근대적 오락기관이 없어서 살풍경"하다고 비판했다. 물론 조선의 빈약한 문화와 살풍경은 외부의 시선, 즉 문명의 대리자인 일본을 통해 지적되었다. 총독부와 민간단체들은 '취미'와 '오락'을 현실화하는 제도들을 꾸준히 만들어냈다. 공원이 세워지고 도서관과 구락부, 극장과 활동사진관이 들어선 것은 총독부와 민간의 적극적인 협력이 있었기에 가능했다. 특히 일제의 통치권력은 식민지 조선의 문화 행사와 각종 회합을 물심양면으로 지원했다.

제국의 통치 아래 식민지 경성에 박물관과 동물원, 식물원이 만들어졌고, 공진회와 박람회라는 공식 행사가 거행되었다. 운동회나 관민연합회 같은 각종 회합이 공공 장소에서 대대적으로 시행되었

서라도 이 사회적 공공 오락의 방면에 다소의 경비를 투자해 (······) 하루라도 빨리 이 오락기관을 공개해서 경성의 신사숙녀들에게 취미를 제공하고 지식을 공급하며 고상한 오락을 제공함으로써 경성의 색량素凉을 타파할" 것.
「趣味と娛樂機關」, 『朝鮮』 24號, 1910年 2月, 44쪽. "씨는 개인적인 취미와 오락을 사랑하는 것과 동시에 공공적 취미오락기관의 설비에 많은 주의를 기울이고 있다. 궁내부의 동물원, 식물원, 박물관을 신설하고 그것을 공개함으로써 극도로 살풍경한 한성에 즐거움을 부여하고자 한다. 또 궁내부의 도서실 규장각을 공개해서 독서자讀書子 기갈을 해소시키고자 한다. 씨는 어떻게 해서 궁내부차관으로서 한성의 사회적 공공적 취미오락의 설비에 뜻을 이룰까 깊게 고려하고 있다. 이것은 또 역시 한국 황실을 통해 세상과 함께 즐거움을 나누고자 하는 소이."

고, 1916년부터 경시청의 허가 아래 종로 '야시'夜市가 개시되었다. 이런 각종의 관람 행사장은 말 그대로 온갖 구경거리가 진열된 "거대한 무대"였다. 근대적 관람·전시 행사에는 반드시 연극 공연이 포함되었는데, 관람과 전시 자체가 연극적으로 기획된 것이기도 했다. 총독부의 도시 설계와 통치정책, 근대적 시각문화의 등장과 도시화의 양상 속에서 '구경하기'는 근대적 행위로 사회화되었다.

　　1900년대에 주로 전통연희만을 공연하던 사설 연극장에 대한 관객들의 열렬한 호응은 언론이 심각하게 우려할 정도였다. 극장 경험은 당시 관객들의 새로운 욕망을 일정 정도 충족시켜주는 새로운 체험이었다.[22] 극장 공연물이 담고 있는 사상과 이념의 근대적 자극 못지않게, '극장 가기'라는 문화적 실천은 근대적 유흥 공간에서 국민이라는 상상적 공동체의 집합적 군집을 체험하게 해주었다. 근대 한국인들은 19세기 말부터 독립협회와 각종 협회들의 연설회나 강연회의 '청중'이 되어, 특정한 사회체계와 신념체계를 내면화하는 근대적 공론장을 체험한 바 있다. 그리고 1902년 협률사라는 상설극장이 생긴 이후 한정된 실내공간에서 집단적 감흥을 경험한 관객들은 극장 경험을 통해 복잡하고 다양한 감정을 자극받으면서 균질적인 집단 감정을 형성하기도 했다.

　　1900년대 말 연극 관련 기사들은 시대정신과 조응하며 '계몽'의 기치를 곧추세우고 있었다. 쉬는 날 온가족이 함께 연극장에 가는 서양의 모범적 사례를 소개하면서, "한 나라의 문명한 정도를 공연

22　극장이라는 집합공간이 갖는 상징적이고 심리적인 의미에 대해서는 유선영, 「초기 영화의 문화적 수용과 관객성: 근대적 시각문화의 변조와 재배치」, 『언론과 사회』, 12권 1호, 2003년 겨울, 9~55쪽 참조.

장과 관람자의 행동 여하에 따라 판단할 수"[23] 있다며, 연극장의 풍속을 문명의 척도로 내세웠다. 연극장이 한국에 출현한 1902년 이래 줄곧 서양과 한국의 극장 상황은 문명과 야만의 구도로 설정되었고, 논자들은 서양인의 시각으로 한국의 상황을 비판하면서 계몽의지를 피력했다. 어찌되었든 극장은 20세기에 새롭게 건설되어가던 근대적 도시 생활과 문화적 분위기 속에서 '극장 구경'이라는 새로운 관행을 만들었다.

경성에 공원, 극장, 구락부 등 공공 오락기관을 설비해달라고 이른 시기부터 지속적으로 요청한 집단은 재한 일본인들이었다. 대한제국 시대인 1897년에 영국인 브라운J. M. Brown이 조성한 최초의 근대 공원인 파고다공원(1992년 탑골공원으로 개칭)이 만들어진 이후, 경성에는 일본인 거류지역을 중심으로 근대식 오락공간인 공원이 생겨났다. 한성공원(지금의 남산공원)이 한일강제합방 직전인 1910년 5월 19일에 일본인 거류지역 외곽에 설치되었고, 창경궁은 동물원과 식물원을 갖춘 창경원으로 바뀌었다. 지금의 을지로와 충무로에 있었던 황금유원黃金遊園에도 공원이 설비되었다.

> [황금유원의 별건곤—놀기도 좋고 구경도 좋아 보지 못하던 것이 많다고] 경성 남부 산림동에 있는 황금유원(남부南部 산림동山林洞 황금유원黃金遊園)에서는 대규모의 루라파크를 설비하여 일전부터 개장하였는데 입장료는 3전에 지나지 아니함으로 입장하는 사람이 비상히 많으며 일반설비가 모두 주밀한 중 불가사의 굴

23   「아국연극장」, 『대한민보』, 1909. 9. 14.

不可思議窟이라 하는 곳이 가장 신기한바 이치를 이용한 의묘한 구경거리가 굴 안에 많이 있으며 그 밖에도 폭포, 운동장 등의 설비가 있고 그 근처에는 조선 연극과 활동사진을 흥행하여 매일 사람이 답지한다는데 개장 시간은 오후 네 시부터 열한 시까지요 일요일에는 오전 십 시에 개장한다더라.[24]

한국인과 일본인 관람객이 창경원에서 벚꽃놀이를 즐기고 있다. 『서울 20세기: 100년의 사진 기록』, 서울시정개발연구원, 2000.

위의 기사에 따르면 1913년 당시 황금유원 안에 입장료를 내고 들어가는 공원이 개장되었다. 관람이 가능한 굴窟이 있었고, 폭포와 운동장, 조선 연극(구파연극)과 활동사진을 개장하는 극장이 설비되어 관람객을 맞았던 것으로 보인다. 광무대 공연을 보는 관객에게 "황금유원 공원표 한 장씩을 무료 첨부"[25]한다는 광고에서도 확인할 수 있듯이, 황금유원 내 광무대의 공연 관람과 공원 구경이 하나의 놀이 코스였다.

24 『매일신보』, 1913. 6. 22.
25 『매일신보』, 1914. 7. 19.

조선물산공진회와 가정박람회가 열렸던 1915년 4월에는『매일신보』에 주말 유희와 동물원 관람, 관앵 관련 기사들이 집중적으로 실렸다.

철은 삼월 이오날은 일요일이라. 우이동의 스구라, 룡산의 운동회 구경은 스방에 널렷스니 츈흥을 싸라 하로를 노라볼까.[26]

[천성만색千聲萬色이 도시춘都是春] 오날은 봄도 한참이요 날도 일요일이라 삼삼오오 짝을 지여 춘광을 츠져 대문 밧만 나서면 모다 츈경이라 동물원에 드러가 산식들의 깁분 노릭도 들을 만ㅎ겟고 식물원으로 드러가 긔화요초도 볼 만ㅎ 것이요.[27]

[관앵열차觀櫻列車] 우이동 봄 익어가는 판. 구슬이 엉긔인 스구라. 수일릭 봄바름이 밍렬히 부러 저녁이면 아죠 션션ㅎ야지는 식둙에 곳피는 쌔가 쏘 조곰 느져진 모양이라. 금일의 일요일을 리용ㅎ야 텰도국에서 우이동과 남대문 스이에 림시긔차를 운전ㅎ야 사구라쏫 구경 가는 이의게 편리케 흔다 흠은 루루히 보흔 바 적은 비용 가지고 일요의 틈을 리용하오야 유쾌흔 텬디에 환락을 취ㅎ고져 고딕하는 사름이 굉장히 만흔 모양이라.[28]

26 『매일신보』, 1915. 4. 25.
27 『매일신보』, 1915. 4. 25.
28 『매일신보』, 1915. 4. 25. 앵화 구경 기사는 1915년 4월 27일, 1915년 5월 2일(우이동 사꾸라 나무 사이를 양장의 신사숙녀가 자동차로 드라이브하는 사진)에도 연속해서 실렸다.

[일요의 동물원] 흥에 흥을 더하고 취미에 취미를 더붓쳐 쾌활히 노는 것도 또흔 만공의 무진흔 취미를 도으는 듯 실컷이나 노라 보고 유쾌흔 향락을 취코져 하는 경향이 만면에 낫하낫더라.[29]

일제는 식민지 대중을 묶어줄 정체성의 공통항으로 '취미'와 '오락'을 선택했다. "야간에도 개장되는" 각종 행사장은 "찬란한 전광電光"의 향연이자 "취미와 실익의 환락경歡樂境"[30]이라는 화려한 수사로 '취미와 실익'의 근대적 감각을 훈련시켰다. 동일한 취미와 기호를 식민지인들에게 내면화하는 데 있어 '사꾸라'와 같은 제국의 기호記號는 적절했다. 신문 기사는 춘흥春興을 만끽하는 여성의 모습이나 동물원과 우이동의 장관, 자동차를 타고 꽃놀이 가는 사진 등을 곁들여 독자들의 욕망을 자극했다. 심지어 철도국에서는 우이동 사꾸라를 구경 가는 관람객의 편의를 위해 임시로 관앵열차觀櫻列車를 운행하면서까지 꽃놀이를 지원했는데, 하루 관람객이 5000명에 육박했다.[31] 『매일신보』는 남대문, 용산, 왕십리, 청량리 등을 거쳐 우이동까지 가는 관앵열차의 코스와 운행 시간을 신문에 수록함으로써 이용자들의 편의를 도왔다.

공원과 유원지 외에도 1910년대에는 다양한 회합과 오락의 문화행사들이 조선인들을 구경과 관람의 주체로 불러모았다. 경성의 관민연합회는 경복궁에서 축하회를 벌였다.[32] 『매일신보』는 유명한

29   『매일신보』, 1915. 5. 4.
30   『매일신보』, 1915. 9. 18.
31   『매일신보』, 1915. 5. 4.
32   『매일신보』, 1913. 11. 2. "[경복궁의 축하여흥―경복궁 관민련합축하회, 전무후

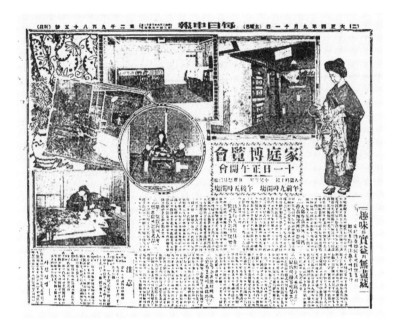

「취미와 실익의 무진장, 가정博을 어떻게 관람할까, 어떠한 점에 주의하여야 할까」, 『매일신보』, 1915년 9월 11일. 평소와 달리 다수의 사진을 배치하는 파격적인 편집을 하여 가정박람회를 소개하고 있는 신문 지면.

일본 청주淸酒 '마사무네'와 '맥주'를 마시고 조선의 전통 무용을 구경하는 이날의 풍경을 스케치하면서, 일본과 조선의 제국-식민의

무흔 각죵의 여흥] 별항과 갓치 만여 명의 축하회원이 부르는 만셰만셰만만셰 소리가 광활흔 경복궁을 뒤지고 텬디를 동요ᄒ며 례포례모로 각각 계급을 싸라 입어 금싁이 찰란타. 사름은 인산인희를 일우어 엇지 보면 큰 바다에 금물결의 번드기는 듯ᄒ고 회식쟝으로 드러가 보니 혜를 차고 입맛을 다시며 젓가락 구르는 소리 들니더니 잠시 동안에 마사무네와 믹쥬병을 량손에 논어들고 만년의 희싁을 쯰운 회원 일동은 압흘 다토아 오후 여흥쟝으로 힝ᄒ더라. (……) 죠션 기싱 류십여 명은 죠션료리모의뎜 압 무듸ᄂ 즁앙에 가화로 큰 국화를 신자노코 오싁의 치의를 믑시잇게 입고 류각소리를 사다 가인뎐목단이며 슈연쟝과 승무, 항쟝무, 금무 등 죠션의 유명흔 춤을 츄는 형상은 빅화가 일시에 만기흔 듯ᄒ야 가히 필셜로 형용키 어렵더라."

『매일신보』에 실린 일본 청주(1911. 3. 3)와 맥주 광고(1915. 6. 24). 고급 청주 '마사무네'와 맥주를 마시면서 관민 행사나 각종 공연 등을 관람할 수 있는 사람은 당대 최고 관료나 권력층뿐이었다. 그럼에도 광고는 현재도 그렇듯 대중들이 선망하는 라이프스타일을 제시하며 소비 욕망을 자극했다.

상황을 인식하기 어려울 만큼 흥쾌하고 화려한 행사로 보도했다. 그러나 실제로 참가자들은 신분과 계급을 식별해주는 예포禮布와 예모禮帽를 갖춤으로써 관-민, 제국-식민의 위계를 환기하지 않을 수 없었을 것이다.

총독부 기관지였던 『경성일보』와 『매일신보』가 개최한 '습률대회'拾栗大會 참가자들은 밤을 줍고 경품을 받았으며, 기생과 창부들의 공연을 구경하면서 하루를 즐겼다.[33] 다수의 민중을 대상으로 하는 이런 대규모 행사에는 반드시 여흥이 마련되었고, 무료 여흥은 조선인들을 잠재적 문화 소비자로 훈련시키는 장치가 되었다.

---

33 『매일신보』, 1913. 9. 26. "광고 開城拾栗大會 —시월 오일(일요)로써 朝鮮의 名勝地로 屈指ㅎᄂ 開城에 拾栗大會를 開催홀식 (……) 개회장은 此處彼處에 천막을 張ㅎ야 茶도 接待ㅎ고 餘興으로 무대를 設ㅎ야 藝妓 妓生의 歌舞 及 창부의 呈才 등이 有ㅎ며 一邊 趣味가 有흔 (……) 주최 경성일보사, 매일신보사."

근대식 공공 오락을 제공하고 취미 있는 생활을 누리게 해주는 또 하나의 제도는 운동회였다.[34] 최초의 근대적 운동회는 1896년 6월 2일 영어학교의 야유회 성격으로 실시된 화류회花柳會였다. 개화기 근대식 학교의 운동회는 국가적 위기를 자각하고 민족의 체력을 강화함으로써 국권회복에 기여하려는 정신을 내포하고 있었다. 그러나 운동회가 민족의 집단적 항거를 시도하는 행사로 이용되면서 일제는 운동회 탄압책을 실시했고, 1910년경에 민족주의적 상무정신을 고양하려던 기존의 운동회는 사라지게 되었다. 그러나 학교 중심으로 실시되던 운동회가 대중 속으로 침투함으로써 사회체육으로서의 초기적 기틀이 마련되었고, 사회연합체적 공동체로의 전환이 이루어졌다.

이런 역사적 변화 속에서 1910년대에 개최된 각종 운동회는 오늘날의 감각으로는 낯설게 느껴질 만큼 여러 행사가 혼합된 형태였다.

[대운동회의 재거再擧]

一. 연예, 상박相撲(씨름), 예기 무용, 변장 경쟁, 격검, 유도, 기생의 무용, 혁신단의 연극, 기타 여흥은 일층 성대하여 전회의 계획에 배가할 진취향으로써 거행할 것.[35]

[전고前古 미증유의 대운동회] (……) 회중會中의 시선은 가무歌

---

34 이인숙, 「개화기 운동회의 사회체육적 성격」, 『한국체육학회지』 33권 1호, 한국체육학회, 1994.
35 『매일신보』, 1912. 4. 23.

「신파극 걸인잔치」, 『매일신보』, 1913년 10월 28일. 임성구는 1911년 최초의 신파 극단인 혁신단을 조직했다. 그는 연극을 통한 민중계몽운동의 일환으로 자선 공연을 하거나, 흥행 수입으로 걸인잔치를 벌였다.

舞 등에 군집群集하여 거량巨浪과 여如히 내집內集ㅎ는 회중會中은 무려 수만數萬인데 필경 무대의 진○陳○을 탁절擢折ㅎ야 평일 연열練熱ㅎ던 기능技能을 비진備盡히 못ㅎ는 것은 기생당자妓生當者의 유감이 될 듯하나 관자觀者는 무상無上훈 취미趣味를 감ㅎ얏스니 (……) 처처에 가자가歌者歌ㅎ고 무자무舞者舞ㅎ고 취자취吹者吹ㅎ고 고자고鼓者鼓ㅎ야 만장열료滿場熱閙는 승평기상昇平氣象을 환출幻出하는 동시同時에 만성사녀滿城士女가 만화방양万和方陽할 삼춘호천기三春好天氣에 일대쾌락一大快樂을 득得ㅎ고.[36]

36 『매일신보』, 1912. 4. 29.

1915년 경성시민연합대운동회. 일선연합日鮮聯合을 표방했다. 『서울 20세기: 100년의 사진 기록』, 서울시 정개발연구원, 2000.

1910년대에는 학교 외에 각종 이익단체나 지역단체가 주최하는 '대운동회', '연합운동회' 등이 실시되었다.[37] 운동회 프로그램을 보면 그 종목과 행사 내용이 이채롭다. 씨름, 격검, 유도 등의 운동경기와 놀이 성격의 변장 대회가 포함되었다. 또 연극과 연예, 기생의 무용 등 각종 여흥이 혼재되어 제공되었다. 근대적 스포츠 정신을 요구하는 운동 경기의 종합 형식이 아닌, 놀이 요소가 다수 포함된 '축제 형식'[38]이었던 것이다. 각종 유희는 여흥의 분위기를 고조시켜

---

37 학교 운동회는 근대 체육이나 일제 교육제도와 밀접하게 관련되어 있으므로, 이 글에서는 대중 대상의 사회체육적 성격을 갖는 운동회에 한해 언급하고자 한다.

38 근대 일본의 운동회와 개화기 조선의 운동회는 국민의 신체를 규율하고자 했던 위로부터의 제도로 시작되었다가 마을 축제로 수용되면서 새로운 사회적 효과를 창출했다(요시미 슌야 외, 이태문 옮김, 『운동회―근대의 신체』, 논형, 2007, 20~64쪽).

운동회를 화려한 축제의 장으로 만들었다. 규모가 상당했던 1915년의 평양운동회를 살펴보자.

> [평양운동회—금슈강산 평양의 변화 량신가경계츈운동회] 평양 슈만 가호에 기싱ᄒᆞᄂᆞᆫ 남녀 인구들은 몃늘 전부터 쥰비ᄒᆞ고 고딕ᄒᆞ든 시민대운동회를 거힝ᄒᆞᄂᆞᆫ 늘이라. 몃 달 동안 드러안져 싱활에만 미와 잇다가 만물이 번챵ᄒᆞᄂᆞᆫ 방츈호 시절을 당ᄒᆞ야 한 번 시원ᄒᆞᆫ 바름도 쏘이며 구경도 홀 겸 젊은 청년들은 한 번 활동ᄒᆞ야 긔운과 지죠를 널리 포양홀 ᄆᆞ음이 발발ᄒᆞ야 회원권을 청구ᄒᆞ노라고 운동회 ᄉᆞ무소ᄂᆞᆫ 일시 번극을 일우엇고 거리마다 힝ᄒᆞᄂᆞᆫ 사름의 셔로 의론ᄒᆞᄂᆞᆫ 리약이도 모다 운동회에 구경 가ᄌᆞᄂᆞᆫ 소릭쑨이더라. (……) 기타 예기죠합 일동의 츌연으로 질탕ᄒᆞᆫ 여흥이 진진ᄒᆞᆫ 즁에 광딕 심젼순파의 흥미 잇ᄂᆞᆫ 여흥과 군악딕의 류량ᄒᆞᆫ 소릭에 일반관람자의 무샹한 환락이 극ᄒᆞ겟더라.[39]

19세기 말 이래 운동회는 지역사회의 찬조금과 기부를 받아 개최되었기 때문에 학교 행사임에도 불구하고 탈학교적 의미를 가지고 있었다.[40] 이런 관행은 1910년대에도 이어졌다. 특히 수만 명의 지역 주민을 대상으로 하는 경우에는 엄청난 경비 확보가 요구되었다. 평양운동회의 경우 운동회 사무실을 설치하고 평양 시민에게 회원권(입장권)을 판매해서 경비를 조달했다. 그런데 운동회라는 명칭

---

39 『매일신보』, 1915. 5. 8.
40 이인숙, 앞의 글, 88쪽.

이 민망할 정도로 기사에는 운동 관련 언급이 없다. 기자는 경기 종목을 소개하기보다 '질탕한 여흥'과 '무상한 환락'을 강조하며 운동회를 기사화했다. 대부분의 운동회는 '향촌 공동체'[41]의 성격을 띠며 집단적 일체감을 이루어냈고, 공공의 오락을 제공하는 지역 축제로 기능했다는 점에서 긍정적인 역할을 했다. 그러나 개최 장소가 주로 고궁이나 사찰이었다는 점, 각종 프로그램이 전통과 근대, 일본과 조선의 민족색이 병존하는 혼종 형태였다는 점, 화려한 스펙터클과 여흥의 무한 제공의 이면에는 일본 제국의 음험한 통치 전략이 도사리고 있었다는 점을 고려하고, 운동회라는 문화적 장치의 중층적 효과를 면밀히 고찰할 필요가 있다.

---

41 이학래, 「우리나라 근대 체육사 연구」, 동국대 박사학위 논문, 1985.

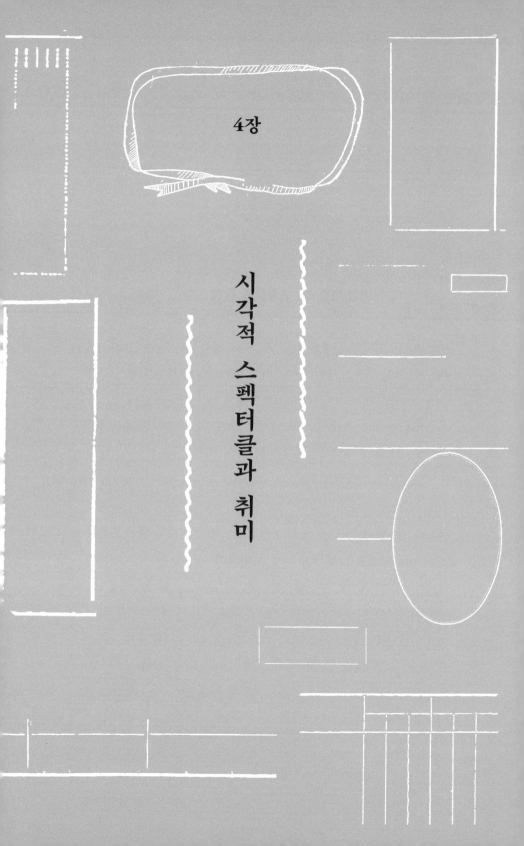

4장

시각적 스펙터클과 취미

공진회와 박람회, 구경꾼과 관객

관람이라는 행위는 사람들에게 도시의 문화를 공유하고 있다는 믿음을 주었다. 구경은 개인적인 시각에 의존하는 사사화된 행위가 아니라, 집단적 감수성과 상상력을 가능케 하는 사회관계 안에서 이루어지기 때문이다. 근대적 시각 체험과 구경이라는 취미의 내면화는 식민지 시대 내내 주기적으로 활용되었다.

근대의 대표적인 관람제도로 박람회와 공진회를 언급하지 않을 수 없다. 박람회장은 근대적 '볼거리'를 전시함으로써 관람객에게 연극적 경험을 제공했고, 실제로 연극과 각종 볼거리 공연이 기획되었다. 1915년 9월 11일부터 10월 31일까지 50일 동안 서울 경복궁에서는 '시정5년기념 조선물산공진회'始政五年記念 朝鮮物産共進會가 열렸다. 데라우치 마사타케寺內正毅 총독의 조선 통치 5주년을 기념하기 위해 2년 동안 준비한 결과였다. 공진회에는 농업, 척식拓植, 임업, 광업, 수산, 공업, 교육, 토목, 교통, 경제, 위생, 경무警務 등 다양한 분야에서 총 4만 점에 달하는 생산물이 출품되었고,[1] 천황 내외가 관람했다. 공진회의 기본 취지는 식민통치 5년간 조선의 발전된 모습을 전시함으로써 일본 식민통치의 우수성을 과시하는 것이었다. 또 이를 계기로 일본 내지인들을 조선으로 이주시켜 식민지 조선의 개발을 독려하려는 '식민'植民의 목적도 있었다. 1915년에 개최된 물산공진회는 총 100만 매의 입장권을 발매했고, 경성까지 가는 운임을 25~50퍼센트까지 할인하는 등 적극적인 유치 정책으로 조선인들을 경성으로 불러들였다.[2] '국토재편성'이라 부를 만한 이 기획을 통해 경성은 '제국 도시'의 자격을 얻을 수 있었다.

조선물산공진회가 열렸던 1915년에는 『매일신보』가 주최하는 가정박람회도 개최되어 만인의 이목을 끌었다.[3] 『매일신보』에는 가정박람회 관련 기사가 8월부터 9월까지 두 달에 걸쳐 거의 매일 보도되었다. 담배 구매자에게 입장권 반액권을 증정하는 행사를 통해 관람객을 끌어모으는 전략을 썼고, 각계 인사의 관람 사진을 첨부해 보도함으로써 신문 독자의 박람회 관람 욕구를 자극했다. 이후에도 조선총독부 주최로 1926년, 1929년, 1940년에 조선박람회가 개최되었다. 박람회는 "조선 지배의 당위성과 발전상을 짧은 시간에 집중적으로 내외에 과시할 수 있는"[4] 전시 행사였다. 특히 박람회에 전시된 상품 중에 조선인 기업의 진열품이나 전시관이 극히 적었다는

1   「성대한 조선물산공진회」, 『신문계』 3권 9호, 1915년 9월; 주윤정, 「조선물산공진회와 식민주의 시선」, 『문화과학』 33호, 문화과학사, 2003.
2   권보드래, 「1910년대 '新文'의 구상과 「경성유람기」」, 『서울학연구』 18호, 서울시립대 서울학연구소, 2002, 121쪽.
3   「家庭博覽會 趣味와 實益 ─ 가정에 관한 일절을 망라」, 『매일신보』, 1915. 8. 11.
4   신주백, 「박람회 ─ 과시, 선전, 계몽, 소비의 체험공간」, 『역사비평』 67호, 역사비평사, 2004, 358~360쪽.

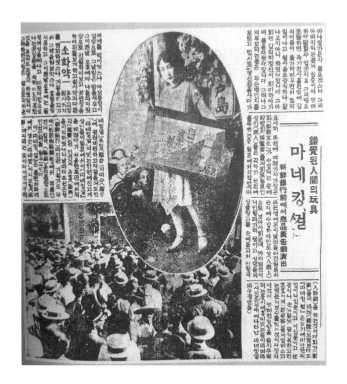

1929년 9월에 열린 조선박람회의 관람객과 '일본에서 온 마네킹걸'의 모습. 『조선일보』
1929년 9월 7일. 한 여성이 마네킹을 흉내 내면서 박람회 한 켠에서 광고하는 장면으로,
일본 상인들의 선전술을 진고개 상인들이 배워온 것이다. 기자는 몰려든 사람들을 보며
목불인견의 참극이 연출되고 있다고 비판했다.

사실은, 박람회가 근대 일본을 배우는 계몽의 장이었음을 의미한다. "박람회는 일회성 이벤트였지만 기획자와 관람자 모두에게 근대를 형성하는 문화 전략"[5]의 공간이었던 것이다.

1915년 9월 『매일신보』에 실린 공진회 관련 기사에는 하루도 빠지지 않고 '여흥' 관련 소식이 상세하게 덧붙여졌다. 심지어 1915년 4월 27일자 「공진회 연무演舞를 예관預觀함」이라는 기사를 보면 가을 공진회에서 공연할 기생조합의 가무를 기자들에게 미리 보여줄 정도였으니, 공진회에서 각종 연희가 차지하는 비중이 얼마나 컸는지 알 수 있다.

> 춤에도 다소 기량을 더ᄒ야 변화를 만히 ᄒ고 의상도 시것을 쓰며 빗갈을 복잡게 하ᄂ 등 시틱의 요구에 응ᄒ야 점ᄎ로 시법을 니이ᄂ 것도 됴코, 고틱의 깁고 고상흔 취미가 폐ᄒ지 안이ᄒ도록 ᄒᄂ 것도 필요흔 것이라, 긔자는 두 죠합에 디ᄒ야 희망이 잇스니 광교조합은 엇의ᄭ지던지(어디까지든지: 인용자) 고틱의 취미를 훼손치 안이홀 쥬의로 고대의 가무의 특장을 숭상ᄒ고 다동편은 될 슈 잇ᄂ디로 시법을 니여 죠선의 가무가 어디ᄭ지 진보되ᄂ가 구경흠도 됴흔 일이라.[6]

전국 각지와 일본으로부터 예기들과 기생연합이 모여들었고, 회장會場의 여러 무대에서 밤낮으로 흥행물이 공연되었다.[7] 마술공연,

---

5 위의 글, 384쪽.
6 「共進會 演舞를 預觀 훔」, 『매일신보』, 1915. 4. 27.
7 『매일신보』, 1915. 9. 12.

연말 진고개의 호황을 보여주는 신문 삽화. 현재의 명동과 충무로에 걸쳐 있는 진고개는 식민지 시대에 일본인 중심의 상권이 형성되었다. 진고개 거리 자체가 볼거리가 많은 도시의 스펙터클이었다. 『매일신보』, 1918년 12월 23일.

2부 - 취미의 한국적 정착

활동사진 영사, 김창환·이동백 같은 광대의 가곡창, 곡마단 공연, 거울로 장식된 미로관迷路館, 디오라마diorama관, 무료 활동사진 관람 등을 즐길 수 있는 공연장은 어디든 만원이었다.[8] 공연 무대뿐만 아니라 기생들이 공연장으로 가는 이동 행렬 자체가 경성 사람들에게는 화려한 볼거리 퍼레이드였다.[9] 공진회가 열리는 기간 중에 개최된 가정박람회 장내에서도 구舊연희나 명창 공연 같은 관람이 제공되었다. '세계관'이라는 공연장에는 "낮에는 대기술 밤에는 명창 가곡"이 무대에 올려졌는데, "가정박람회 입장자는 무료"[10]로 관람할 수 있었다.

경성에서 열린 박람회 장소는 대부분 경복궁이었다. 조선의 왕궁이었던 경복궁은 일제 식민의 성과를 과시하는 장소, 관람객의 여흥을 북돋우는 연회宴會의 장소가 되었다. 특히 1926년 5월 13일에 개장한 조선박람회의 경우 경복궁 제2회장에 동양서커스단, 세계동물원 등을 설치[11]해서 경복궁을 거의 유흥장으로 만들었다. 조선의

"[흥행물입장료] 협찬회에 잇는 각 흥행물의 입장료는 左와 如히 결정되얏더라.
- 연예관 특등 30전, 일등 20전, 삼등 15전, 군인단체 이등석에 한ᄒ야 10전, 소아ᄂ 각등 반액
- 조선연예장 특등 대인 15전, 소인 8전, 평석 대인 10전, 소인 5전, 단체 특등 대인 10전, 소인 5전, 평석 대인 7전, 소인 4전
- 오락장 1전 균일
- 軍艦 輪投 輪 10회 5전
- 角力관 대인 5전, 소인 3전
- 대곡마 특등 50전, 일등 30전, 이등 20전, 3등 10전, 군인소아 반액
- 矢野動物園 대인 10전, 소인 6전, 군인 7전"

8 「극장과 관람물―공진회의 여흥장 각 연희장의 성황」, 『매일신보』, 1915. 9. 16.
9 「率의 色波―기생의 시중순회 취할 듯ᄒ 구경군」, 『매일신보』, 1919. 9. 12.
10 『매일신보』, 1915. 10. 8.
11 『동아일보』, 1926. 5. 30.

전통을 소거한 채로, 제국 일본의 식민통치를 합리화하고 일선융합을 의도한 것이었다.

조선의 전 국토를 경성을 중심으로 재편한 1915년의 공진회와 가정박람회가 열리기 이전에도 전국 각지에서 지역 공진회들이 개최되었다. 그러나 경성 공진회는 물론이고 각 지역 공진회에 진열된 관람물 중에는 함량 미달의 조악한 물건이 많을 수밖에 없었는데, 1910년대 조선의 산업 기반이나 기술력 등이 극히 열악했기 때문이다. 이런 상황에서 공진회에 관람객을 불러모으는 데는 본 전시물을 선전하는 것보다 각종 여흥과 공연이 효과적이었다.[12] 공진회 관련 기사는 공진회의 특성과 산업적 성과에 대해서는 간단하게 소개하고 그 대신 연희장을 집중적으로 다루었다. 공진회 행사의 여흥에는 반드시 그 지역 권번 기생들의 연기(기예)가 포함되었고,[13] 일본인 관객이 상당히 많았으며 내지 기예內地技藝를 선보이는 경우도 많

12　『매일신보』, 1913. 11. 8. "[서선공진회와 기생단―진남포셔선공진회ᄂᆞᆫ 각쳐 기싱의 각죵 여흥] 진남포에서 기최ᄒᆞᄂᆞᆫ 셔션물산공진회에ᄂᆞᆫ 평양, 경셩, 진쥬, 선천 각쳐의 기싱들이 모혀와 최샹 풍류의 유쾌ᄒᆞᆫ 여흥을 ᄒᆡᆼᄒᆞᆫ다ᄂᆞᆫ딕 (……) 화산좌에서 연흥회를 홍ᄒᆡᆼ홀 시 승무와 검무이며 포구락 시됴 잡가 등을 보기에나 듯기에나 유쾌ᄒᆞ게 잘홈으로 입장자가 슈쳔여 인에 달ᄒᆞ얏고 그 후에도 낮에는 공진회 여흥에서 밤이면 화산좌에서 계속ᄒᆞ야 십여 일 예뎡으로 홍홍ᄒᆞ니 금번 공진회를 관람ᄒᆞ기 위ᄒᆞ야 진남포에 왔던 사름들은 누구던지 기회긔 십여 일 동안은 밤낮을 물론ᄒᆞ고 이갓치 유쾌ᄒᆞᆫ 여흥을 구경ᄒᆞ면셔 지닉 것더라. (평양지국)"
「대구기생의 원정―구쥬련합공진회에」, 『매일신보』, 1915. 3. 30. "ᄉᆞ월 일일부터 오월 십일ᄭᅡ지 닉디 복강福岡시에서 기최 홀 구쥬련합물산공진회九州聯合物産共進會에셔는 그 범위를 넓혀 조션의 물품도 만히 진렬ᄒᆞᄂᆞᆫ딕 그 공진회의 협찬회에셔ᄂᆞᆫ 회장 안에 조션연무관朝鮮演舞館을 세우고 대구 기생(……) 연무를 ᄒᆡᆼᄒᆞ기로 계약이 되야."
13　「경남공진회―매일 입장자 일만삼사천」, 『매일신보』, 1914. 11. 6; 1914. 11. 11; 「전북공진회」, 『매일신보』, 1914. 11. 17.

았다. 그리고 공진회장과 박람회장의 동선을 채우는 군중의 거대한 이동은 진열된 물품들과 함께 관람객 서로서로에게 하나의 구경거리가 되었다.

시각적 스펙터클과 취미를 즐기는 주체

경성은 근대의 외피를 쓴 각종 볼거리가 넘쳐나는 도시였다. 도시의 스펙터클은 대중에게 구경하라고 재촉했다. 공진회, 박람회, 연합운동회, 각종 회합 등이 낮에 즐길 수 있는 도시적 취미이자 새로운 근대의 신문화였다면, 야시夜市의 등장은 집합적이고 공공적인 취미의 향유를 밤 시간대로까지 연장했다.

> [관중오만─종로 야시의 기시식 공진회 첫날 후 처음]
> 기다리고 기다리던 종로 야시는 이십삼일의 밤으로 공진회 이후의 처음이라는 성황 중에 열넛더라. (······) 희질머리에 일으러는 종로 근쳐에는 자요 몸을 부븨여 쑴쟉을 못ㅎ게 사름으로 갓득이 찻더라. 빅잘치듯ㅎ는 사름의 속으로 광교기싱의 취듸를 압세우고 야시 츅하ㅎ는 노릭를 부르며 리렬동듸의 당당ㅎ 힝렬이 황토현 모퉁이로부터 종로로 향홀 일곱시 반경에는 종로 근쳐에 모인 사름이 무려 오만 명이라. (······) 이날 밤 야시ㅅ무소의 이층에는 리완용 빅 송영도 장관 외부 경무부장 중야 모인과장 금곡 경성부윤 원전 상업회의소 회구 아부 본사쟝 등의 릭빈이 잇셔 이 광경을 관람ㅎ얏스며 종로 경찰서원의 경계가 쥬도하얏슴으

로 전에 업시 크게 혼잡ᄒᆞ얏슴을 불구ᄒᆞ고 경찰ᄉ고로ᄂᆞᆫ 집 일흔 아히 한 명이 잇섯슬 쑨이더라.[14]

종로 야시에 몰려든 5만 명이라는 숫자는 이 시기 경성 사람들이 구경의 문화[15]에 얼마나 열광했는지 보여준다.

토니 베넷Tony Bennett은 근대의 다양한 전시展示제도를 강조하면서 '전시강박'이라는 개념을 만들어냈다. 베넷은 구경에 의해 스며드는 자기규제에 주목한다. 1910년대 조선의 도시인들은 구경-하기의 행위를 통해 일본화된 근대를 학습하고 제국적 시각과 제국 취미帝國趣味를 훈련받았다는 점에서, 베넷이 말하는 구경하는 근대인이었다. 식민지 시대 내내 경성의 명물로 자리매김한 종로 야시는, 총독부와 식민지배자들이 고안해낸 문화적 장치였다. 5만의 인파가 군집하여 행렬하고 가두 유희를 즐기는 광경을 종로 야시사무소 이층에서 지켜보는 친일 인사와 총독부 관료들의 시선은 미셸 푸코의 판옵티콘 모델을 연상시킨다. 도시를 관통하는 민중의 분출적 욕망은 제도가 허용하는 만큼의 해방을 맛볼 뿐이며, 이들의 동선과 행위는 지속적인 관찰 대상이 되고 있었기 때문이다.

1915년경이 되면 경성의 '무취미'와 '살풍경'에 대한 기존 비판이 무색할 만큼 사회의 한편에서는 이미 다양한 취미들이 등장하고 장려되었다. 이 시기에 7일제 서양력에 의한 일주일 단위의 시간 개념, 주말은 공휴일이라는 관념, 공휴일에는 여가나 유희를 즐긴다는

---

14 「관중오만―종로 야시의 기시식」, 『매일신보』, 1916. 7. 23.
15 바네사 R. 슈와르츠, 노명우 옮김, 『구경꾼의 탄생』, 마티, 2006, 49~50쪽.

노동-휴식의 개념이 정착하고 있었다. 『소년』 3년 1호(1910년 1월)에는 7일제 서양력 달력의 초기 도안이 실려 있다. 이때 '부록'으로 실린 「紀元四千二百四十三年 重要日記」 1월분은 근대식 일기 도안을 엿볼 수 있는 중요한 자료다. '절기'節期와 '일요'日曜(지금의 '요일') 날짜를 한쪽에 인쇄하고 표表로 구성했다. 도표에는 '날짜', '날씨', '서신'書信, '사사'私事, '세사'世事, '신지식'新知識, '교제' 交際, '공'功, '과'過, '적요'摘要 등의 항목이 들어 있다. 이 표를 통해 근대적 일상이 어떻게 재편되고 구획되었는지를 알 수 있다. 주일은 특히 취미활동과 여가라는 라이프스타일이 현실에서 작동하는 데 중요한 시간(분배) 개념을 형성했다. 1910년 잡지 『소년』에는 이미 "모든 꽃이 피어나고 모든 생명이 살아나니 띠는 참 좋은 때라. 꽃 있겠다 버들 있겠다 새는 노래하고 샘은 흐르니 우리 소년의 교류하기 좋은 이 때이니 여러분의 일요일 기다리심이 응당 일각이 춘추인 듯하오리다"[16]라는 표현이 등장하기도 했다.

관앵회觀櫻會는 일본의 근대적 취미가 유입되어 정착한 놀이문화였다.[17] 창경원 관람과 사꾸라 꽃구경이라는 근대적 문화 향유의 행위는 이미 1910년대부터 일제가 의도적으로 조장한 것이었다. 유원지뿐만 아니라 조선의 명승고적이 관람 취미의 대상이 되었다. 1920년대 초반이 되면 대중 사이에 가장 유행했던 주말 여가와 취미는 '창경원 구경'과 '꽃놀이', 즉 관앵회였다. 1921년에 창경원 관람자는 평일에 2000~3000명 정도였고, 일요일에는 6000~7000명

16 「편집실통신」, 『소년』 3년 3호, 1910년 3월, 72쪽.
17 에드워드 사이덴스티커, 허호 옮김, 『도쿄이야기』, 이산, 1997.

에 달했다.[18] 순종 붕어崩御 1년 후인 1927년, 창경원은 일반인에게 연중무휴 개방되면서 본격적인 유원지화遊園地化를 거치게 되었고 관람객 수도 급증했다. 그리고 금강산 관광은 새로운 취미로 부상했다.

> 우리는 쾌락이 안이면 살 수 업소. 금강산을 구경흠은 최대의 쾌락. (……) 큰 질검을 엇기 위흐야 한 번 금강산을 구경갑시다. 금강산은 우리를 웃고 기다릴 터이니 우리 흔 번 금강산을 갑시다. 그 위대흔 일만이천봉. 그 구름 밧게 빗여난 큰 덩이 속에는 무한흔 취미와 무흔한 질검을 싸가지고 밧겻 사람의 엿봄을 허락치 안이흐나 그를 차저가는 스룸 그를 보고 원흐야 그 안에 발을 드러여놋는 사룸의게는 앗기지 아니흐고 그 큰 비밀 큰 규모를 드러너여 임의로 구경케 흐나니.[19]

언론은 금강산 유람을 적극 권유하고 인생의 쾌락과 즐거움을 예찬했다. 이 기사가 나간 후 '금강산 탐승단'金剛山探勝團이 꾸려졌고, 이들의 여행기가 『매일신보』에 연재되었다. 관광의 대상으로 제시된 금강산은 민족의 명산에 대한 의식이나 한국인의 정신을 강조하는 국토 순례의 의미보다는 쾌락과 즐거움을 주는 관광지일 뿐이었다. 이 같은 일련의 기사들은 독자들로 하여금 식민지의 현실을 망각하게 하고, 유희적 기분에 도취하게 하는 상상적 효과를 불러일

---

18 「우리 사회의 실상과 그 추이」, 『개벽』 11호, 1921년 5월, 72쪽.
19 「金剛山探勝團」, 『매일신보』, 1915. 5. 6.

　　　　　　　　　　　2부 - 취미의 한국적 정착

으켰다.

일본식 서양 문화가
한국에 유입되었을 때, 언
론은 그것을 시각적 묘사
를 통해 보도했다.[20] 국내
외 저명인사와 귀족, 사회
인사들이 참여한 조선호
텔 음악회와 무도회 관련
기사 등이 그것이다. 기사
는 참석자들의 신분을 구
체적으로 하나하나 거론하
며 상류층 문화에 대한 동

1920~30년대 매일신보사와 동아일보사에서 금강산,
백두산, 칠보산 등 탐승단을 모집하는 관광 상품을 내
놓았고, 인기가 높았다고 한다. 근대의 여가활동을 보
여준다. 「매일신보 주최 금강산탐승회」,『매일신보』,
1917년 6월 23일.

경을 유도하고, 당일의 모습이 찍힌 화려한 사진과 함께 지면에 배
치했다. 사진 속의 조선호텔 음악당은 천장이 높은 서양식의 넓은
홀로, 한쪽 면에 이왕직음악대가 자리를 잡았고 홀 중앙에는 서양식
예복을 갖추어 입은 참석자들이 무도에 열중하고 있다. 천장에는 만

---

20 『매일신보』, 1915. 5. 4. "[赤誠의 歌舞 빅이의 구계음악회 성황] 일일 밤 죠선호텔
  음악당에서는 빅이의 구제죠선음악회를 열엇는듸 리왕직음악대의 알외는 명곡이
  류량히 일어나면 연회복으로 찬란히 감은 닉외 신스숙녀가 빈틈 업시 드러스면 군
  복의 경구군 사령관 빅정쇼장도 잇스며 일복의 이등쥬계 감길원 동적 총지도 잇스
  며 기타 고관대쟉과 유명실업가, 외국령스 등도 출석ᄒ얏고 지류 외국실업가 선교
  사 등 구십여 명이며 귀족도 출석하엿스며 덕슈궁 챵덕궁 의녀관 등이 츠제로 느
  러안진 스이에 관옥국장 빅국총령사 '부인보사'씨 산현山縣 셔울푸레스 쥬필 등 십
  여 명이 그 사이에서 알현ᄒ더라. (……) 그즁에 총원이 괴립ᄒ야 빅이기의 국가
  와 및 일본 국가를 아뢰고 음악이 맛친 후에 십시부터 식당을 열고 즉시 시쟉하얏
  는듸 당일은 실로 예상 이외의 성공이더라."

국기가 걸려 있었다. 이런 서양식 무도회는 일반 민중의 삶과 너무나 유리되어 있는 상층부의 문화였지만, 시각적 스펙터클을 제공하면서 대중에게 충격과 호기심을 주었다. 근대 매체를 통해 서양 문화와 서양식 공간이 상상 가능한 대중의 공간으로 제시된 것이다.

비슷한 시기 신문 지면에 「상품진열관의 신장新粧과 신인형新人形」이라는 제목으로 상점의 쇼윈도와 마네킹이 선명하게 찍힌 사진이 실렸다.[21] 그 기사의 내용은 다음과 같다. 봄가을로 인형(마네킹)과 진열상품을 바꾸는데, 이번에 새로 진열을 바꾸고 나자 상점에 "구경 오는 사람이 평일보다 배나 더 많아 매우 번창한 모양"이라는 것이다. 살아 있는 사람과 똑같은 인형과 화려한 의복 등은 '전부 내지(일본) 산출'이며, 이번 인형들은 "조선 사람 중류의 가정을 본떠 남녀 다섯 식구의 한가족"이라고 소개했다. 진열된 마네킹의 면면을 보면 '신식 트레머리'를 한 소녀와 '화려한 의복'을 입은 가족들로, '최신식 모양'임을 강조했다. 실물과 똑같은 인형은 그 자체로 구경꾼들에게 놀라움을 주었고, 그것들이 모두 일본에서 공수해온 것들이라는 점에서 일본의 기술과 진보는 경탄의 대상이 되었다. 이같은 시각적 자극은 식민지인들에게 근대와 일본, 서양과 문명을 더욱 선망하게 했다.

조선의 대중은 제국 통치의 설계 아래 시각적으로 자극받으면서 근대와 제국을 동경하는 문화적 주체로 형성되었다. 일본에서 즐길 거리가 공수되었고 취미의 항목이 제공되었다. 대중은 제시된 대상에 집단적으로 매혹되어 그 문화를 향유했다. 이런 현실은 "결국 취

---

21 『매일신보』, 1915. 4. 30.

미가 도입된 목적이 현실에 대한 위안과 지배체제에의 일치에 있었음"을 뜻한다. "처음 조선에 '취미'라는 새로운 제도의 도입을 주장했던 것도 조선 거주 일본인들이었고, 그 취미의 보급에 선편을 쥐었던 것도 그들"[22]이었기 때문이다. 식민지인들은 구경꾼으로 관람객으로 불리며 근대적 볼거리와 취미를 즐기는 주체로 나섰지만, 지극히 한정적 권한을 가진 식민지 자본주의의 소비 주체가 되었다.

---

22 이경돈, 「'취미'라는 사적 취향과 문화주체 '대중'」, 『대동문화연구』 57호, 성균관대 대동문화연구원, 2007, 251쪽.

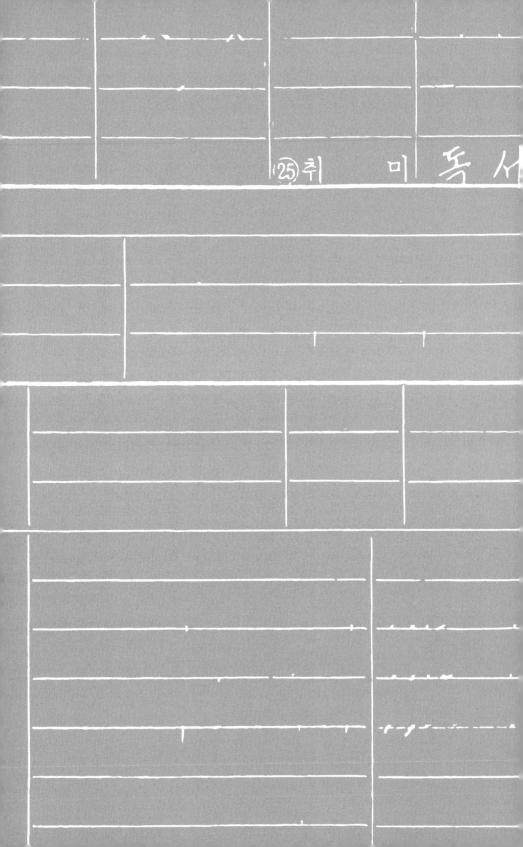

3부

취미의 제도화

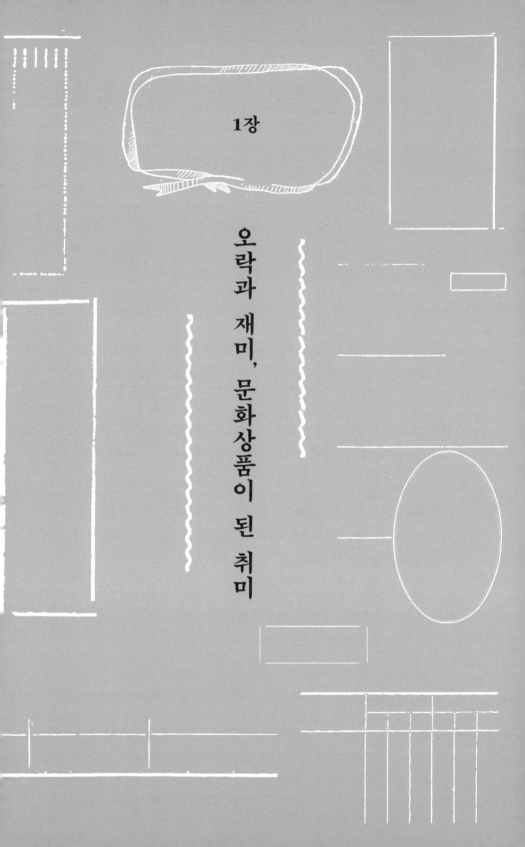

1장

오락과 재미, 문화상품이 된 취미

신파극의 인기

한국적 근대 대중문화가 토대를 다져가는 사이 대중은 '취미'라는 문화적 실천을 통해 개인의 감각과 경험을 조직화할 수 있게 되었다. 1910년대에 근대인의 취미는 "근대적 지식과 앎에 대한 흥미", "근대적 개인의 고상한 쾌락을 보장하는 것", "문명사회 직업인의 노동을 보완하는 활동" 등으로 다소 관념적인 차원에서 보급되고 강조되었다. 그러던 취미가 시간이 흐르면서 실질적인 활동과 문화 양식의 소비·향유를 통해 실현되는 것으로 구체화되었고, 1920년대를 경유하며 연극·활동사진·연쇄극·신파극 삽입 가요·유행가 등이 취미의 구체적 영역을 점유해갔다.

1920년대를 거치면서 취미라는 활동은 노동자, 농민 등 다양한 계급으로 확산되었고, 경성의 경우 문화 향유의 지역적 대립 구조가 선명하게 가시화되었다. 본정(충무로)과 명치정(명동)을 중심으로 한 남촌은 일본이라는 패권적 존재를 가시적으로 상징하며 경성의 경관을 장악했고, 중간계급의 신분 상승 의지와 상층계급의 차별화

욕망이 복잡하게 얽히며 문화의 장이 형성되었다. "소비사회의 고도의 발전"[1]이라는 당대의 평가가 이미 등장했고, 그 바탕에는 상업주의적 소비문화의 침투가 있었다. 금욕주의적 분위기가 사라지고 오락 자체를 즐기고 추구하는 태도가 확산되었다.

1910년대 초반에 취미는 '문화'의 '정신'이나 '문명화'된 상태로서의 활동으로 제시되고 보급되었다면, 시간이 조금씩 흐르면서 '오락'과 '재미'를 적극적으로 강조하는 분위기가 더해졌다. 이는 1919년 3·1운동 이후 정치적 좌절의 경험과도 연동하는 현상이었다. 대중은 정치와 무관한 일상의 영역에서 욕망을 분출하는 데 몰두할 수밖에 없었다. 1920년을 전후하여 전문적인 오락 제공자들이 사회적으로 커다란 직업군을 형성하기 시작했고, 일반 대중 사이에 보고 들으면서 즐기는 소비 경향이 증대했다. 담론의 차원에서는 '신문화'와 '개조'라는 시대정신이 현실적으로 현현되는 방식으로서 '취미성'趣味性이 강조되었지만, 현실의 차원에서는 즉흥적이고 감각적인 '오락성'娛樂性이 대중의 일상과 문화를 장악했다.

극장 구경이 민중의 일상에서 현실적인 가치와 효과를 발휘한 데는, 1910년대부터 동시적으로 출현하여 사람들의 이목과 관심을 끌기 시작한 다양한 근대적 관람문화가 일조했다. 근대적 시각장視覺場은 각종 행사와 관람의 계기들을 통해 형성되었으며 도시 전체를 관통했다. 창경궁과 우이동의 관앵회觀櫻會 구경, 유원지 관람, 야시夜市 구경, 연합운동회와 각종 회합의 야유夜遊 등이 도시 공간의 열린 구경거리였다면, 공진회, 박람회, 동물원과 식물원, 박물관은

---

1   안광호安光浩, 「明日의 結婚」, 『신여성』 5권 3호, 1931년 4월, 13쪽.

건축물과 자연을 넘나들며 일반인들에게 관람의 기회를 제공했다.

특히 신파극이 독보적인 대중적 인기를 얻으면서 '스타배우'와 근대적 팬덤fandom 문화가 등장했다. 근대 대중문화의 발아점이었던 신파극은 공연 자체로도 인기가 있었지만, 공연에 부수되는 여러 문화현상들로 인해 더더욱 화제가 되었다. 인기 배우와 변사들은 관객을 몰고 다녔고, 관객들은 배우의 사진을 구입하고 팬레터를 보냈다. 오늘날의 OST와 유사하게 흥행극에 삽입된 노래가 장안의 화제가 되면서 가수도 등장했다. 신파극 삽입 가요와 가수(여배우)의 인기는 1920년대 이후 유행가 시대와 음반시장의 출현을 예고했다. 신파극이 쇠퇴한 후에는 변태變態된 공연물인 연쇄극連鎖劇이 출현했다. 활동사진이라는 최첨단의 기계문명을 접합시킨 연쇄극은 3년 정도 집중적으로 제작되다가 무성영화가 나오면서 사양길을 걸었다. 극장 공간을 중심으로 한 연극은 그 발전 과정에서 이렇게 영상문화, 음반산업과 연계하며 상호텍스트성을 발휘했다.

취성좌에서 활동하던 인기 여배우 이경설, 신은봉, 이애리수는 '극단 삼명성三明星'²으로 꼽혔다. 이들 세 여배우는 각각 다른 연기 스타일과 팬층을 확보하고 있었다. '눈물의 여왕' 이경설은 '부인들'에게, '독부의 권위' 신은봉은 '인텔리겐차'에게, '애틋한 공주' 이애리수는 '젊은 청년'들에게 인기가 많았다고 한다. 그렇다면 신은봉의 연기를 좋아해서 공연장을 찾는 인텔리, 중류인사들은 고급한 관객인가, 저급 취향의 관객인가. 이들은 '자신의 이익과 연극 취향에 부합해서 행동하는' 유동적인 대중이라고 말할 수 있으며, '신

---

2   「극단의 삼명성―여배우의 일단」, 『혜성』 1권 6호, 1931년 9월, 90~94쪽.

대중적으로 보급된 축음기를 통해 유행가를 함께 따라 부르는 세태를 풍자한 신문 삽화. 『조선일보』 1929년 9월 1일.

극의 관객이나 신파의 관객이나 동일한 시대적 규범 아래 동일한 미적 보편감정을 가[3]지고서 관극 경험을 공유했을 것이다. 이 때문에 개인, 대중, 대중적 관객성spectatorship이 비고정적인 사회적 위상을 갖고 있다는 것을 전제로 시대와 상황, 공연 환경과 수용 맥락을 구체적으로 살펴볼 때, 공연 문화의 미적 특질과 정치성을 구분하기란 어려운 문제이다.

1920년대의 관극 취미는 '재미'와 '오락'을 문화 소비의 중요한 기준이자 가치로 제공했다. 그중에서도 '막간'幕間은 흥행극의 뜨거운 감자였는데, 연극의 막과 막 사이에 배우들이 나와서 춤과 노래, 만담을 통해 여흥을 북돋우었다. 앞서 1908년경에 동대문 광무대 전통 공연에서 막간을 이용해 환등이나 활동사진을 상영한 사례가 있

3   김태진, 「연극의 '재미'를 위한 소고」, 『영화연극』 1호, 1939년 11월, 24쪽.

었다. 막간 여흥을 본격적으로 무대화하고 관객을 불러모은 극단은 1920년대의 신파극 단체인 취성좌였다. 1927년 5월의 취성좌 공연에서 이애리수는 '막간 가수'로 나와 〈황성옛터〉를 불렀는데, "인파가 장외까지 예령보다도 삼십 분 전에 개장 그야말로 송곳 꼬질 틈도 업"[4]는 성황을 이루었다. 막간에 대한 당시 대중의 열렬한 반응으로 인해 1920년대 이래 막간 공연은 문화계의 엇갈리는 평가 속에서도 1940년대까지 계속되었다. 막간 공연은 '막간극', '막간 쇼', '레뷰'revue, '레뷰극' 등으로 이름을 달리하면서 시대에 따라 변주되었다.[5] 막간은 유행가의 독창과 합창, 군악群樂, 무용, 소극, 만담 등 각종 공연 장르와 섞이면서 종합적인 엔터테인먼트의 집결을 보여주었다.

영화와 대중음악, 취미의 대중화와 상업화

'영화 취미'라는 근대적 취미도 이 시기에 만들어져서 급속히 확산되었다. 대중이 활동사진이라는 근대적 문화 양식에 열광하자 각종 언론과 매체는 활동사진과 관련한 기사와 담론들을 생산했다. 1910년대 신소설의 독자가 신파극의 관객이 되고, 그 관객이 다시 독자가 되는 순환 구조의 중심에는 『매일신보』가 있었다.[6] 『신여성』, 『별

---

4 『동아일보』, 1927. 5. 5.
5 이렇게 다양하고 혼종된 형식의 막간 쇼와 공연들은 1930대가 되면 차츰 악극단이나 가극단으로 흡수되었다.
6 1910년대 소설 독자와 관련해서는 최태원, 「번안소설·미디어·대중성」, 사에구사

건곤』, 『신민』, 『조광』을 포함한 1920년대 이후 발간된 대중 종합지들은 영화 관객을 독자로 호명했고, 무수한 영화 관련 기사들은 독자의 관심을 증폭시키면서 활동사진관을 찾게 하는 독자와 관객의 순환 구조를 만들었다. 1920년대 말이 되면 '테일러상회'나 '알렌상회' 같은 외국인이 경영하는 외화 배급회사는 물론이고 한국인이나 일본인이 운영하는 군소 배급사들이 생겨나면서 외화시장도 더욱 커졌다.

1926년 2월 한 달간 경기도 경찰부 보안과에서 검열을 거친 서양영화가 무려 249편에 달했다고 하니, 가히 "춤추는 외화의 시대"였다.[7] 이미 1926년 한 해 동안 "경기도 내의 관극료 백만 원, 관극 인원은 이백십만이천여"[8] 명에 이르렀으니, "영화는 소설을 정복하였다"[9]라는 최승일의 선언은 과장이 아닌 것이다. 1927년에 50개였던 영화관이 1930년대에 100여 개로 늘고,[10] 1933년에 590만 명이던 연간 영화 관객 수는 1934년에 650만 명, 1935년에는 880만 명으로 늘었다.[11] 대중은 '활동사진 구경'을 자신의 '취미'로 꼽는 데 주저하지 않았으며, 특히 여성들은 결혼 후에도 매주 부부 동반으로 극장 구경 가는 것을 결혼 조건 중의 하나로 내세웠다. 1920년대 중반 조선에서의 영화 관람에 대한 시대적 해석은 다음과 같았다.

　　도시카쓰 외, 『한국근대문학과 일본』, 소명출판, 2003, 23~37쪽 참조.
7　『동아일보』, 1926. 3. 5.
8　『동아일보』, 1927. 3. 17.
9　최승일, 「라듸오, 스폿트, 키네마」, 『별건곤』 1권 1호, 1926년 11월, 107쪽.
10　김종원·정중헌, 『우리 영화 100년』, 현암사, 2001, 172쪽.
11　천정환, 『근대의 책 읽기』, 푸른역사, 2003, 33쪽.

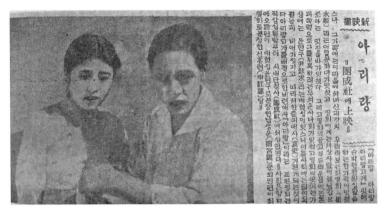

나운규 감독·주연의 영화 <아리랑>의 개봉 당일 기사이다. 「신영화 아리랑 단성사에 상영」, 『매일신보』, 1926년 10월 1일.

최근 전 세계의 오락계를 풍미하게 된 민중의 친구 활동사진의 진진흔 취미는 마츰내 조선에까지 그 자취가 짙어져서 이미 시내에도 단성사, 조선극장, 우미관 등 세 곳의 활동사진관이 생겨 30만 부민府民의 흥취를 돋우고 잇는 것이다. 다만 세 곳밖에 없는 극장에서 모두 활동사진을 영사한다는 사실만으로도 시대의 요구가 어느 곳에 있는 것을 족히 알 수 잇는 것이니 결국 시내의 세 곳 활동사진은 일종 장난꺼리 같기도 하엿으나, 최근 일진일보되는 그 기술은 바야흐로 예술경의 흔자리를 점령케 되엇스며 동양의 특유한 변사이며 화면을 맞춰 아리는 음악을 아울러 이제는 활동사진관에서도 충분히 고상흔 예술미를 갖추어 맛보기도 흔게 된 것이다.[12]

애초 일본에서 상영된 영화는 3~4년이 지나야 조선에 수입되엇으나, 1930년대가 되면 바로 몇 달 후에 조선에서 개봉되엇다. 스크

린을 통해 활동사진을 보던 관객들은 한편으로는 잡지라는 매체를 통해 활동사진을 '읽으면서' 소비하는 새로운 방식을 향유할 수 있었다. 신문과 잡지들은 앞다투어 극장 구경과 관련한 자잘한 소문이나 극장 풍경을 스케치하는 기사를 기획했고, 영화 소개와 영화 관련 기사에 상당한 지면을 할애했다.

이런 상황이 되자 총독부는 활동사진관과 극장을 취체의 대상으로 관리했다. 1922년 '흥행 및 흥행장 취체규칙'이 경기도 경찰국에서 발표되었고, 1926년에는 '활동사진 필름 검열규칙'으로 변경되었으며, 1936년에는 '활동사진 영화 취체규칙'으로 변경되었다. 그 중에서 1923년의 '평양경찰서의 엄중 취체 방침'을 보면 "평양부 내의 극장과 활동사진 상설관 기타에셔 흥힝하는 기연 시간"이 간혹 "밤 열두시를 지나 시로 한시신지 흥힝하는 일이 잇"어서 "이번에 온갓 흥힝물 기연 시간을 여섯 시간제로 뎡하고 또 밤에는 열두시신지 폐흔하야 엇더한 경우를 물론하고 열두시가 지나면 즉시 츌연을 즁지하기로 하얏"[13]고 한다. 극장 '흥행' 시간을 6시간으로 줄이기 이전에는 9시간을 넘지 못하도록 되어 있었다고 하니, 오늘날의 관람 풍토와 견주어볼 때 상당히 긴 시간이다. 게다가 자정이 넘은 시간에도 공연 혹은 상연이 이루어졌다고 하는 것을 보면, "불야성을 이루는 도회지", "네온싸인 깜박이는 화려한 야경"이라는 표현이 단지 수사만은 아니었던 것이다.

1920년대 이후 대중에게 영화관 출입은 하나의 문화 양식이고

---

12   『매일신보』, 1926. 1. 6.
13   「평양경찰서의 엄중 취체 방침」, 『매일신보』, 1923. 6. 5.

1907년 종로에 2층 목조건물로 지어진 단성사는 1920년대에 조선극장, 우미관과 함께 조선인을 대상으로 하는 대표 극장이었다. 1934년에 대대적인 신축 공사가 이루어졌는데, 이 사진은 당시 낙성식 행사를 전하는 기사에 실렸다. 『매일신보』, 1934년 12월 23일.

유행이 되었다. 특히 초창기 영화관 출입과 영화 감상은 도시에 거주하는 상류층, 지식인 계급이 향유하는 최첨단의 근대적 문화 실천이었다. 활동사진에 대한 대중의 열광은 '영화광'映畵狂, '극다광'劇多狂[14]이라는 새로운 '근대적 인간형'[15]을 만들어내기도 했다. 1910년대에 애활가愛活家[16]로 불리던 일군의 활동사진 관객들이 1920년대가 되면 '영화광', '극다광'이나 '키네마 팬'[17]으로 불렸다. 소박하게는 '영화청년', '영화소녀'로 불렸던 이들은 활동사진 취미를 공유하는 공통 집단, 즉 취미 공동체를 이루었다.[18]

14 무명초, 「생명을 좌우하는 유행의 마력 ─ 무명」, 『신여성』 5권 10호, 1931년 11월, 64~67쪽.
15 전 시대에는 존재하지 않았던, 근대의 세례를 받은 사람들 중에 일련의 독특한 특성을 기준으로 분류할 수 있는 새로운 유형의 인간군을 명명하는 표현으로, 가치 평가를 배제한 개념이다.
16 『매일신보』, 1919. 10. 31.
17 『조선일보』, 1924. 11. 28.
18 "영화관은 연일 초만의 성황을 이루고 있다. (……) 그래 좀 조타는 영화를 구경하자드면 일찍 저녁을 먹고 서두러야지 어정어정하다가는 못 드러가거나 드러간대도 소위 '입견'立見을 하는 수밖에 업는 지경이다. 오늘에 잇서 영화는 가장 대중적인 '오락'이라 할 수 있다. 조선에 잇서서는 영화관은 실로 유일한 오락기관이 되지 않

3부 ─ 취미의 제도화

1927년 5월 25일 『동아일보』에 실린 레코드 음반 광고. '취미 잇는 일축조선소리판'이라는 문구가 눈에 띈다.

한편 레코드 음반 보급과 유행가 인기몰이에 불씨를 당긴 최초의 음반은 1926년 윤심덕의 〈사의 찬미〉였다. 1920년대의 사회적 유행이자 일종의 병리현상이었던 정사 사건들 중에서 성악가 윤심덕과 극작가 김우진의 현해탄 투신은 파장이 가장 컸던 정사 사건이었다. 이 사건을 후광 삼아, 외국 곡인 〈푸른 물결의 다뉴브강〉에 윤심덕이 노랫말을 붙여 일본 닛도오레코드에서 취입한 〈사의 찬미〉 음반은 수만 장이 판매되었다. 거리의 유성기에서는 윤심덕의 노래가 쉼 없이 흘러나왔다. 〈사의 찬미〉가 음반시장에서 상업적인 성공을 거둔 이후 콜럼비아, 빅타, 폴리돌 같은 유명한 외국 음반회사들이 조선에 속속 자회사를 설립하면서, 조선은 새로운 음반 소비시장이 되었다.

유성기가 어느 정도 보급된 것은 1920년대에 이르러서이며, 1930년대 중반이 되면 유성기 보급 대수가 30만 대에 이르렀다. '류

을 수 없다. (……) 불과 10년 남짓한 사이에 영화는 완전히 대중화되버렸고 젊은 사람들의 거의 전부가 '영화청년' '영화소녀'가 되어 잇다." 안동수, 「영화소감」, 『영화연극』 1호, 1939년 11월, 44~45쪽.

콜럼비아레코드사의 대표 인기 가수 채규엽과 강홍식의 노래가 함께 실린 음반을 광고하고 있다. '히트 음반'임을 강조하기 위해 야구방망이의 '히트'hit를 연상시키는 삽화를 넣었다. 『조선일보』, 1935년 7월 21일.

성긔' 유입에 대한 최초의 공식적인 기록은 1887년 미국공사관의 의무관이던 알렌이 납관식 실린더 유성기를 가지고 왔다는 내용이다. 1932년 이애리수가 불러 빅히트를 쳤던 빅타레코드의 〈황성옛터〉[19]가 등장하기 전까지, 1920년대에 큰 인기를 끌었던 유행가의 다수는 신파극의 '막간'에 불리던 연극 주제가였다. 이애리수 역시 카추샤 역으로 알려진 신인 여배우였으며, 그녀를 당대 최고의 여가수 반열에 올려준 〈황성옛터〉 역시 신파극의 막간 노래였다. 1925년 11월에 발매된 최초의 유행가 음반 〈조선 소리판〉에 실려 있는 도월색都月色의 〈시들은 방초〉는 일본 유행가 〈센도코우타〉船頭小唄의 번안곡이었는데, 토월회의 연극 막간에 복혜숙과 석금성이 부르면서 대유행했다.

유성기와 레코드의 등장은 음악의 대중화를 가능하게 했다. 유

19   김만수·최동현, 『일제강점기 유성기음반 속의 대중희극』, 태학사, 1997, 43~53쪽.

3부 − 취미의 제도화

성기와 음반을 통해 음악의 대
량 생산과 소비가 가능해지면
서 성별과 계층, 세대에 상관없
이 누구나 음악을 들을 수 있는
길이 열렸다.[20] 전근대적 의미의
상류예술과 하층예술의 범주가
허물어졌고, 고급예술을 향유하
는 사람들도 대중음악과 대중
문화를 동시에 즐기게 되었다.[21]
유행가 음반은 물론이고, 연극
대사만 취입한 음반도 제작되었
다. 조선연극사朝鮮演劇舍의 여
배우 이경설은 대사臺詞 레코드
음반을 취입해 목소리만 들으면
누구나 알아보는 여배우가 되었

제과회사가 주최한 여배우 '문예봉 싸인 데이'
신문 광고. 20전 이상의 물건을 산 고객은 문
예봉 브로마이드에 '싸인'을 받을 수 있었다.
『조선일보』 1937년 4월 25일.

다. 이경설 역시 '카추샤' 역으로 유명해졌는데, 그녀의 얼굴은 사진
으로도 제작되어 팔렸다. 극장의 여배우는 배우이자 가수로서, 구경
의 대상이 되면서 동시에 청각의 기억을 주도했다.

　　이들이야말로 식민지기 대중의 감각을 형성하는 사회적 동인이
었다. 연극 관람, 레코드 음반 수집, 사진 수집은 새로운 취미가 되

20　장유정, 「일제강점기 한국 대중가요 연구―유성기 음반 자료를 중심으로」, 서울대
　　박사학위 논문, 2004, 17쪽.
21　마샬 맥루한, 육은정 옮김, 「축음기―국민의 가슴을 위축시킨 장난감」, 『외국문학』
　　28호, 1991, 108~116쪽.

었고, 대중의 근대적 문화 향유의 한 방식이자 팬덤 문화의 초기 형태를 구성했다. 이 때문에 1920년대 후반이 되면 거대자본을 기반으로 대중문화 산업이 더욱 확대되는데, 이때 영화산업과 더불어 음반 시장이 자본주의의 상업적 촉수가 민첩하게 접근하고자 하는 대상이었다.

1910년대 이래 1930년대를 경유하며 등장한 취미의 대중화와 상업화 현상은 전통사회에서는 찾아볼 수 없던 새로운 현상이었다. 자본의 운동 논리에 따라 노동이 상품화되고 시간과 공간이 소비되는 사회가 출현하자, 취미는 새로운 관습이자 제도가 되었다. 취미는 지극히 개별적이고 사사화된 영역까지 상업화했다. 서양에서는 20세기 독점자본주의의 시대에 테일러주의Tailorism와 포드주의Fordism 등의 영향으로 사회적 생산력이 폭발적으로 증대했고, 이로 인해 소비주의가 도래하면서 근대적 취미 문화가 가속화되었다. 그러나 근대 한국은 제국 일본에 의해 강압적인 자본주의화를 거치면서 새로운 잉여가치 창출을 기반으로 한 근대적 취미 문화를 형성하는 것이 불가능했다. 식민주의적 근대라는 중층적 현실에서 대중은 단순하고 자극적이며 소비적인 오락 문화와 쉽게 결합했다. 취미라는 근대적 문화 실천의 주체가 되는 방식 안에서 대중은 급속하게 오락화되고 통속화된 대중예술과 문화를 선택·소비하면서 피식민지인의 자존감을 유지할 수 있었다. 특히 연극, 레코드 음반, 활동사진 등이 확산되면서 대중문화는 식민지 대중의 욕망을 환기하고 충족시키는 역할을 했다.

2장

교육제도와 취미의 내면화

수신 교과서 취미를 가르치다

취미가 대중문화의 장에서 상업주의적 유행 풍속으로만 사회에 자리매김한 것은 아니었다. 사적 영역이라 할 '감각'이나 '개성'으로서의 취미가 일상을 규정하는 하나의 관행으로 정착한 데는, 근대인을 육성하는 학교 교육의 영향력이 컸다. 최초의 공적 사회생활을 경험하게 되는 학교와 그 안에서 이루어지는 근대 교육의 영향력은 가정 못지않게 강력한 것이었으며 그 기간도 길었다. 근대적 인간은 대부분 학교 교육과 제도가 부여하는 규율 안에서 훈육되었다.

1920년대 이후 조선에서 향학열은 놀라울 정도로 고조되었다.[1] 1920년대 조선인의 보통학교 취학 동기가 대부분 "우리 사회를 위하여 일하고저"라는 '정치적인 실력 양성'이었다면, 1920년대 후반부터는 '취직하기 위하여'와 같은 '일종의 개인 경제 해결책'으로

---

1   『동아일보』, 1920. 4. 13.

경성고등보통학교 입학 시험일을 그린 신문 삽화. 조선 출신의 엘리트 청년들이 신분 상승과 입신양명할 수 있는 길은 최고 학부를 거치는 것이었다. 『매일신보』 1917년 3월 28일.

변화하는 세태를 보였다.[2] 조선에서는 학력을 사회적으로 공인하는 분위기와 관행이 자리를 잡았고, 교육은 사회적 계층과 신분의 이동에 효과적인 수단으로 인식되었다.

식민지 시기 학교 교육에서 제일 우선으로 꼽히는 과목은 1910년부터 1930년대 중반까지 주당 한 시간의 교육 시수를 할당받은 수신修身 과목이었다. 오늘날의 도덕 교과에 해당하는 수신 교과의 수업 시수는 비록 주당 한 시간에 불과했지만, 천황제 이데올로기와 유교 덕목 등을 교육하는 정신적인 측면을 담당하는 교과였기 때문에 전체 교과 중 가장 선두에 놓이는 위상을 부여받았다. 1930년대 후반에는 황국신민皇國臣民 교육을 강화할 목적으로 매주 2시간으로 늘렸다. 그리고 중등 이상의 수신 교과에는 반드시 '취미'趣味의

---

2   오천석, 「교육조선 십오년 조선 신교육과 파란만흔 그 행보 전8회」, 『동아일보』,
     1935. 1. 1~1. 6; 1. 9~1. 11.

장이 포함되어 있었다. 여기서는 교과 과정에 '취미' 항목이 있었고, '학적부'學籍簿라는 공식 기록문서에 '취미' 기입란이 있었다는 사실에 주목하고자 한다.

1920년대 중반에 발행된 조선총독부 편 『고등보통학교 수신서』高等普通學校修身書 권3[3]과 도쿄에서 발행된 문부성文部省 검정서檢定書 『개정 중학 수신』改訂中學修身,[4] 조선총독부 편 『사범학교 수신서』 권3[5]을 대상으로 수신 교과서의 취미 교육 내용을 살펴보자. 세 책은 조선과 일본에서 각각의 학제에 따라 보통학교를 졸업한 후 진학하게 되는 고등보통학교와 중학교, 그리고 교사를 양성하기 위한 사범학교의 수신서들로, 비슷한 입학 연령의 학생들을 대상으로 한 중등학교 이상의 수신 교과서다. 당시 조선의 학교 편제와 교육 방침은 제국 일본의 교육법과 방침에 따른 것이었으므로 기본적으로 일본의 근대 교육제도와 동일했다. 하지만 일본과 조선의 상황에 따라 구체적인 교과 내용은 차이가 날 수밖에 없다.

중등용 수신서에서 가르친 '취미'의 경우 『개정 중학 수신』과 『고등보통학교 수신서』 권3을 대조해보면 그 내용이 거의 흡사함을 확인할 수 있다. 『사범학교 수신서』 권3의 '제22과 교사의 취미와 건강' 역시 기본적인 서술 내용은 동일하지만, 교육 대상이 장래 교사임을 감안하여 교사의 취미 덕목을 강조한 특이점이 있다.

1925년 일본에서 발행된 문부성 검정서 『개정 중학 수신』은 총

3   朝鮮總督府 編, 『高等普通學校修身書』 卷三, 1923.
4   友枝高彦, 『改訂中學修身』, 富山房, 1925.
5   朝鮮總督府 編, 『師範學校修身書』 卷三, 1925.

20과로 구성되어 있다.[6] 각 과의 제목은 다음과 같다. '자연과 인간', '자연과학과 그 연구법', '진리', '학술 연구의 이해', '인생의 소원', '독창적 정신', '인격의 발달', '노동', '능률', '재산', '극기', '용기', '절조', '책임감', '반성', '상식', '취미', '경건', '인생의 가치', '최선의 노력'. 목차만으로도 건전한 근대 국민을 양성하기 위해 필요한 덕성을 가르치고 사회생활에 필요한 도덕규범을 내면화하고자 하는 수신 교과의 본질을 확인할 수 있다. 그중에서 '제17과 취미'의 내용을 보면 공교육에서 정의하는 '취미' 개념과 '취미 교육'의 가치를 알 수 있다.

'제17과 취미'에서 취미는 직업 노동자의 삶을 살아야 하는 근대인에게 필수적인 가치로 상정되어 있다. "활동을 하면 피로가 생기고, 그 피곤이 누적되어 몸 안에 쌓이게 되면 결국 일을 하는 것이 싫어"[7]질 수밖에 없는데 "그런데도 일을 계속 하면 건강을 해치게 되고, 그것은 장래의 진보를 방해하고 만다"[8]는 논리에서였다. 특히 현재와 같이 문명이 진보한 시대에는 다양한 부분에서 정신적인 자극을 받게 되고, 일의 성과를 올리지 못할 경우에 신경쇠약에 걸리는 사람이 많다고 경계하고 있다. 그렇기 때문에 마음의 근심을 버리고 항상 즐겁게 직업에 임하기 위해서는 "적당한 휴양 시간을 계획해두어야 하고 또 각자의 기호에 따라 취미를 기르는 것이 필요하다"[9]

---

6   友枝高彦, 앞의 책.
7   위의 책, 85쪽. "活動をすれば疲が出て來る, 疲が段々增すにつれて體中がだるくなり, 終には仕事をするのがいやになる."
8   위의 책, 85쪽. "これをかまはずになほ仕事を續けようとすると, 健康を害つて, これからさきの進歩をさまたげることになる."
9   위의 책, 86쪽. "適當な休養時間を設けると共に, 各自の好みに隨つて趣味を養つてお

경성도서관 열람실 풍경을 소개한 신문 기사. 도서관장은 최근 독서 경향에 대한 인터뷰에서, 여성들의 독서열은 아직 미약하지만 독서에 대한 대중의 인식이 확대되고 있다고 말하고 있다. 「경성도서관에서 본 최근의 독서 경향」, 『조선일보』, 1925년 10월 30일.

라고 가르치고 있다. 취미는 "품성을 깨끗하게 하고 인격을 원만하게 발달시켜주기 때문에 취미를 기르는 것이 대단히 중요하다. 더욱이 취미는 이해利害와 타산打算을 잊게 하고 격심한 생활에서 벗어나"[10]게 해준다. 그래서 취미가 없는 사람은 여유가 없기 때문에 인품이 비천해지지만, 취미를 기르는 사람은 많은 사람들에게 흠모를

くことが必要てある."
10   위의 책, 86쪽. "品性を潔くして人格を圓く發達させようとするにもまた趣味を養ふことが大切である. 趣味は利害の打算なづを忘れしめ, この世の激しい生活からねけ出たやうな."

받을 수 있다고 가르치고 있다. 한편으로 "취미의 종류는 아주 다양"하고 "사람에 따라 많은 차이가 있"을 수밖에 없다며 취미의 다양성을 언급하기도 했다. 취미의 예로 정신적인 측면에서는 독서, 시가詩歌, 회화, 음악을 들었고, 신체 방면에서는 운동, 경기, 원족遠足, 여행 등을 꼽았다. 정신과 신체의 측면을 모두 겸하는 것으로는 공예품 제작, 화초 재배를 사례로 들었다. 이렇게 수신 교과는 취미를 가질 것을 강조하는 한편, 취미를 '선택'하는 기준을 제시했다. 교과서는 취미가 저급하면 인격이 비천해지므로 학생들은 고상한 취미를 길러야 한다고 가르치면서, 저급한 취미로 식탐이나 의복에 대한 관심 등을 꼽았다. 취미를 생리적 본능이나 사치와 무관한 실천으로 한정한 것은 지극히 원론적이고 교육적인 관점이라고 할 수 있다.

조선총독부에서 발간한 『고등보통학교 수신서』 권3은 '제10과 취미' 부분에서 취미 덕목을 서술하고 있다. 그 구체적인 서술 내용은 앞서 살핀 『개정 중학 수신』과 거의 동일하다. 취미의 정의, 근로(직업)와 취미의 관계, 사회의 복잡함과 노동의 부담, 물질사회에서 정신적 여유의 필요성, 고상한 취미의 도야 등을 동일한 논리와 표현을 통해 서술해놓았다. 교과 과정에서 가르친 취미 교육이 학생들의 실제 취미생활에 어떻게 수렴되었는지도 살펴볼 필요가 있다.

공식 문서에 기록되기 시작하다

식민지 조선의 교육제도는 교과 내용을 가르치는 것뿐만 아니라 학생들의 동태와 신상정보도 관리했다.[11] 학적부 양식을 보면, 학생의 가정환경, 출결 상황, 각 과목의 성적, 성행개평性行概評, 신체 상태, 졸업 후 진학과 취업 희망 등을 기록하게 되어 있었다. 교사의 학적부 작성 지침서라고 할 수 있는『학적부정의』學籍簿精義에 따르면, 학적부의 '성행개평'란에 기재해야 할 내용으로 '성격', '재간'才幹, '악벽'惡癖, '장애障碍와 이상異常', '취미趣味와 기호嗜好', '언어, 동작 및 용자容姿' 등이 거론되었다.『학적부정의』는 모든 항목마다 그 항목의 의미, 학생 관찰 요령, 기록의 종류와 범위, 기입 방식, 사례까지 구체적으로 지시하고 있다. 이것은 학교 제도가 학생 개개인을 대상화하고 미세하게 재단함으로써 감시와 통제를 실시했고, 신민臣民 양성에 총력을 기울였음을 의미한다. '성행개평'란에 기재해야 하는 '취미와 기호'의 항목에 대한 해석은 다음과 같다.

취미와 기호라는 말을 지나치게 엄밀히 해석해서는 안 된다. 취미라는 말을 엄밀하게 해석하면 그 안에는 '미적 정취'美的さび가 포함되어 있다. 예를 들어 한 성인이 요곡謠曲이나 노能에 취미가 있다고 말할 경우, 거기에는 미적 정조가 발發한 결과로서의 깊은 맛(滋味)이 들어 있다. 그러나 소학 아동에게 그런 의미의 취미는 아직 발달되어 있지 않다. 그러므로 취미는 그런 성인의 취미

11 학적부 양식은 일본과 조선이 다르지 않았고, 학적부 양식이 개정되면 교사들에게 학적부 개정과 관련한 지침서가 전달되었다. 다음 책 서두에 구舊양식과 신新양식의 도안이 실려 있다. 乙黑武雄·關寬之 共著,『(改正)學籍簿精義』, 東洋圖書株式合資會社, 1938. 오성철,『식민지 초등교육의 형성』, 교육과학사, 2000에서도 학적부 양식을 볼 수 있다.

의 맹아萌芽가 될 경향이 있는 것으로 이해하고, 어린이답게 평소 좋아하는 것을 말하는 정도에서 이해해야 한다. 기호嗜好는 반드시 미적美的 의미意味를 포함하지 않아도 된다. 예를 들어 감당甘黨이나 주당酒黨이라고 하는 경우나, '과자를 좋아함', '술을 즐김'이라고 말할 때 이미 기호嗜好의 의미가 들어 있다. 그러나 그 안에 취미라는 의미가 꼭 들어 있는 것은 아니다. 그렇기 때문에 취미는 미적 의미를 담고 있는 좋아함(好み)이고, 기호嗜好는 단순히 좋아하는 것으로 감각적感覺的·물적物的인 것을 좋아함(好み)이다. (……) 법문法文에 따르면 취미와 기호를 기입할 때는 평소 상황을 관찰하고 성격과 재간才幹 등도 고려할 것을 요구하고 있다. 이것을 보면 취미와 기호는 분명 정신상精神上에 관련된 것으로, 기호嗜好도 음식물과 같은 물질적인 것에만 관련된 것은 아니다. 이렇게 정신과 관련된 취미와 기호는 그 기인하는 바에 따라 두 종류로 나뉜다. 제1은 성격이나 재간 등이 배경과 원인이 된 취미와 기호, (……) 제2는 직접적으로 소질에 기인하는 것이 아니라 주로 사회의 유행에 좌우되어 거기에 따라 생멸하기 쉬운 것이다. (……) 무엇보다도 이 기입은 단순한 기록이 아니라 전술한 바와 같이 실제 교육을 행하는 데 있어 참고자료로서 귀중하고, 따라서 사회적 환경의 영향에서 나온 것은 교육상 아주 중요한 참고자료가 되기 때문이다.[12]

『학적부정의』에서는 취미와 기호의 의미를 성인을 기준으로 엄

---

12 乙黑武雄·關寬之 共著, 위의 책, 164~166쪽.

밀하게 구분하고, 거기서 추론하여 어린 학생의 취미와 기호의 의미를 끌어내고 있다. 위의 글에 따르면 취미는 개인의 '성격'과 사회적 '환경'이라는 두 측면으로부터 영향을 받는다. 기호는 비교적 감각적이고 물질적인 대상을 좋아하는 것을 의미하지만, 취미와 기호 모두 학생의 성격과 재간, 소질 등에서 비롯되기 때문에 둘 다 정신적인 영역과 관계되어 있다고 설명하고 있다. "사색적이거나 우울한 성격은 독서나 사고(考案), 공부를 좋아하고 활동적이고 외향적이며 담즙질적인 성격은 스포츠나 신체적 활동, 통솔적 행동을 좋아한다"[13]라며 사례와 유형을 제시하기도 했다. 『학적부정의』에서는 취미와 기호를 크게 둘로 나누었는데, 우선 성격이나 재간처럼 "소질적인 기초"를 포함하는 것이 있다. 소질에 기반한 취미의 특성은 '항구성'이다. 반면 '사회적 환경'에 영향을 받은 취미가 있는데, "임시적이고 반영구적"인 것으로 "영화소년"이나 "문학소녀"가 여기에 해당한다고 보았다. 즉 사회적 유행에 따라 학생들이 영화나 문학에 취미를 갖게 된다는 문화사회학적인 분석을 하고 있는 셈이다. 『학적부정의』는 교사들에게 학생의 취미와 기호를 추론해서 쓰면 안 된다고 엄격하게 지시하고, 정확한 파악을 위해 학생의 부모와 형제들에 대해서도 파악하라고 지시한다. 또 "학술적인 관찰의 방법으로 질문지법質問紙法"을 추천했다. 질문지를 통해 취미와 기호를 알아낼 경우 응답자의 "허세와 허위의 응답"을 막기 위해 충분한 주의를 기울여야 하며 동일한 취지의 질문을 형식을 바꿔가면서

---

13 위의 책, 166쪽. "思索的な憂鬱質的な性格の者は讀書や考案や工夫を好むが, 活動的な外向的な蟲汁質の如き性格の者はスポーッや身體的活動や統率的行動を好むが."

물어야 한다는 조사 요령을 첨부했다. 이렇게 치밀하고 과학적인 방식을 동원해서 학생들의 취미와 기호를 파악하고자 한 것은 식민지 교육의 자료를 확보하기 위함이자, 국민-만들기의 구체적 전략 중 하나였을 것임을 추론할 수 있다.

일본의 경우 '취미 교육'에 대한 강조는 메이지 말기부터 시작되었다. 니시모토 스이인西本翠蔭 같은 교육학자는 취미 교육론을 통해 일찍이 학교 교육과 취미에 대한 선견先見을 제시한 바 있다. 그는 "취미를 고상하게 지도하는 일은 한 시대를 교육하고 발달시키는 중요한 일"[14]이라는 견해를 분명히 했다. 개인의 취미를 보면 그 인격을 알 수 있으므로, "취미를 중히 생각하지 않는 교육은 도저히 훌륭하고 완성된 인간을 양성할 수 없다"라고 강조했다. 이러한 논리의 연장선에서 "우선 교육에 종사하는 사람들도 각각 취미 한두 가지는 갖고" 있어야 할 필요성을 강조했다. 이렇게 당시의 취미 교육론이 학교 교육 안에서 제도적으로 구현된 양태를 우리는 수신 교과서와 학적부 기록을 통해 재구할 수 있다.

교육제도와 결합하면서 취미는 공식적으로 가치를 보증받았다. 교과 과정을 통해 취미가 학생들의 심상에 자리 잡게 되었고, 학적부와 같은 공적 기록을 통해 취미는 개인의 이력과 특징을 표상하는 항목이 되었다. 이렇게 사회에서 통용되는 이력서나 입회서 같은 공식 문서에 개인의 '취미'를 부기했던 초기의 양식을 1910년대 자료에서 찾을 수 있었다.

다음의 문서는 1913년에 자필로 작성된 '흥사단 가입 이력서'

14 西本翠蔭, 「趣味敎育」, 『趣味』 1卷 3號, 明治 39年(1906) 8月, 易風社, 24쪽.

다. 항목은 ①출생시 ②출생지 ③거생지(이사 내력) ④직업 ⑤학예(기독교신학, 법학 등 전공 기입) ⑥종교 ⑦단체(가입한 단체) ⑧최장기最長技(장기, 특기 기입) ⑨소긍所肯(즐기는 것) ⑩개명(아명과 다른 이름일 경우), ⑪가족 등으로 구성되어 있다. 여기서 눈여겨볼 항목이 바로 9번의 '소긍'란이다. 취미의 다른 표현으로 보이는 '소긍'은 '즐기는 것'으로 해석할 수 있는데, 여러 통의 가입 이력서를 확인한 결과, 산보, 독서, 화초, 정구, 음률, 무예, 운동 등이 적혀 있었다. 3·1만세 시위를 주도하고, 대한민국 임시정부 국무위원으로 활동한 독립운동가 당헌棠軒 김붕준은 흥사단 이력서에 '학예'는 농림, '최장기'는 관개灌漑, '소긍'은 산수山水라고 기입했다. 같은 양식으로 제출된 이력서에서 안창호는 자신의 '소긍'을 "관유산하觀遊山河/반동지伴同志하여 관유산해觀遊山海 서정敍情"이라고 밝혔다.[15]

---

15 '안창호 자필 이력서'. 한국독립운동사 정보시스템(http://search.i815.or.kr/Org-Data/OrgList.jsp?tid=do&id=1-A00020-026).
한편 수양동우회와 흥사단이 통합하여 만든 단체인 동우회의 '입회 청원서'(1935, 안창호 문서 증거22호, 독립기념관 한국독립운동사 정보시스템)를 보면 교원이었던 '황희찬'의 이력서가 첨부되어 있어, 당시 '이력서'의 대략적인 양식을 확인할 수 있다. 이 자료의 경우 이력서나 지원서 등에 있었을 것으로 추정은 되지만 아직까지 흔하게 발견되지 않는 '오락' 항목을 확인할 수 있어서 귀한 예라고 할 수 있다.

- 본적: 조선 평북 선천군 천남북 417-15번지
- 주소: 평남 평양부 신양리 176-42
- 직업: 교원
- 성명: 황희찬黃熙贊 1904년 10월 24일생
- 출생지: 평북 철산군 동부북
- 전 주소: 평북 철산, 선천, 미국, 평양.
- 학력: ①선천 신성학교 ②미국 남다고다 ヒユラシ(히유라시)대학 ③미국 オリヤコン(오리야콘)대학 ④미국 뉴욕대학
- 경력: ①노동 ②상업 ③교원
- 수학修學: 생물학

1913년에 자필로 작성된 흥사단 가입 이력서. '소긍'은 '취미'의 다른 표현으로, 여러 사람들이 작성한 다수의 이력서 '소긍'란에는 산보, 독서, 화초, 정구, 음률, 무예, 운동 등이 적혀 있었다.

'동지들과 함께 산·강·바다의 경치를 즐기는 것'이 자신의 취미 혹은 여가라는 의미일 터이다. 1888년생인 김붕준은 보성중학교 농림과에서 근대 학문을 이수했고, 1878년생인 안창호는 언더우드가 세운 구세학당에서 서구식 교육을 받은 근대적 지식인이다. 하지만 구

- 오락: 운동
- 신앙종교: 기독교
- 가맹단체: 무
- 가족: 4명

한말 태생인 이들의 취미가 근대 이전의 풍류, 즉 산수유람에 가까 웠다는 점에서 근대적 취미 이전의 '소긍'이라고 보는 것이 더 자연 스럽기는 하다.

　사회의 한편에서는 상업적인 대중문화가 대중의 기호를 선도하 면서 구체적인 '취미'를 제시하고 권유했다. 하지만 다른 한편에서 '좋은 취미'란 일정한 관습 속에서 대상의 미적 자질을 식별하는 기 준을 의식적으로 익히는 것으로, 각자의 소질과 관심을 여기에 맞춰 가는 학습 과정을 통해 부단히 만들어지는 것이었다. 이 점에서 "취 미는 무엇보다도 교육의 문제"였다.[16]

16　西村清和, 『現代アートの哲學』, 産業圖書, 1995, 155쪽.

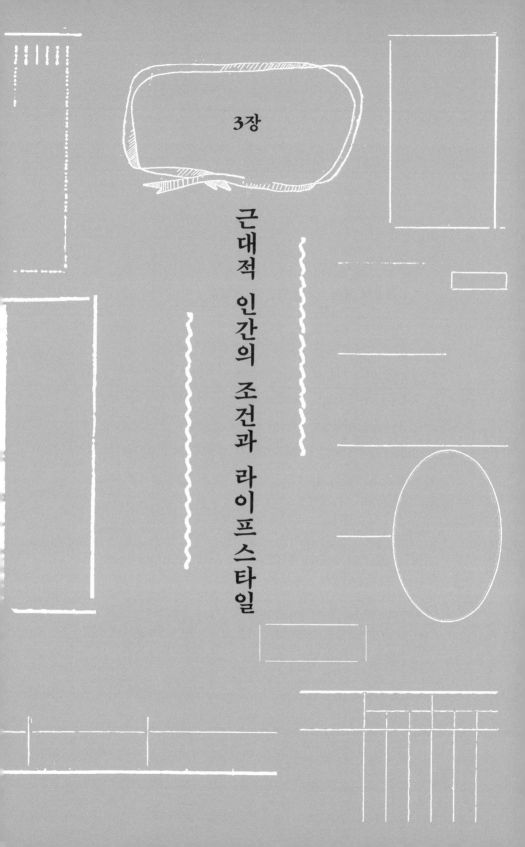

3장

근대적 인간의 조건과 라이프스타일

개조와 계몽, 취미 담론의 관념성

1920년 6월 『개벽』開闢이 창간되면서 편집진이 표방한 것은 '민족계몽'이었다. 이는 1차 세계대전 종식을 전후하여 약소민족은 물론이고 제국주의 열강의 일부 정치 지도자들도 표방했던 것으로 전 세계 '개조사상'의 추이와도 밀접한 관련이 있었다. '개조'라는 용어는 1920년대 중반까지도 매체나 학문적 담론에서 넘쳐났고 심지어는 당시 보통 사람들의 일상적인 발화에서조차 빛을 발하던 일종의 유행어였다.[1]

개조론은 당시 서구의 새로운 사상적 조류였다. 특히 조선에서는 민족의 현실이나 요구와 부합되어 1920년대 초반 시대정신의 중

---

1 "즉금 '개조'라 하는 말이 도처에 퍽 만히 유행이 된다. 왈 세계의 개조, 왈 정치의 개조, 왈 종교의 개조, 왈 교통기관의 개조, 왈 통신기관의 개조, 왈 무엇 왈 무엇해서 심지어 변소 개조까지 찻게 되고 부르지즈게 되엿다. 사면팔방 범백사물에 개조풍이 불지 안이 하는 데가 업게 되엇다. 참 개조의 성행 시기다." 김준연, 「세계개조와 오인의 각오」, 『학지광』 20호, 1920년 7월, 17쪽; 이춘원, 「민족개조론」, 『개벽』 23호, 1922년 5월, 17~72쪽.

심이 되었다. 개조란 "과거 여러 가지 모순이며 여러 가지 불합리 불공평 불철저 부적당한 기계를 수선하여 원만한 활동을 엇고저 노력"[2]하는 것으로, 특히 일본 문화주의의 산물인 '인격주의'가 가세하면서 사회개조의 전제로 개인의 개조를 강조하는 경향을 띠었다. 조선 사회와 『개벽』이 수용한 개조론은 한마디로 "사회의 근본적 개조를 목적으로 하는 현대 문화의 요구의 기초는 개인의 개조에 있"으므로 조선을 개조하려면 '개인의 수양과 인격의 확립'이 우선해야 한다는 것이었다. 이때 "개인의 개조는 각자가 인격을 존중하고 천직의 생활권을 자각함으로써 시작"할 수 있다고 보았다.[3] 1920년대 전반기는 이처럼 사회 전반에 개조사상이 풍미했고 그 영향 속에서 학생 취미, 농촌 취미, 조선 민족의 생활 취미 등이 진지하게 주장되었다.

3·1운동 이후 조선의 식민지 상황을 돌파하기 위해서는 장기적인 안목에서 조선의 문화를 회복하고 실력을 길러야 한다는 자각이 일었다. "개조는 문화의 건설을 의미함이며 문화의 건설은 민족의 부흥을 의미"[4]한다는 논리에서였다. 1920년에 결성된 '조선학생대회'는 회會의 목적으로 "각자 전문의 학업을 전심으로 연구하고 여가에는 동지가 서로 단합하여 취미를 담론하며 지식을 교환하고 환란을 서로 도우며, 정의를 상통하며 품성을 격치陶治하며 지성을 합

---

2   김준연, 위의 글, 6쪽.
3   선우전, 「조선인의 생활문제의 연구 (3)」, 『개벽』 22호, 1922년 4월, 4쪽.
4   北旅東谷, 「동서의 문화를 비판하야 우리의 문화운동을 논함」, 『개벽』 28호, 1922년 10월, 81쪽.

하야 우리 학생계의 건실한 풍기風紀를 확립"[5]할 것을 선언했다. 특히 조선 신문화 건설의 주역이 될 학생들에게는 지식과 취미, 즉 지성과 품성을 도야해야 한다는 시대의 주문이 있었다.

한편에서는 조선인의 대다수가 살고 있는 '농촌의 개선', '농촌의 개량' 문제가 시급했다. "2만 8천 10여 개 동리의 농촌"을 살리기 위해서 농민에게 인권, 경제권, 정치권, 문화적 시설을 부여해야 한다는 주장들이 속출했다.[6] 농촌의 개선은 구체적으로 교육 및 오락기관과 구락부 설치, 산업, 기타 의식주 부분으로 나누어 시행해야 한다는 의견이 있었다. 여기에 "취미와 실용에 편리"하도록 하는 것이 모든 개선의 원칙이었다.[7] 이런 상황에서 '농촌 취미'라는 구호가 빈번히 출현했고, 사회주의 사상이 유입되면서 '민중 취미',[8] '대중 본위',[9] '민중적으로 취미를'[10] 같은 문구들이 시대의 변화를 단적으로 제시했다.

『개벽』은 "문화에 참여할 자격으로 정한" "인격"[11]을 중시하고, " '식'食에 만족치 못하고 종교, 철학적 생활, 문학 예술적 취미를 요구"[12]하는 인간의 '욕망'을 인정하면서, "인류의 내적 생활성의 독매獨寐를 위안케 하며 취미를 고상케 하고 미적 감정을 선도"[13]할 방

5   이돈화, 「최근 조선 사회운동의 二三」, 『개벽』 2호, 1920년 7월, 22쪽.
6   이성환, 「조선농민이여 단결하라」, 『개벽』 33호, 1923년 3월, 53~64쪽.
7   김기전, 「농촌개선에 대한 도안」, 『개벽』 6호, 1920년 12월, 14~24쪽.
8   「讀者 交情欄」, 『개벽』 8호, 1921년 2월호, 56쪽.
9   「권두언」, 『개벽』 47호, 1924년 5월, 2쪽.
10   현철, 「조선의 극계, 경성의 극단」, 『개벽』 48호, 1924년 6월, 93~94쪽.
11   백두산인, 「문화주의와 인격상 평등」, 『개벽』 6호, 1920년 12월, 13쪽.
12   이돈화, 「생활상으로 觀한 경제관념의 基礎」, 『개벽』 11호, 1921년 5월, 11~19쪽.
13   현철, 「멀리 온 형제 해삼위 연예단을 환영함」, 『개벽』 23호, 1922년 5월, 18~20쪽.

법들을 제시했다. 독서, 연극 관람, 활동사진 관람 등이 대표적이다.

　『개벽』이 주도한 1920년대 전반의 담론들은 궁극적으로 '열패자'로서의 조선이 회생할 수 있도록 실지 건설에 착수할 수 있는 인물, 즉 "공뇌公腦를 가진 인물"[14]을 양성하는 것이 최종 목표였다. 여기서 '공뇌를 가진 인물'은 '취미를 가진 인격적 인간'을 의미했다. 이돈화는 "원래 인생은 취미라. 취미로써 생生하고 취미로써 사死"[15]하는 것이 인생이라며, 인생의 본질로 취미를 앞세우기도 했다.

　다수의 취미 담론이 취미 자체를 강조하고는 있지만, 취미생활의 구체적 방법이나 조선적 현실화의 양태를 보여주지는 못했다. 1920년대 전반기만 해도 취미 담론이 지식인들의 개조와 계몽운동의 하나로 거론되면서 다소 관념적으로 서술된 측면이 있었다면, 1920년대 후반에 이르면 그 양상이 조금씩 달라지기 시작했다.

사교와 도시의 라이프스타일

한일강제합방 이후 1920년대를 통과하면서 식민지 조선의 물적 기반은 식민지하 자본주의 체제 안에서 재정립되었다. 교통, 통신, 의식주 관련 풍속 등 다방면의 물질적 변화는 당대인들의 처세술, 가치관, 인간관계에도 영향을 미쳤다. 이런 변화는 근대화를 압축적으로 겪고 있는 도시의 일상 안에서 선명하게 확인할 수 있었다. 씨족

14　이돈화, 「조선신문화건설에 대한 도안」, 『개벽』 4호, 1920년 9월, 16쪽.
15　이돈화, 「진리의 체험」, 『개벽』 27호, 1922년 9월, 44쪽.

「명함은 나의 대리인─인품과 취미를 나타냅니다」
『동아일보』, 1935년 2월 28일. 명함의 종이 두께와
글씨체, 명함에 적는 직업, 학위, 주소 등을 통해 그
사람의 '인격'과 '취미'가 드러난다고 설명하고 있다.

중심으로 구성된 농촌사회에서는 전근대적 방식의 인간관계가 여전히 유지될 수 있었던 반면, 고향과 혈연을 등진 사람들이 모여 사는 도시는 새로운 자본주의적 인간관계와 처세술을 요구했다. 1920년대 대중잡지에는 근대적 사교술과 교제에 관한 기사들이 심심찮게 수록되었다. 새로운 도덕률과 처세법에 관한 교양서들이 대량 출간되었고, '성공'에 대한 사회적 인식이 형성되었다. '취미'는 성공을 향한 교제의 중요한 수단이자 기준으로 제시되었고, 교제를 위한 필수품이 된 '명함'은 그 사람의 취미를 드러내는 도구가 되었다.

1920년대 이후에 창간된 『신여성』, 『별건곤』, 『신동아』 등의 대중 종합잡지는 조선인의 삶의 양태들을 문명적 본보기와 더불어 소개하는 기사를 종종 실었다. 이 잡지들은 특정 계층이나 집단을 대상으로 하지 않고,[16] 조선 대중 전체를 독자로 상정한 매체들이었다.

16 1920년대에 미국에서 『타임』이 중류층을 대상으로 하고, 『리더스 다이제스트』가 소도시의 중하급 계층을 대상으로 해서 미국인의 생활 양식을 보급하는 매개 역할을 한 것에 비해, 조선에서는 아직 잡지나 매체가 다양한 계층의 일상과 욕망을 표상할 정도로 분화되지는 않았다(김문겸, 『여가의 사회학』, 한울아카데미, 2004, 88쪽).

대중 종합잡지에는 학술·사상 기사와 평론, 문학작품과 야사·야담 등의 읽을거리, 광고와 오락 기사, 화보와 사진, 세태 보도 기사와 사회 기사 등이 혼재되어 배치되었다. 이 중에서 1923년에 발행된 『신여성』은 다수의 여성 독자를 대상으로 한 대중지답게 현실과 일상의 층위에서 '취미'를 구성해나갔다.

1926년 11월에 창간된 잡지 『별건곤』은 '취미잡지'趣味雜誌와 '취미독물'趣味讀物을 표방한 대중 종합잡지였다. 『별건곤』은 검열로 인해 폐간된 『개벽』의 후신으로 탄생했지만, 『개벽』의 무거운 논조와는 다르게 훨씬 다양하고 가벼운 '취미잡지'를 표방했다. 창간호에 실린 벽타碧朶 이성환의 「빈취미증만성貧趣味症慢性의 조선인朝鮮人」[17]은 1920년대 한국 사회에 던지는 본격적인 취미 담론이자, 취미 문화를 환기하는 논설이었다.

벽타는 "인간성과 취미"를 논하면서 인간 본능에는 성적 본능, 물적物的 본능, 명적名的 본능과 더불어 "사교 본능"이 있는데, "이것이 얼마나 인간생활상에 크나큰 세력을 차지하고 잇는가가 명백한 사실"[18]이라고 힘주어 말했다. 인간의 사교 심리는 대중과 함께 "더불어 보고 듣고 말하고 놀고 먹고 마시고 하는 도정道程"을 희망하는 것으로, "이 사교 심리를 만족시키는 데 '취미'가 많은 군중 생활"의 전제가 되어야 한다고 주장했다. '취미'가 개인적인 취향을 드러내는 수단이면서도, '공통의 취미'가 나와 타인을 연결해주는 인간관계의 기본으로 작동하는 당시 세태를 정확히 간파한 것

---

17 碧朶, 「貧趣味症慢性의 朝鮮人」, 『별건곤』 1권 1호, 1926년 11월, 57~61쪽.
18 위의 글, 57쪽.

이었다. 하지만 "빈취미증만성의 조선인"은 먹고사는 데만 급급하여 의식주 외에 "인간 본성으로서 요구되는 욕망"을 충족하지 못하고 있다고 진단했다. 벽타는 취미가 "일부 인사의 독점적 향락기관이 되"어버린 현실을 개탄했다. 등산, 기차 여행, 바이올린, 만돌린, 오르간, 피아노, 온천, 약수 등의 취미가 있지만, 그것은 "유산계급의 향락 도구"일 뿐 "대중적 취미"는 아니라며, 취미의 '계급성'을 비판했다. 그는 인간이 "취미성의 욕구"를 충족해야만 인간다운 삶을 영위할 수 있기 때문에, "무산화無産化된 처지"의 다수 조선인들을 위한 "값싼 인쇄물", 즉 "민중적 취미 인쇄물"이 필요하다고 주장했다.

여기서 말하는 값싼 취미독물의 구체적 대상이 무엇인지는 『별건곤』 사고社告에서 찾아볼 수 있다. 『별건곤』은 독자들에게 "대중취미의 이상세계를 개척"할 만한 "기담, 풍자, 기행문, 과학, 전기, 기타 문예"[19] 등의 글을 투고하라고 광고했다. 평론과 이론적 글을 제외한 대다수 글이 취미독물에 해당한다고 보아도 무방할 만큼, 이 잡지에서 취미는 확장된 의미로 사용되었다. 그러한 취미독물을 실은 『별건곤』 자체가 바로 민중적 취미 인쇄물이라는 것이었다.

1920년대에 발간된 대중잡지들은 '취미독물'과 같은 기획 기사들로 지면을 장식했고, 각종 기사들은 동시대인들의 취미에 대한 관심을 여러 방식으로 다루었다. 잡지 『학생』은 「취미의 미술강좌」, 「취미의 음악강좌」, 「취미의 역사강좌」 등을 포함해 7대 지식강좌를 싣겠다고 광고했다.[20] 이러한 대중적 취미 문화는 음악당, 미술

---

19 「투고대환영」, 『별건곤』 1권 1호, 1926년 11월, 116쪽.

관, 박물관 등이 있는 근대 도시 공간이 전제되었을 때 가능한 것이었다.

일찍이 팔봉 김기진은 다음과 같이 도시의 풍속을 포착했다. "도시는 퇴폐적 문화의 결정체에 불외不外한다. 그것은 사람의 본래의 문화를 기형적으로 발달시킬 뿐만 아니라, 인간성을 구부려놓코, 우그려놓는, 부작용까지 하는 곳이다. 월급 30원에, 양복 입고 인도를 다니는 맛에, 도회생활을 하고자 하는 불쌍한 사람이 되지 말기를 빈다. '카페'는 없을지언정, 창부형의 미인이 발호하지는 안을지언정, 활동사진과 '가솔린'의 냄새는 없을지언정, 온갓 광휘 있다

---

20   「當節智識七大講座」,『별건곤』, 1929년 8월, 170쪽.

는 문명의 자태는 없을지언정, 나는 충정으로 말한다, 시골로 가라고. "²¹ 이 글은 근본적으로 조선에서 중등교육을 받은 사람이 시골에 내려가서 무산계급의 지도자 역할을 해줄 것을 당부하는 글이지만, 당시 도시 문화와 일상에 대한 날카로운 통찰을 보여준다. 아이러니하게도 팔봉이 비판한 도시적 현상들은 대중문화를 형성하는 토대가 되었다.

개인 프로필이자 '조건'이 된 취미

일간지와 대중 지향적 잡지에 실린 취미 기사들을 중심으로 취미 담론을 면밀히 살펴보면, 1920년대 이후 근대인들의 일상과 인간관계가 취미라는 '표상'을 통해 꾸려지고 있음을 확인할 수 있다. 일상은 "매일 반복되고 무의식적으로 개인이나 집단의 몸에 각인된 것"으로, "반복되고 무의식적으로 체화된 것을 잘라낸 단면 속에서 구조나 제도, 또는 지배 정책을 재발견"²²할 수 있다. 1900년대 이후 등장한 취미는 근대적 삶의 양태로 제시되면서 문명인의 인격과 품성, 근대적 지식과 앎의 차원, 근대인의 직업과 취미의 상관성 등을 강조하면서 다소 관념적인 차원에서 소개되고 주장되었다. 그러나 1920년대가 되면 취미는 구체적인 활동과 실천을 지시하면서 현실에서 소비되었고, 자본주의적 대중문화 속에서 다수의 사회적 현상

---

21   팔봉 김기진, 「향당의 지식계급 중학생」, 『개벽』 58호, 1925년 4월, 22쪽.
22   정근식, 「식민지 일상사 연구와 기록영상의 활용」, 『기록영상으로 보는 근대의 풍경』, 한국영상자료원 기록영상기획전 학술세미나 자료집, 2006, 13~14쪽.

과 유행을 만들어냈다. 1920년대를 거치면서 대중의 삶과 욕망을 재단하는 척도 중의 하나였던 취미 담론을 분석하면 크게 네 가지 유형으로 구분할 수 있다.

첫째, 취미가 "근대인임을 증명하는 하나의 조건"이 되었다. 취미가 개인의 개성과 특징을 함축하는 중요한 요소로 자리 잡으면서, 평범한 일반인이 '출신 학교', '직업'과 더불어 '취미'를 밝히는 것이 근대적 사교 매너로 정착한 것이 바로 이 무렵이다. 자아관을 세우고 각자의 개성에 따라 취미를

「취미는 바둑, 필치는 정염」, 『매일신보』, 1927년 4월 17일. 작가 현진건의 이력과 대표작, 사숙한 해외 작가, 좋아하는 작품과 더불어 취미를 언급하고 있다. 특히 바둑을 즐기는데 소설가 이익상과는 우열을 가리기 어려운 사이라고 한다.

향유하는 것이 근대인의 전형으로 간주되었다. 그리고 "취미가 무엇이냐"가 나를 타인과 차별화하는 "식별 요소"가 될 수 있기 때문에 타인의 취미 역시 관심사가 되었다. "취미=인격personality"이라는 새로운 믿음은 연애와 배우자의 조건으로 '취미'를 꼽게 만들었다. 취미를 통해 인간관계가 재편된 것이다.

둘째, "모범적 취미생활의 제시"다. 여전히 서구의 사례가 가장 이상적인 모델로 제시되었고, 각계 인사와 지도층의 취미생활이 기사화되었다. 대중의 선망을 받는 각계 인사와 유명 배우들의 취미생활의 소개는, 대중에게 취미를 확산시키는 강력한 효과를 발휘했다.

셋째, 자본주의와 소비문화가 조장하는 "취미 있는 생활"은

"의식주의 차원"도 변화시켰다. 근대적 스타일을 직접적으로 반영한 의식주야말로 취미를 드러내는 가장 직접적인 영역이었는데, 이때 취미는 많은 경우 소비활동과 관련되었다.

넷째, 한편에서는 대중문화와 유행의 장에서 부박하게 소비되는 취미를 비판하는 시각이 형성되었다. 또 계급의식에 기반한 프롤레타리아 취미 담론이 등장했고, 고급/저급의 취미 담론으로 분화되는 양상을 보였다.

문인 염상섭은 졸업하는 여학생들에게 "자기가 자기 성격과 자기 소질과 자기 취미를 잘 알아 가지고, 즉 자기가 자기를 확실히 발견하여 가지고 무엇이나 앞길을 향해 나가는 것"[23]이 가장 필요하다는 가르침을 주었다. 신식은 서울로 유학 간 딸에게 "배우는 것도 공연히 허영에 찌든 생각을 가지고 철모르는 소견이 되지 않게 덤벙대지 말고 네 취미라든지 재주라든지 따라서 하기는 하되 될 수 잇는 대로 실지 생활에 소용될 것을 배우라"[24]라고 조언했다. 이들 기성세대는 청년들에게 '나'라는 개인을 구축하는 데 '취미'가 필수요소임을 강조하며 취미 계몽을 설파했다. 이것은 첫 번째 유형의 취미 담론과 관련이 있다. 「내가 본 명사의 자아관」[25]이라는 기사는 각계 명사들이 스스로에 대해 진단하는 설문 기사인데, 설문 참가자 대부분이 자신의 성격과 취미를 설명하는 방식으로 '자아'를 표명했다. 잡지에 실리는 유명인사들의 자기소개 글이든 기자의 필력을 거

---

23 염상섭, 「내가 여학교를 졸업한다면: 먼저 가정을 정리하고」, 『신여성』 3권 3호, 1925년 3월, 19쪽.
24 신식, 「서울로 류학 간 딸에게」, 『신여성』 4권 4호, 1926년 4월, 29쪽.
25 「내가 본 명사의 자아관」, 『별건곤』, 1930년 6월, 56~59쪽.

친 소개 기사이든 간에, 1920년대 이후 잡지의 인물 기사에는 주인공의 직업과 관심사 못지않게 취미를 밝히는 것이 인물 소개의 관례가 되었다. 일본에서는 메이지 이후 취미 담론이 확고하게 형성되면서 유명인사의 취미를 묻고 알려주는 형식의 기사가 1900년대부터 등장했다. 경성에서 발행된 잡지『조선』과『조선과 만주』에서도 1908년 이후로 유명인사의 취미를 소개하는 기사를 쉽게 찾아볼 수 있다. 이것은 두 번째 유형의 취미 담론과 겹치는 부분이기도 하다.

'취미'라는 표상을 통해 개인의 정체성을 표명하고자 하는 태도는 타인을 규정하는 데도 동일하게 적용되었다. 1920년대 이후 근대적 개인의 자아와 내면을 발견한 청춘남녀들에게 '사랑'과 '연애'는 시대정신과도 같았다.[26] 하지만 1920년대 중반이 되면 조선을 달구었던 연애의 열기가 사회주의 사상의 유입과 더불어 한풀 꺾이게 되고 극도로 현실적인 연애관과 결혼관이 생겨났다. 이 시기에 이미 "여자가 남편을 고를 때 연애보다 사람의 자격을 백 가지나 보고 고른다는 것이 말이 되는가"[27]라는 세태 지적이 나오기 시작했다. 그렇다면 결혼의 기준이 가문과 신분이라는 숙명적 조건에서 벗어난 시기에, 당시 젊은이들이 연애 혹은 결혼을 결심하는 기준은 무엇이었을까.

각종 매체들은「연애독법」,「결혼교과서」,「어떻게 하면 결혼을 잘할까」,「각 방면 명사의 일일생활」같은 기사들을 기획하고 연재했다. 매체들은 결혼과 일상에 대한 근대적 매뉴얼을 끊임없이 생산하고 소

26 권보드래,『연애의 시대』, 현실문화연구, 2003.
27 Y생,「신문의 가정란 고문란」,『신여성』4권 10호, 1926년 10월, 15쪽.

비하면서 근대적 일상을 주조해나
갔다. 채만식(북웅생)은 "청춘남녀
들의 결혼 준비"에 대해 조언하면서
"사상감정의 차이라든가 성격과 취
미의 차이 또는 상대자의 인격에 대
하여"[28] 철저하게 관찰하지 않으면
실망하는 경우가 많다고 충고했다.
그는 "상대자가 어떠한 개성을 가졌
으며 그것이 생활에 어떠한 변화를
주며 영향을 미칠 것인가 또는 그 외
여러 가지 문제에 대하야"[29] 우리의
청년들이 관찰력과 비판력을 갖지
못하는 현실에 우려를 표했다.

일본에 만들어진 중매구락부를 소개하
는 기사인데, 당시 조선 젊은이들이 내
세웠던 결혼의 조건이 지금과 조금도 다
르지 않다. 일종의 '緣구락부'에서는 구
혼자의 이력, 취미, 성격, 직업, 수입 재
산, 건강, 혈통 등을 기입한 후 사진을 첨
부한 '카드'를 만들어두고 구혼자 남녀를
소개할 것이라고 한다. 「동경에 신설된
중매구락부」, 『동아일보』, 1930년 10월
14일.

『신여성』 1924년 5월호는 '결혼
문제' 특집호로 꾸며졌다. 경성법학
전문학교를 다니던 이춘강은 자신
을 "문학 애호자로 정신적 내적 생

활을 중시하는 자"라고 소개하면서 아내의 조건에 대해 이렇게 말
했다. "내가 바라는 아내는 용모가 아름다운 것보다 마음성 좋고 취
미가 고상한 여자로, 취미가 같아야 하고 항상 경건한 마음을 갖고
자애가 많아서 그 고결한 성정"을 갖추었으면 한다는 것이었다.[30] 여

28 북웅생, 「청춘남녀들의 결혼 준비」, 『별건곤』, 1930년 5월, 8쪽.
29 위의 글, 9쪽.
30 이춘강, 「나는 이런 안해를 바랍니다」, 『신여성』 2권 5호, 1924년 5월, 60쪽.

1920~1930년대 서울 한강에서 즐기는 보트 놀이는 대표적인 데이트 코스였고, 주말에는 가족끼리 즐겨 하는 여가놀이의 하나였다. 『동아일보』, 1936년 4월 13일.

학교를 "졸업하고 집에 들어앉은 여자"라고 자신을 소개한 여성은 "침착하고 취미가 넓은 사람"[31]을 남편감으로 꼽았다. 음악이나 문학 취미 등 취미가 넓으면 "화평한 생활을 할 수 있을 것"이라는 기대에서였다. 부인들이 꼽는 남편의 "큰 결점은 너무 취미성이 박약한 것"[32]이었고, 부부 사이에 생기는 문제 중에서 "생리적 결함" 다음으로 꼽히는 것은 "취미 다른 것"[33]이었다.

　　이런 류의 기사는 1930년대에도 계속되었다. 명사의 부인들에게 결혼생활에 대해 물었는데,[34] 이태준의 부인 이순옥은 결혼 상대자를 선택할 때 "여러 말 할 것 없이 사람 본위로 택할 것"[35]을 충고하면서 "그 사람의 천성이나 취미나 학식"이 자신과 조화될 수 있는 사람을 찾으라고 했다. 김동인의 부인 김담애는 결혼 첫날밤 남편에

31　박정○, 「침착하면서도 취미 만흔 청년」, 『신여성』 2권 5호, 1924년 5월, 63쪽.
32　앙케이트, 「남편에게 대하여 사모하는 점」, 『신여성』 4권 6호, 1926년 6월, 27쪽.
33　「부부조화의 16개 조항」, 『신여성』 4권 6호, 1926년 6월, 45쪽.
34　「결혼생활보고서」, 『신여성』 7권 5호, 1933년 5월, 46~49쪽.
35　위의 글, 46쪽.

게 "문사의 아내가 되었으니 문학에 많은 취미를 붙이라"[36]라는 말을 들었다고 했다. 박화성은 '미혼처녀들'에게 결혼 상대자를 "사랑할 수 있을 만큼 된다면 그의 체질, 취미 등등에 나를 끄는 힘이 백퍼센트로 있을 것"[37]이라고 말했다. 결혼의 조건으로 이구동성 "이상과 취미"를 꼽는 현실에서, 여의사인 현신덕은 "주의나 취미도 부부가 서로 꼭 같기를 희망하는 이가 많은 모양"[38]이지만 생각처럼 살기가 쉽지 않다는 현실적인 답변을 내놓기도 했다.

김남천의 대중소설 「사랑의 수족관」[39]에서 여주인공은 "내가 김광호에게 마음이 쏠리기 시작한 것은 그의 건강한 용모와 그의 언어와 동작에 반한 때문일 것이다. 언어와 동작에 나타난 것―그것은 그의 취미요, 그리고 교양이 아니었든가?"라고 자문한다. 연애 상대이건 결혼 상대이건, 이 시기의 개인들이 타인에게 끌리고 타인과 지속적으로 교제하는 데 필수 조건 중의 하나가 공통된 '취미'였던 것이다. 한편 '내가 이상하는 남편'[40]이라는 주제로 열린 좌담회에서 질문한 항목은 일곱 가지였다. 직업, 수입, 취미, 학식과 교양, 산아제한(출산 계획), 부인을 부르는 호칭, 남편에게 바라는 것. 역시 이상적인 부부 사이를 검토하는 자리에 취미가 빠지지 않았다.

1920년대 이후 개인의 "몰취미"와 "무취미"[41]는 비난의 대상이 되었다. 대중은 "다취미"한 남녀가 만나서 "사랑과 공경이 조화"된

36 위의 글, 49쪽.
37 위의 글, 48쪽.
38 현신덕, 「결혼하기 전과 결혼한 후」, 『별건곤』, 1927년 2월, 86쪽.
39 김남천, 「사랑의 수족관」, 『조선일보』, 1939. 10. 22.
40 「이동좌담―내가 이상하는 남편」, 『신여성』 5권 11호, 1931년 12월호, 38~46쪽.
41 김기영, 「가정생활의 개선(8)」, 『동아일보』, 1921. 4. 13.

가정, "취미와 오락의 조화"[42]를 이룬 가정을 꾸리고 싶어 했다. 근대 스위트홈의 기본이 되는 남녀 간의 결합과 결혼의 조건에 취미가 중요한 기준으로 자리 잡은 것이 바로 이 시기였다.

개인의 정체성과 사회적 유행

대중이 평범한 일상에서 향유할 만한 취미를 구체적으로 제시하고 대중을 교화하려면 모범 사례가 필요했다. 이 때문에 근대 매체들은 모범으로 삼을 '서양'의 사례들을 소개했고, 각계 인사들과 사회 지도층의 취미를 기사로 다루는 방식으로 취미를 전파했다. 프랑스의 젊은 여성들의 생활 풍속도와 가치관을 소개하면서 "그들의 취미생활"[43]에는 '고전극 공연', '피아노', '테니스', '산보' 등이 있음을 알려주었다. 고학苦學을 하면서도 취미생활을 즐기고 '자유 교제와 결혼'을 하는 강한 정신력의 "불란서 여학생"을 소개한 기사는 근대적 여성상에 대한 환상을 심어주기에 충분했다.[44] 벽타 이성환은 프랑스의 유명 여배우 '사라 베루나-루'의 '원예 취미'를 소개하면서 "세상에는 꽃을 재배하는 사람을 가르쳐 '일 업는 실업쟁이라'고 하지만 천만의 말슴이다. 웨? 우리들의 생활에는 항상 취미를 본능덕으로 요구하고 잇서셔 그 취미는 물론 한두 가지가 아닐지로되 그

---

42   이성환, 「내가 본 원만한 가정소개」, 『신여성』 5권 11호, 1931년 12월, 66쪽.
43   일기자, 「부자집 따님도 苦學을 하는 佛蘭西의 女學生生活」, 『신여성』 2권 4호, 1924년 3월, 21~25쪽.
44   碧朶, 「꽃인저! 꽃인저!!」, 『신여성』 4권 5호, 1926년 5월, 56쪽.

중에는 식물화초를 재배하는 것처럼 그 취미가 고상하고 깊고 또 우주대자연과 정을 부치게 하는 사람본성을 만족하게 하는 것은 업"다는 논리를 폈다. 그런가 하면 정석태는 독일 청년들의 취미는 "등산, 원유遠遊, 천막생활(캠핑)"인데, "지금은 패전국이라 하여 기상이 죽었을 듯하지만도 오직 그들은 더욱 활기가 승승하야 조금도 쇠퇴하여 보이지 않는다"[45]라며 독일 청년들의 활발한 취미생활을 소개했다.

매체들은 서구 문명국의 취미 사정을 소상히 알리는 한편, 국내 여성들의 집을 탐방하여 그들의 근황과 취미를 기사화했다. 이화여전 교수 윤성덕의 취미는 화초 가꾸기, 테니스, 스케이팅이고 농연農研 간부 박인덕의 취미는 등산, 산책, 수영이었다. 여자기독교청년회 회장 유옥경은 청년회 일과 안국동 유치원 원장 일이 '취미겸행'이라고 말하기도 했다.[46] 이들 대중매체는 유명인사의 사생활에 호기심을 갖는 독자들의 심리에 부응하여, 인물 기사 등을 통해 지속적으로 유명인의 일상과 취미를 소개하는 데 지면을 할애했다. 그 덕분에 대중은 윤치호, 이상재, 김활란, 허영숙 등의 사회 인사는 물론 현진건, 박영희, 최학송 등 문인의 취미생활도 알게 되었다.

『별건곤』1928년 12월호에는「각 방면 명사의 일일생활」이라는 기사가 실렸는데, 수십 명에 달하는 각계 인사들에게 그들의 하루 일과와 취미를 설문하고 그 결과를 소개한 것이었다.[47] 교사 집단,

45 정석태,「만사에 치밀하고 조직적인 독일 청년들의 특질」,『별건곤』, 1929년 6월, 67쪽.
46 B기자,「당대 여인생활 탐방기」,『신여성』7권 7호, 1933년 7월, 59~69쪽.
47 「각 방면 명사의 일일생활」,『별건곤』, 1928년 12월, 50~60쪽.

'경성가두전람'京城街頭展覽이라는 제목의 이 화보는 경성 거리를 활보하는 사람들의 다양한 모습을 전시하듯 배치하고 있다. 두루마기나 한복을 입은 구식 복장의 사람들과 서구식 양장과 양복, 학생복 등을 입은 사람들까지 남녀노소의 다양한 모습을 포착하여 도시의 활기를 전달하고 있다. 『별건곤』, 1929년 9월호.

언론사 관계자, 경제인과 문인, 여성 교원으로 분류된 이들 인텔리 집단의 취미는 독서, 운동, 산책, 방문으로 집약되었다. 대중은 사회의 상류계층과 유명인사들의 취미생활을 선망하면서 동시에 그것을 추종하는 방식으로 취미생활을 영위하고자 했을 것이다.

취미는 평범한 개인이 개성을 가진 주체로 정립할 수 있는 구체적인 실천 기제였기 때문에 일상의 다양한 영역에서 선택의 기준으로 작용했다. 특히 의식주와 관련한 유행 현상과 소비의 장에서 취미는 "남과 다른 나", "나다운 나"를 드러내는 방식이 되었다. 김일엽은 의복개량 문제가 사회적 이슈로 떠올랐을 때, 의복제도가 "국민의 풍기라든지 습관"과 관련된 문제라는 전제 아래 의복개량을 주장했다. "쾌감 가운데 가장 사람의 심미안을 쓰는 것은 의복"이라고 할 수 있는데, "문화가 향상할사록 의복에 대한 미적 욕구가 더해간다"는 것이다. 특히 "근대에 와서는 의복이 미적 욕구만을 만족식힐 뿐 아니라 그 시대정신까지 표현한다"라며, 백의가 아닌 숭고한 빛깔 옷을 입어 "그 사람의 성질이라든지 취미를" 표현해야 한다고 주장했다.[48] 1920년대 초반만 해도 여학생 단발은 미디어의 관심과 비난의 이중 포화를 맞았던 문제였지만 1920년대 중반이 되면 "각각各 各 자기自己의 취미趣味대로" 하는 것이지 "시비是非거리나 풍기 문제風紀問題가 아니"[49]라는 쪽으로 여론이 기울었다. 다만 "단발斷髮이나 사상思想이나 화장化粧 갓흔 것은 다 사람마다 각인各人의 취미趣味대로 취取하는 것"이므로 개인에게 맡겨야 하지만, "각개인各個人의 취미趣味 그것은 시대時代의 취미趣味와 조화調和되여야" 한다는 주장이 대세였다.[50] 이화여전 교수 윤성덕은 일식, 양식, 조선식이 합쳐진 집에서 살며 "쩨드(침대) 생활에 음식도 양식이 주"인 생활 취미를 가졌다고 자신의 일상을 소개했다.[51] 이렇게 먹고 입고 살아가는 부분에서 취미는 근대적 스타일이라는 유행 현상을 주도했다. 밥이나 집 같은 먹고사는 대상도 이제 '미적美的인' 방식으로 조직하는 것이 바로 '취미 있게' 사는 것이 되었다.[52]

48   김일엽, 「衣服과 美感」, 『신여성』 2권 11호, 1924년 11월, 24~26쪽.
49   김준연, 「여성의 단발」, 『신여성』 3권 10호, 1925년 10월, 46쪽.
50   숙명여교 교무주임 山野上長次郎, 「個人에 趣味에 막김니다 衣服이 改良되고 習慣이 변한 째에는」, 『신여성』 3권 8호, 1925년 8월, 39쪽.
51   B기자, 앞의 글, 59~62쪽.
52   김기영, 앞의 글, 1921. 4. 13.

1920년대 이래로 취미는 근대인의 자아관identity 확립과 사회관계에서 하나의 축으로 작용했다. 개성, 이상형, 연애 상대, 결혼 상대의 선택이라는 문제 앞에서 취미라는 잣대를 통해 근대적 인간형이 합의되고 규정되었다. 취미 담론은 시간이 흐르면서 계급의식에 기반한 프롤레타리아 취미 담론이나 고급/저급의 취미 담론으로 분화되었다. 취미 현상에 대한 비판도 등장했다. 1920년대 중반 여학생계에서는 "유행가 시비是非"가 화제였다. 여학생들이 유행가 같은 "천박한 노래를 입에 올니게 되야 취미가 타락하고 심성을 것칠고 조잡하게 해바리고 말게"[53] 되었다며, 남성 사회는 고상한 취미를 기를 것을 훈계하는 목소리를 내기도 했다. "취미에도 계급성이 잇고 고하선악의 표준이 있"다는 지적도 있었다. 여학생들에게 "고상한 취미"의 향상을 위해 피아노, 한 달에 한두 번 좋은 연극과 명화名畵 감상하기 등을 추천했다.[54] 한 좌담회에서 모윤숙(교원), 이응숙, 손초악, 김자혜(『신동아』 기자) 등이 말하는 그녀들의 취미는 '마-쌍(마작)', '가투歌鬪', '핑퐁', '쌔쌔-골푸', '스케이팅', '자전거'[55] 등이었다. 그러나 여학생의 취미가 "화투, 추럼푸, 혹은 마-쌍"이라면 "너무 통속화"된 것이니 "만일에 그대가 쌕르여든(부르주아이거든) 스포츠 방면에 잇서서는 골푸나 승마를 취미하라"[56]는 발언도 등장했다. 여기서 취미를 통한 구별 짓기의 전략, 즉 취미와

53　김영환, 「女學生界 流行歌是非 —女學生自身과 女學校當局의 主意를 促하기 위하야」, 『신여성』 2권 6호, 1924년 6월, 47쪽.
54　박로아, 「여학생의 취미검토」, 『신여성』 5권 5호, 1931년 5월, 72~74쪽.
55　「명일을 약속하는 신시대의 처녀좌담회」, 『신여성』 7권 1호, 1933년 1월, 21쪽.
56　울금향, 「당세여학생독본」, 『신여성』 7권 10호, 1933년 10월, 68쪽.

미스 조선 현상 발표 결과를 게재한 일본 잡지 『모던 일본—조선판』(1940). 오른쪽 사진에서 미스 조선의 '취미'를 확인할 수 있다. 1940년에 발간된 일본어 잡지를 번역해 2009년 어문학사에서 출간한 책의 이미지를 실었다.

계급에 대한 분별이 사회적으로 통용되었음을 확인할 수 있다. 한 기자는 "모던보이는 처녀들과 카메라 들고 원족 가는 것이 취미"[57]라며 청년 문화를 비판하기도 했다.

조선 사회에서 취미 담론에 대한 반성적 성찰이 시도될 만한 시간적 간격을 확보한 1930년대 중반에, 송석하는 「농촌오락의 조장과 정화에 대한 사견: 특히 전승오락과 장래오락의 관계에 취하여」[58]를

57 쌍S생, 「대경성광무곡」, 『별건곤』, 1929년 1월, 76쪽.
58 송석하, 「農村娛樂의 助長과 淨化에 대한 私見: 特히 傳承娛樂과 將來娛樂의 關係에 就하여」, 『동아일보』, 1935. 6. 22~7. 15.

연재했다.『동아일보』창간 15주년을 기념하는 기획 기사였는데, 무려 18회에 걸쳐 연재된 이 기사는 농촌 문화를 비롯하여 당시 조선의 바람직한 오락 문화 창출에 대한 필요성이 환기되고 있었음을 방증한다고 하겠다. 송석하는 오락을 "마음의 깊은 곳에서 나오는 본성적 쾌락욕구이며 필연적"인 것으로 정의했다. 그는 "오늘날의 안식과 쾌락은 내일의 활동을 위爲"한 것인데, 사람의 육체와 정신의 피로는 휴양만으로 회복될 수 없기 때문에 오락이 중요하다고 주장했다.[59] 즉 송석하에게 '오락'은 동시대의 취미 개념과 그 의미를 분유分有하는 개념이다. 그는 연재 기사에서 '조선의 전승오락', '시대상으로 본 오락', '종별상으로 본 오락', '각국의 국민 오락', '조선 민중에게 미친 수입 오락의 영향' 등을 개괄했다. 그중에서 '수입 오락'[60]이라고 명명한 새로운 오락의 유형을 몇 가지로 범주화해보면 다음과 같다.

첫째, 서구 문화의 영향을 받아 도입된 연극, 가극, 음악회, 음악(기악, 성악), 무용, 소셜댄스. 둘째, 서구 과학기술의 발전에 따라 새로 유입된 영화, 라디오, 축음기, 사진 등. 셋째, 서구에서 도입된 스포츠 유형으로 정구, 탁구, 축구, 당구, 역도, 골프, 승마 등. 넷째, 기타 새로운 유형으로 등산, 낚시, 화투, 마작, 야담, 가투歌鬪, 곡마 등이 그것이다.[61] 당시에 수입된 오락 중 조선 민중에게 가장 큰

---

59 송석하, 위의 글, 1935. 6. 22.
60 송석하가 구체적인 근거를 가지고 수입 오락을 구분한 것은 아니고, "전래의 오락 이외의 것을 의미하는 것이다. 그리고 시대적으로 보아서도 현대라는 의미를 무언중에 포함한 것이며 그 범위는 대단 광대"한 것이라고 수입 오락을 분류했다(『동아일보』, 1935. 7. 11).
61 김문겸, 앞의 책, 121~122쪽.

영향을 미친 것은 '화투'와 '라디오', '레코드'이고, 많은 경우 오락 문화가 지역과 계층에 따라 차별성을 보이기도 했다. 크게 도시와 농·어촌 간의 문화와 오락의 차이를 말하는 것으로 "예술적·체육적인 것이 상당히 보급된 것 같으나 그 실은 일반 농민 내지 어민층에는 화투, 축음기뿐이며 그 외에 일 년에 한두 번 보는 영화와 곡마단 구경이 그들의 오락이오 그 외는 전부 소위 인텔리 계급의 오락에 지나지 못한다"[62]라고 했다. 물론 민속학자인 송석하가 궁극적으로 주장하는 것은 농어촌의 경제 상태를 염두에 두고 민속 오락의 조장과 정화에 노력을 기울여야 할 것이며, 그것은 예술적 오락과 체육적 오락을 기초로 할 때 가장 적합하다는 것이었다.[63] 이것은 다른 한편으로 조선 민중의 정신을 퇴폐화하는 수입 오락이 다수 '사행적'이고 '개인적'이며 "비교적 유한인테리 계급 대상인 것이 대다수"라며 서구 취향적 감성구조에 기반한 신지식인 계층의 취미 문화를 비판하는 것이기도 했다.

1920년대 이래 대중문화 안에서 취미라는 문화적 실천은 근대 문명의 수용 통로이자 사회생활의 수단이 되었고, 문화자본으로서의 위상을 확보했다. 사람들은 취미의 선택과 소비를 통해 각자의 개성(정체성)을 드러내고 검증받을 수 있게 되었다. 취미의 구체적 대상인 대중문화의 여러 장르는 대중에게 선택받고 향유되어야 하는 존재론적 이유로 인해, 대중의 성향과 기호에 영향을 받을 수밖에 없었다.

---

62 송석하, 앞의 글, 1935. 7. 11.
63 송석하, 위의 글, 1935. 7. 13.

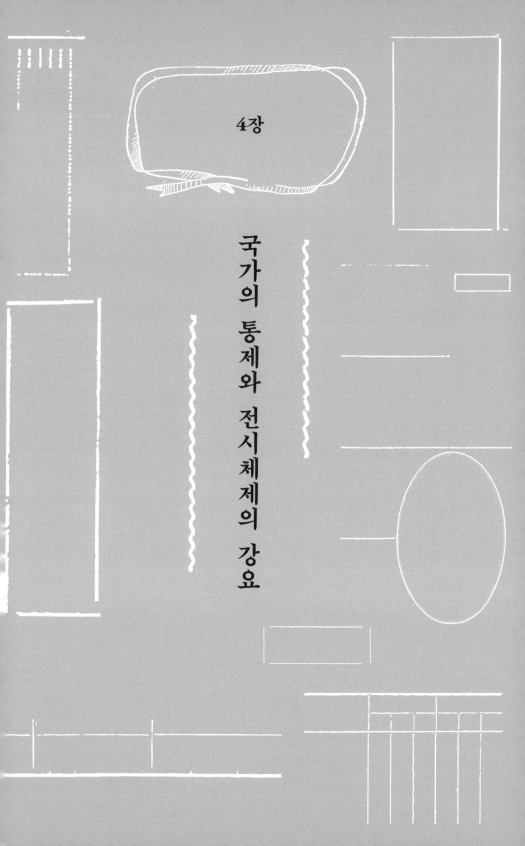

4장

국가의 통제와 전시체제의 강요

통제 체제하의 검열과 정화

근대 한국은 제국 일본에 의해 강압적인 자본주의화를 거쳐야 했고, 이런 상황에서 새로운 잉여가치 창출을 기반으로 한 근대적 취미 문화의 형성은 불가능했다. 그럼에도 식민주의적 근대라는 중층적 현실에서 대중은 단순하고 자극적이며 소비적인 취미 문화와 쉽게 결합할 수 있었다. 취미 주체라는 근대적 문화 실천의 주체가 되는 회로 안에서 식민지인들은 급속하게 오락화되고 통속화된 대중예술과 문화를 선택·소비했고 굴절된 방식으로 피식민적 삶의 자존감을 유지할 수 있었다.

일제 말기가 되면 취미 담론은 전폭적인 변화의 과정을 거친다. 1938년 국민정신총동원운동이 시행되고 1939년 "비상시 국민생활 기준 양식"등이 선포되면서,[1] 취미·오락 및 문화의 장에 통치권력이 적극적으로 개입했기 때문이다. 일상생활에서 남성의 머리는 '환

---

1   최유리,『일제 말기 식민지 지배정책 연구』, 국학자료원, 1997, 118~119쪽.

예 '丸刈(まるがり)'가 권장되었고, 여성에게는 파마, 화장, 예복 등이 금지되었다. 문학을 포함한 예술 전 영역과 대중문화 전반에 대한 대대적인 통제가 이루어졌고, 영화 배급권[2]과 같은 문화산업 메커니즘을 일제가 장악했다. 1940년 7월 22일에 출범한 2차 고노에近衛 내각은 8월 1일 「기본국책요강」을 발표하면서 '신체제'新體制 수립이라는 목표를 선포했다. 이를 통해 일제는 새로운 세계 질서의 출현을 고지하는 한편, 국방국가 체제의 완성을 통한 대동아신질서 건설을 선언했다.[3] 내지 일본을 정점으로 하여 조선, 대만, 만주, 중국 등을 아우르는 정치·경제·사회·문화 블록의 형성, 즉 대동아공영권 건설이라는 청사진을 제시한 것이다. 이런 흐름과 함께 삶의 영역에서 최하부에 위치한, 가장 사적이고 개별적인 개인의 취미에 대한 담론도 급변할 수밖에 없었다.

신체제 수립 직후인 1940년 8월 10일에는 『동아일보』와 『조선일보』가, 이듬해 4월에는 『문장』, 『인문평론』 등의 문예지가 강제 폐간되었으며 각종 조선어 매체가 폐간되었다. 폐간 이전까지 일간지와 잡지에서는 생활·문화면에 어김없이 '취미' 관련 섹션을 기획했고, 영화, 라디오 방송, 공연, 신간 출판물, 배우와 문화계 스타 관련 기사들을 배치하여 판매고를 올렸다. 그러나 1937년 이후부터 서서

---

2 유선영, 「황색 식민지의 서양영화 관람과 소비실천(1934~1942), 제국에 대한 '문화적 부인'의 실천성과 정상화」, 『언론과 사회』 13권 2호, 성곡언론문화재단, 2005, 7~62쪽.

3 신체제운동新體制運動은 중일전쟁의 장기화로 교착된 상황을 타개하기 위한 국내 정치체제 개편안이었다. 이때 탄생한 것이 대정익찬회大政翼贊會였다. 조선에서도 대정익찬회를 본떤 국민총력연맹을 결성했으며 이후 국민총력운동을 전개했다. 전상숙, 「일제 군부파시즘 체제와 '식민지 파시즘'」, 방기중 편, 『일제 파시즘 지배 정책과 민중생활』, 혜안, 2004 참고.

히 진행되고 있던 유행가와 영화, 연극, 문학 등 대중문화와 예술에 대한 국가 검열 메커니즘이 1940년을 거치며 강력한 법과 규제 아래 강화되었다. 사회 내의 모든 표현 행위에 가해지는 상징폭력으로서의 검열은 표현 가능한 것과 표현해서는 안 되는 것을 구분하는 것은 물론, 개인이 표현물을 즐기고 향유할 가능성까지 제거해나갔다.

국민정신총동원조선연맹이 1940년에 발표한 운동 방침과 신년 사업 계획안을 보면, 국어 보급·강습회 개최, 지원병 제도 상시 선전, 지원병 합격자 표창, 창씨 제도 보급 철저, 만주, 북지北支 및 내지 이민의 선전 교화, 내선 풍속의 융합 등과 함께 '일본 취미에의 유도誘導'가 포함되어 있었다.[4] 다도茶道, 조루리, 하이쿠 등을 지도 보급하는 기사들을 미디어의 지면에서 쉽게 찾을 수 있다. 1940년 8월 이후 유일한 조선어 신문이었던 『매일신보』를 보면 이전 시기와는 다르게 '취미' 관련 기사가 눈에 띄게 줄었음을 발견할 수 있다. 특히 커피나 기호품에 대한 애호, 서양식의 의식주 스타일, 모던 지향의 유행 사치품에 대한 소비를 비롯하여 유행가, 재즈, 댄스, 레뷰 revue(악극, 가극 공연 등의 막간에 하는 다양한 쇼나 춤), 서양 외화 등에 대한 대중적 취미가 '퇴폐'로 규정되어 철저하게 배격되었다.[5] 통제의 자장하에서도 담론의 영역과 일상의 영역은 변화의 보폭을 맞추는 것이 불가능했다. 총력전 체제에 돌입했지만 기존의 서구적 향락 문화와 소비적 취미에 대한 식민지 대중의 욕구는 소거되지 않았다.

4　「전시생활의 철저―신년도에 여러 가지 기대되는 요강」, 『삼천리』, 1940년 6월, 54쪽.
5　「퇴폐의 취미―대중오락의 재검토」, 『매일신보』, 1940. 2. 7.

유행가에 대한 대중의 취향은 여전했다. "총후의 국민이 다 갓치 국민정신총동원운동에 매진하면서 미증유의 비상시국을 극복하려고 노력"해야 할 때에, 악기점들은 국민정신총동원의 취지를 잊고서 "점두의 라우드" 스피커로 군가가 아닌 퇴폐적인 유행가만 틀어대 당국의 단속을 무력화했다.[6]

영화와 극장쇼의 대중적 인기도 쉽게 가라앉지 않았다. "총후 국민으로서 더욱 자숙해야 함에도 불구하고 경무국 조사에 의하면" 흥행가를 출입하는 남녀의 수는 나날이 급증했다. 사람들은 비상시국의 자숙자계 분위기에 호응하기는커녕 열광적으로 영화 구경을 다녔다. 1941년에 영화령이 실시되고 상영 통제가 본격화되었지만 '오락강행군'들은 극장 앞에서 장사진을 치고 긴 꼬리를 만들어가며 대로까지 줄을 서는 경우가 비일비재했다.[7] 그러나 시간이 흐르면서 총력전 체제는 지속적으로 엄혹한 검열과 단속을 통해 '총후국민'을 주조했고, 각종 매체와 담론들은 취미의 전시적

1940년 이후 전시 상황이 급박하게 돌아가면서, 후방에서의 각종 사치품 소비와 대중문화를 향유하는 취미활동 전반을 '퇴폐 취미'로 낙인찍었다. 「퇴폐의 취미―대중오락의 재검토」, 『매일신보』 1940년 2월 7일.

6   「저속한 유행가 점두방송 단속」, 『매일신보』, 1938. 8. 10.
7   안석영, 「영화가의 퇴폐풍경―대중의 비속한 취미를 배격」, 『매일신보』, 1941. 3. 6.

1930년대 종로 풍경. 선일악기점과 조선축음기상회, 시에론레코드사와 콜럼비아레코드사가 종로통에 운집해 있었다. 당시 음반산업의 호황은 유행가, 음반 수록 영화 주제가 등을 적극적으로 소비한 식민지 조선의 대중 덕분이었다. 『大京城寫眞帖』, 中央情報鮮滿支社, 1937, 91쪽.

戰時的 표상을 과잉 생산했다.

　1942년에 발표된 이태준의 소설 『별은 창마다』[8]는 건축학을 전공하는 고학생 어하영과 피혁회사를 운영하는 부호의 딸 한정은의 만남과 이별, 재회의 과정에서 전쟁 중 파괴된 일본 제국의 건축 재건과 대동아공영권의 비전을 재현한 작품이다. 한정은은 피아노를 전공한 "부홋집 영양"으로 '악보', '레이스', '유리컵' 등에 취미가 있고 '밤하늘', '유리', '별'을 좋아하는 미적 감수성을 지닌 여성

8　이태준, 「별은 창마다」, 『신시대』 1942년 1월호부터 1943년 6월호까지 18회 연재; 이태준, 『별은 창마다』, 박문서관, 1945.

이다. 하지만 청년 어하영을 만난 후 '조선적인 것'에 대한 그의 견해를 듣고 의식이 계몽되고 차차 미의식에도 변모를 겪는다. 애초에 소설 속에서 최첨단의 유행과 모던한 상품이 넘쳐나는 코즈모폴리턴 도시였던 도쿄는 이야기가 전개되면서 공간 표상의 방향을 전회한다. 정은에게 도쿄는 전시 상황에 합당하게 실용성과 간소함을 강조하는 상품이 즐비하여 총후부인의 임무를 조력하는 도시로 새롭게 비치기 시작한 것이다. 의식의 전환을 이룬 정은은 "하이킹복이 가진 경쾌한 특색, 업무복이 가진 튼튼하고 능률적인 특색, 간호부복이 가진 위생적인 특색, 이런 장점들을 종합한 좋은 의미의 가장 첨단적인 양복"을 갖춰 입는다. 그리고 옷과 신발을 고를 때 합리성과 실용을 중시하는 '의상철학'과 '구두철학'을 가진 총후여성으로 변모한다. 소설은 정은이 총후국민으로 갱생하기까지 그녀의 의식 변화를 건축철학뿐 아니라 취향과 취미의 선택을 통해서도 압축적으로 재현했는데, 이는 이 장에서 다루고자 하는 신체제하 취미의 표본을 보여주고 있는 셈이다.

다음 글은 1941년 2월 『인문평론』에 발표된 최재서의 「전환기의 문화이론」 중 일부다. 여기서 최재서는 신체제 이전의 '소위 문화생활'로 여겨졌던 지식계급의 실생활을 비판하고 기존 문화주의에 대한 반성을 촉구했다.

다이쇼 말기 이래 흔히 말하는 문화생활이라는 미명으로 길들여져 온 생활은 대체 어떠한 것인가? 곧장 우리들 머리에 떠오르는 것은 문화주택이다. 그것은 원래 화양절충이다. 그렇기 때문에 조선의 경우 그것에 다소 조선식을 가미한 것이라고 말할 수 있을 것이다. 이런 형식 속에 들어가는 것을 말하자면, 부엌에는 가스설비가 있고 응접실에는 라디오와 축음기가 있으며, 복장은 적어도 전 가족이 양장을 원칙으로 하고, 커피와 홍차를 즐기며, 부부 동반으로 영화관에 외출하는 것이 일주일간의 프로그램 속에 들어간다. 그리고 자녀교육의 경우 대체로 방임주의로, 구래로 관습이라든가 전통에 대하여는 단호한 반역자이지만, 그 생활 전체를 규율할 어떤 정신도 신념도 없다. 다만 물질적인 편리함과 값싼 향락, 이것이 유일한 목표다.[9]

여기서 비판의 대상으로 묘사된 일상의 면면은 이후 그의 서술에서 개인주의와 문화주의의 절멸을 주장하고 전체주의와 국가주의의 발흥을 기원하는 것으로 이어진다. "스스로 파탄을 일으킨 경제와 문화는 새로운 국가적 계획과 통제하에 국민갱생의 길을 걷지 않으면 안 되게 되었"다는 최재서의 국민문화 이념은, 일제가 선포한 '전시 국민생활 십계'[10]나 '국민개로운동',[11] 1940년 이후 '후생운동' 등과 함께 제국주의 일상통치의 역사적 벡터를 보여준다고 하겠다.

신체제하에서 이 같은 논조의 취미 담론은 거의 완전히 사라지게 된다. 기존의 취미오락론은 '퇴폐'頹廢와 '정화'淨化의 대상으로 철저하게 비판을 받았다.[12]

---

9   최재서, 「전환기의 문화이론」, 『인문평론』, 1941년 2월(최재서, 노상래 옮김, 「전환기의 문화이론」, 『전환기의 조선문학』, 영남대학교출판부, 2006, 14쪽에서 인용).
10   「비상시 국민생활을 위한 생활개선위원회」, 『매일신보』, 1938. 10. 26.
11   1941년 국민총력조선연맹 주도로 실시되었다.
12   「퇴폐의 취미—대중오락의 재검토」, 『매일신보』, 1940. 2. 7.

방임에 가까웠던 오락 방면이 신체제라는 폭풍 속에 훌륭히 통제 統制되어집니다. 그러나 즐거움을 알고 슬픔과 노함과 우스운 것을 가릴 수 있는 동물이 사람입니다. 사람이 오락을 찾는 근거는 이 고도로 발달된 감정생활을 갖고 있는 데 있습니다. (……) 옛말에도 '악樂으로 천하를 다스린다'는 말이 잇드시 국가가 그토록 국민생활에 절실한 의의를 갖인 오락의 중요성을 통감함으로 말미암아 여태까지의 무통제, 방임 상태에서 이것을 건져, 새롭게 개선하며 나아가서는 국가의 정책에 협조시키자는 것입니다. 오락의 신체제는 실로, 여기 그 뜻을 둔 것이므로 우리는 이때야말로 안심하고 높고 건전한 오락을 차지할 수 있을 것입니다.[13]

이전 시기의 취미와 오락이 무통제, 방임 상태였던 것을 지적하고 있지만, 여기서 중요한 것은 취미와 오락의 영역 자체를 파시즘 통치의 과정에서 배제하지 않았다는 점이다.[14] "악樂으로 천하를 다스린다"는 오래된 통치론이 유효하다는 것을 제국주의자들도 분명히 인지하고 있었기에, 일제는 피식민자의 취미와 오락적 실천이 가져올 리스크를 감당하는 한편 취미론의 파시즘적 전유를 시도했다. 파시즘은 정치제도라기보다 오히려 생활 양식이라 할 수 있으며, 전체주의가 모든 인간관계를 장악한다는 데 그 특색이 있다. 정치적인 영역에서든 아니든 파시즘은 요람에서 무덤까지 일평생 인간생활

13   김정혁, 「키네마와 신체제」, 『여성』 5권 제11호, 1940년 11월, 64~66쪽.
14   일제 말기 전시 우생학과 신체 오락의 문화정치에 대해서는 김예림, 「전시기 오락 정책과 '문화'로서의 우생학」, 『역사비평』 73호, 역사비평사, 2005 참조.

의 전 국면을 통제한다는 점[15]에서 취미 제도와의 결합은 필수적이었다.

한 예로, 전시체제에서 일제는 "교육이 개인이나 국민연성의 기초가 된다면 이 교육의 중책을 마튼 교육자를 먼저 우대하지 안흐면 안 된"[16]다며, 교원 수급에 문제가 생기자 대책을 강구했다. 교원의 대우가 나쁘고 전시 상황으로 인해 물가고가 심각한 상황에서 교원들의 생활이 곤궁해지자 급기야 사범학교 정원이 미달되는 사태에 직면했다. 총독부는 교원 우대 방책을 찾으려 했고 그 첫 단계로 총독부 내 '조선교육회'에서 '초중등 이만 오천여 명 교원'의 생활 실태를 조사했다. 조사를 위해 '교원생활 조사 카드'를 활용했는데 조사 항목은 상당히 세밀화되어 있다. 월급(給金)과 함께 각종 지출 항목을 묻고 있는데, 조세류, 잡비, 식물비食物費, 피복비, 주거비, 가구비, 광열비, 교제비, 저축 및 보험, 차差잉여부족 등 많은 항목이 있다. 교원의 가정경제 흐름을 거의 완벽하게 파악하려는 의도를 읽어낼 수 있다. 조사 내용에는 가정경제의 상황뿐만 아니라 교원의 의식과 성향을 파악하기 위한 항목들도 있었다. 그 항목 중에 큰 비중을 차지하고 있는 것이 취미와 오락에 대한 부분이었다. "취미, 오락, 기호, 운동, 수양 방법, 평소 열독하는 신문·잡지, 최근 독서 후 감명을 받은 서물書物"[17] 등의 항목은 그 경계가 모호하다고 느껴질

---

15   강준만 외, 『부드러운 파시즘』, 인물과사상사, 2000.

16   「교원생활의 조사」, 『동아일보』, 1940. 3. 27.

17   그 외에도 본인의 연령, 가족 수, 건강 상태, 숙아宿痾의 유무, 종교, 사숙하는 인물 등을 쓰게 했다. 이 '교원 조사'는 시행 두 달 뒤에 '관공 사립소학교와 간이학교' 교직원의 생활 조사로 확대되었고, "도 단위로 각각 총괄적 집게를 하야 오는 8월 말까지 총독부에 제출"(「소학교원 생활상태에 조사카드」, 『동아일보』, 1940. 5.

정도로 세밀하게 구분되어 있었다. 여기서 피식민지인의 일상을 통제하고 장악하는 데 취미와 오락이라는 (비)가시적 영역에 대한 일제의 관심이 얼마나 컸는지 알 수 있다. 또 퇴폐로 낙인찍혀 비판받던 취미와 오락이 한편에서는 '취미의 정화', '건전한 취미'라는 관용적 수식을 받으며 일상 통제를 비롯한 각종 취미와 오락의 실천적 행위에 삽입되는 계기를 발견할 수도 있다. 물론 정화淨化와 건전健全이란 시국이 요청하는 협력적 호응에 다름 아니었다.[18]

취미는 여전히 강조되었지만, 취미가 내포하는 행위나 실천의 방식은 총력전 체제에 어울리는 양태로 수렴되었다. 황국신민 만들기는 조선인의 생활개선 캠페인을 통해 구체적인 지침과 규율을 전달하는 방식으로 기획되었다. '비상시 국민생활개선조사위원회' 설치나 국민정신총동원조선연맹에서 발표한 '전시 국민생활 십계'戰時國民生活十戒[19]가 그 한 예가 될 수 있다.

> 문화가 발달하고 생활이 복잡하게 된 금일에 있어서 취미적 생활을 무시하고 사는 사람처럼 불쌍한 사람도 없을 것입니다.(……) 살림 살고 아이 기르고 언제 취미니 무에니 할 수 있느냐고 반문하는 이도 있을 것입니다. 그러나 취미적이라고 하니 무슨 특별한 것을 하라는 것이 아닙니다. 살림 살고 아이 기르는 가운데도

17)하게 했다.

18 「신생활운동과 오락, 취미의 정화—강한 국가에 건전한 오락 그리하야 새생활을 건설합시다」, 『매일신보』, 1940. 9. 6.

19 「비상시 국민생활을 위한 생활개선위원회」, 『매일신보』, 1938. 10. 26; 「戰時國民生活十戒」, 『總動員』, 1권 3호, 1939년 3월, 31쪽; 「戰時國民生活十戒」, 『靑年』 17호, 1939년 11월, 2쪽.

얼마든지 취미를 살려가면서 좀 더 향상된 생활을 도모할 수 있지 않을까 합니다.[20]

위의 기사는 총후의 가정부인을 대상으로 한 취미론인데, 현실적으로 불가능에 가까운 취미 권장에 대해 조선 민중이 냉소적인 반응을 보일 것을 감안하고 거기에 응답하는 방식으로 서술되었다. 결국 이 글은 대다수 가정부인들에게 돈과 시간의 구애를 덜 받는 '화초 가꾸기'와 '독서'를 권유하며 마무리된다. 하지만 독서 행위로 인한 지적 즐거움과 심미적 위안, 화초를 가꾸는 과정에서 취미의 주체가 향유할 수 있는 정신적 도락道樂과 미적 쾌감, 잉여의 행위가 제공하는 무상성의 즐거움을 강조한 것이 아니라, 궁여지책의 대안으로 제시된다는 점에서 취미생활의 설득력은 떨어진다고 하겠다.

괴로움을 즐거움으로, 취미가 된 노동

총력전 체제에서 모든 물자는 전쟁에 동원되었기에 피식민 조선인들은 중층적인 가난과 궁핍으로 고통 받았는데 가장 큰 충격을 받아야 했던 대상은 바로 어린이들이었다. "충량한 황국신민"으로 양육되어야 할 어린아이들의 영양 결핍은 사회적 문제로 대두되었고, 그것을 해결하기 위해 아이들에게 "농사 취미"를 길러주어야 한다는 담론이 등장했다.

---

20 정봉득, 「모멘트 뮤지컬 시집만 가면」, 『여성』 5권 2호, 1940년 2월, 24쪽.

전쟁하고 잇는 째는 아무래도 어린애들이 허약하게 되는데 그 원인은 식료품에도 관계가 잇지마는 어린애 어머니가 다른 일에 골몰하야 미처 어린애에게 손이 못 도라가는 일이 만을 것입니다마는 될 수 잇는 한에서 어린애에게 더 힘을 쓰세야 합니다. (……) 학과복습, 냉수마찰 권유 (……) 또 되도록은 해벗이 만히 비치는 데서 밧 가튼 것을 갓구는 일도 시키는 것이 좃습니다. 만약에 도회지에서 밧이 업슬 째는 공한지 가튼 곳에 무, 배추 심는 것을 가르처 초등학교썩부터 근로정신을 너허주는 것이 좃습니다. 곳 그냥 싹지치기나 공굴리기만 시키는 것보다는 취미적으로 밧 거두는 일을 하면 자라서 농사의 취미를 갓게 되는 것입니다.[21]

식량 부족으로 인한 조선 아동의 성장 둔화와 체력 약화가 문제였지만 전쟁 중인 일제는 그것을 타개할 방법을 제시할 여유도 여력도 없었다. 그런 이유로 이 기사는 총후부인들에게 어린아이의 영양분 결핍도 문제지만 '냉수마찰'이나 '햇볕'을 쬐어 건강을 유지하도록 도우라고 계도한다. 그런데 '소국민'小國民의 취미로 권유된 것이 '딱지치기'나 '공굴리기' 같은 놀이가 아닌 '농사 취미'라는 점에 주목할 만하다. '근로정신'과 '농사 취미'에서 근로와 취미라는 대쌍적 개념이 "취미적으로 밧 거두는 일"이라는 행위로 통합되는 납득하기 어려운 논리는 군국주의 취미론의 모순을 집약적으로 보여준다. 건강을 위해 햇볕을 쬐면서 노는 듯이 농사를 짓는다면 놀리는 땅도 없고 수확물까지 거두게 될 것이라며 국가가 권장하는 농사

---

21 「근로는 어릴 째부터―농사 취미를 너허주시오」, 『매일신보』, 1942. 2. 28.

취미는 옹색하기 그지없는 취미론이다. 소비와 사치를 최소화해야 함을 강조한 일제 말기의 취미 담론은 독서와 화초 가꾸기, 농사 취미 같은 소극적인 취미를 권하거나 혹은 노동과 다를 바 없는 반反취미를 발화하며 공회전했다.

　장기화되는 전시체제에서 일제는 전장과 후방을 동일한 상상력 하에 통치·운용할 필요가 있었다. 조선 민족을 더 철저하게 황민화하고, 후방으로 하여금 일상의 '근로보국'勤勞報國, '직업봉공'職業奉公을 담당하게 했다. 개척과 근로를 통한 생산력의 확충은 지원병의 전쟁 참여와 다를 바 없는 전투력으로 간주되었다. "총검을 대신하여 스코프나 곡괭이를 메고 행진할 때는 태산이라도 우스워"[22] 보인다고 하며 생산력의 확충이 애국愛國적 행위로 미화되었다. 신체제하의 취미는 '국민성의 표증'[23]으로 설파되었다. 정인섭은 정화된 취미가 노동이나 다름없음을 강조하고, 건전한 취미는 노동과 생산력으로 가시화될 수 있는 국민성의 표증이라고 주장한다. 여기서 한 발 나아가 모윤숙은 국가 비상시의 취미는 '로동'에서 발견해야 할 덕목이라 칭송하고, 노동의 괴로움에서 즐거움을 느낄 줄 아는 능력을 강조했다.

　일에 대한 관념을 근본적으로 고쳐서 자기 자신을 편달하고 깨우침에 있어서 괴로운 것을 락樂으로 알아야 할 것입니다. 로동이란

22　이완수, 「만주국건설 근로봉사 朝鮮部隊記」, 『삼천리』 12권 9호, 1940년 10월, 142쪽.
23　정인섭, 「신생활운동과 오락 취미의 정화—국민성의 표증」, 『매일신보』, 1940. 9. 9.

'노동' 또는 '근로'를 '취미'로 생각하고 생산에 전념하라는 전시체제하의 취미 담론에 많은 작가와 필진이 동원되어 우격다짐의 논리를 펼쳤다. 『매일신보』, 1940년 9월 10일자 기사와 1942년 2월 28일자 기사.

훌륭한 오락을 가지도록 힘쓰지 않겠습니까. 건전한 정신 미테서 진실한 로동을 하는 것이 얼마나 우리에게 훌륭한 취미와 오락을 주는지 몰으겠다고 말하고 싶습니다.[24]

"일에 취미를 가지면 육체적 피로는 이저버"[25]릴 수 있다는 논리는 현대 심리학에서 '몰입의 즐거움'[26]을 설명하는 논리와 표면적으로는 유사해 보인다. 하지만 전자는 전쟁 승리를 위해 최고의 성과와 생산량을 내면서 '국가에 로동봉사'하는 것이 어찌 즐겁지 않

24 　모윤숙, 「신생활운동과 오락 취미의 정화―고상한 오락은 신성한 노동과 가튼 것」, 『매일신보』, 1940. 9. 10.
25 　「일에 취미를 가지면 육체적 피로는 이저버린다」, 『매일신보』, 1940. 6. 12.
26 　미하이 칙센트미하이, 이희재 옮김, 『몰입의 즐거움』, 해냄, 2007.

겠느냐고 설득하는 외재적 목적성을 지향한다. 반면 후자는 일 자체가 좋아서 할 때 자발적으로 그 일을 경험하는 것 자체가 목적이 되므로 자기목적적 경험(내재적 목적성)이 주는 즐거움이 클 수밖에 없다고 한다.[27] 그런 점에서 몰입flow이 삶의 흐름에 깊숙이 개입하여 삶을 풍부한 경험으로 가득 채우는 행복을 느끼게 한다는 논리는, 일제가 주장한 파시즘의 당위적 노동윤리와는 전연 다르다.

전시체제하 시국적인 것과 결합한 취미 담론에서 즐거움과 개인의 취향 및 감각 등은 사라졌다. '근로취미'와 같은 '당위로서의 취미'가 요청되었다는 점에서 이 시기의 취미는 당연하게도 보국報國과 익찬翼贊을 강조한 제국의 감각이었다. "로동한다는 것이 무엇보다도 참으로 훌륭한 오락이라고 생각합니다. 거듭 말하거니와 진실한 로동은 고상하고 향기로운 오락"[28]이라는 프로파간다 취미 담론은 "괴로운 것을 즐거움(樂)으로" 느낄 수 있는 신체적·감각적 기만을 통해 진정한 '국민'이 될 수 있는 '자기갱신' 담론이었다. 그리고 이때의 취미 담론은 집단 정서를 만들어내는 파시즘적 설득으로, 논리적 확신 없이 믿어야만 하는 것이었다. 전시체제에서 증산을 위한 노동활동이 곧 취미이자 오락일 수 있다는 논조는 반복적인 대중 암시를 통해 그 효과를 기대했을 것이다.

27   위의 책, 154~157쪽.
28   모윤숙, 앞의 글, 『매일신보』, 1940. 9. 10.

총후국민, 후생 담론 그리고 전시 취미

취미와 오락은 자칫하면 방탕하고 유흥적인 이미지가 따라붙기 때문에 일제 말기 전쟁 상황에서 비난의 표적이 되기 쉬웠다. 그래서인지 본격적인 태평양전쟁기에 돌입하면서 취미라는 기표는 미디어에서 찾기 어려워졌고, 오락은 '조선적인 것'을 기획하려는 일제 말기 국민문화 담론 안에서 '향토오락', '농촌오락'이라는 제한적 용어로만 호출되는 경우가 많았다.[29] 어떻게 포장하더라도 과시적이고 소비적인 행위의 흔적을 떨치기 어려웠던 취미와 오락이 그 부담을 떨칠 수 있었던 정책적 고안 중의 하나가 '후생'厚生 담론과의 결합이었다.

'후생'이 국책과 결합하여 사회적 의미를 구축하기 시작한 것은 1938년 1월 일본 후생성厚生省이 신설되면서부터였다.[30] 후생은 한마디로 말해 "윤택 잇는 생활의 지도"[31]라고 밝히고 있지만, 이때 삶의 안위와 만족은 개인이 어떻게 실감하느냐와 전혀 상관없이 국가가 부여하는 것이었다. 일본에 신설된 후생성의 방침이 조선에서 보건과 건강 및 여가선용 등에 대한 정책을 수립하는 데 직접적 영향을 주었고, 1941년에는 조선총독부 내에 후생국이 신설되었다.[32] 후생국 신설을 주장하고 기구 개혁안을 통과시켰던 오노大野 정무총감

---

29 權田保之助, 『國民娛樂の問題』, 栗田書店, 1941; 유광렬, 「건실한 오락의 건설」, 『조광』, 1941년 4월, 173쪽; 「증산과 농촌오락의 방향」, 『매일신보』, 1943. 10. 9.

30 「厚生省開設은 明春一月中旬」, 『동아일보』, 1937. 12. 26; 「厚生省新設과 근위수 상談」, 『동아일보』, 1938. 1. 12.

31 「國民保健과 福祉는 國家喫緊의 要務 厚生省新設에 對한 近衛首相談」, 『매일신보』, 1938. 1. 10.

32 「후생국 등 신설, 금 십구일 공포 실시」, 『매일신보』, 1941. 11. 19.

의 담화에 따르면 후생성을 설립한 이유는 임전체제臨戰體制의 확충을 위해 "체력증진 대책, 보건위생, 각종 사회시설, 편리시설에 걸쳐 인적 자원의 기초 배양을 위하여 응급적·항구적 대책을 실시"하는 데 있었다.[33] 이에 따라 조선에서 실시된 후생운동[34]의 가장 큰 목표는 조선인의 '체위향상'體位向上이었다.[35]

지나사변 이래 국민의 체위향상은 후생행정의 중심 표적이 되었고 국민체력 관리제도를 실시하며 전투력의 증강을 통하야 국방국가의 건설을 기期하고 잇다. 종래의 학교 체육을 이 표준 하에 정리통일하고 도수체조로부터 기계체조, 경기, 유희 등 부문을 이 전력함양이라는 목표로 신편성하야 국민의 체력 증강을 기하고 나가서는 사회일반 청년소년 및 장정으로 하여금 이 지표 아래 지도양성키 위하야 그 제일 착수로 현제 조선 십사만을 산算하는 청년단원의 체력을 전기前記표준으로 조사하게 되엇다고 한다. (……) 우리는 모름직이 운동이나 경기를 일종의 취미와 오락의 관념에서 단연 해방시켜 인격과 인간 그 자체의 건설에 주요 분자를 구성하게 할 것이니 자연을 내 무대로 삼아 완강한 체력을 길르도록 힘쓸 것이다. 이것으로 무슨 소득이 잇을 것이냐 하는 근시공리적 생각을 제거하고 정신을 총집중하야 퇴영退嬰

---

33 친일반민족행위진상규명위원회, 『친일반민족행위진상규명 보고서 III-2』, 2009, 27쪽; 김민철, 「전시체제하(1937~1945) 식민지 행정기구의 변화」, 『한국사학보』 14호, 2003.
34 이 시기 일본의 후생운동 역사에 대해서는 保科胤, 『國民厚生運動』, 栗田書店, 1942; 藤野豊, 『厚生省の誕生』, かもがわ出版, 2003 참조.
35 「조선학생과 체위향상」, 『동아일보』, 1938. 5. 25.

의 전패失敗를 되풀이 말도록 (……) 경기라는 외래의 종목이거나 외형을 쫓는 그 세류에 흐를 필요가 없으니.[36]

1930년대 중반까지 취미나 오락의 차원에서 개인이 여가를 활용하여 향유했던 각종 운동과 경기는 '단연 해방'시켜야 할 '외래' 서구 지향 세류의 퇴폐로 규정되었다. 소설가 염상섭이 현대 미인의 조건을 말하며 "미를 간접적 효과 잇게 하는 것은 음성과 지식과 취미에 잇는고로 현대 미인이 되랴면 성악의 '가갸'라도 알아야 하고 현대적 유행어와 학술상술어를 자유자재로 조종하고 영화, 음악, 미술, 문학 등등 방면은 무론毋論이오 옥돌玉突, 꼴프, 기타 스포-쓰 방면에도 상식과 약간의 기술을 가저야 할 것"[37]이라고 했던 취미관은 이제 철저하게 매도될 수밖에 없었다. 조깅, 수영, 정구, 스키, 베이비골프 등 서구적 스포츠는 매체에서 이름조차 발견하기 어려워졌고, 그보다 상위 개념인 '체육'이라는 기호가 전 국민 대상의 후생 담론의 중심이 되었다. 한편 전시체제에서 체육 분야를 대표하는 항목으로 두각을 드러낸 것은 서구적 뉘앙스를 완전히 제거한 운동종목으로서의 '체조'였다. 체조의 구체적 목적은 "체력 함양"이었고, 이는 곧 "전력 함양"을 의미했다.[38] "광의 국방부대를 구성"할 것으로 기대된 후방 국민의 체위향상 역시 국방력과 전투력의 향상을 의

---

36 「체력의 조사」, 『동아일보』, 1938. 12. 25.
37 염상섭, 「현대미인관, 문학과 미인」, 『삼천리』, 1930년 4월. 44쪽.
38 이병진·황의룡, 「일제강점기 "대일본국민체조"의 보급과 활동에 관한 연구」, 『한국체육학회지』 55권 4호, 한국체육학회, 2016. 일제 말기 체조 보급에 대한 연구는 이 논문을 참조할 것.

미했다. 다양한 섭생 이론이나 건강 담론, 또 (라디오)체조나 도보 같은 운동 등이 장려되면서[39] "체위향상"을 이루고자 했던[40] 이 시기 후생운동은 개인의 건강과 사적 안위가 아닌 일본적 정신주의 배양과 비상시 전쟁 동원 등을 위한 것이었다. 국민체조가 제작·실시되었고,[41] 체력장體力章 제도[42]를 통해 "전시하 억센 국민을 목표"로 '체력검정'이 이루어졌다.[43]

1940년 조선총독부가 후생대회를 열었고 '후생운동'과 관련한 강습회가 다수 개최되었다. 3일 연속 경성에서 실시된 강습회의 경우 "직장에 잇는 이들의 심신의 보건피로의 회복을 도웁는 후생운동"을 보급하기 위해 경성의 각종 단체들과 국민정신총동원경성연맹, 일본후생협회 등이 후원했다. 강습 과목으로 "후생유희이론과 실제", "일본 체조의 지도", "국민가요의 지도", "부민체위향상에 대하여", "후생운동에 대하여"[44] 등이 준비되었다. 이것을 보면 후생운동이 오락과 유희 담론을 포괄하며 국민체조, 국민가요 같은 '국민문화'의 다양한 영역과 협업했음을 알 수 있다.

중일전쟁의 장기화와 1941년 12월 8일 태평양전쟁이 확대되는 상황에서 효율적인 전쟁 수행을 위해 일본 정부는 1942년 6월 19일

39　「걸으라 밤길 걸으라―전시엔 도보운동을―"夜間強行"―각 학교 각 단체서 고루 실시」, 『매일신보』, 1939. 8. 18.
40　「이달에 조선총독부 후생국의 첫 사업으로 중요 도시에 체위향상의 지도기관으로 국민보건소를 신설키로 결정」, 『매일신보』, 1941. 5. 16.
41　「국민체조를 勵行! 후생은 강장한 신체로부터」, 『동아일보』, 1939. 1. 17.
42　「체력검정의 우수청년 백십오 명에 "체력장"」, 『동아일보』, 1939. 9. 1.
43　지금도 학교와 군대에서 실시되고 있는 '국민체조'와 '체력장'의 기원이라고 할 수 있다.
44　「후생운동강습 경성기독 주최」, 『동아일보』, 1940. 4. 19.

　　　　　　　　3부 ― 취미의 제도화

행정부의 기구와 직원을 대폭 감축하는 '행정간소화'를 결정했다. 그해 9월 11일에는 본국이 식민지 행정을 직접 통제하기 위해 '내외지행정의 일원화에 관한 건'을 결정했는데, 이런 변화 속에서 1941년 신설되었던 조선총독부 후생국이 1년 뒤 1942년에 폐지되었다.[45] 이 같은 상황을 고려할 때 1940년 초반 조선의 후생운동을 고찰함에 있어 주목해야 할 운동의 주체 세력은 '매일신보사 후생사업단'이다.

일본어로 발간된 『경성일보』와 함께 총독부 기관지로서 황민화 정책의 선전기관임을 자처했던 『매일신보』는 1942년 6월 재단법인 매일신보사 후생사업단을 창설했다. 매일신보사는 자본금 30만 원을 출자하여 후생사업단을 만들었다. 사업 목표는 "사회교화, 사회구제, 국민보건, 산업진흥 등"이었고, 그 첫 사업으로 "실비진료소 설치, 부랑소년 구제, 일본어 보급회 설치에 착수"했다.[46] 1943년에는 예산을 52만 원으로 상향 조정하고 '매신후생국'과 매신후생병원 설립, 농산어촌의 탁아사업 장려, 국어보급사업, 모자취미회("도시에 잇는 모자의 보건 향상을 쇠하야 교외에서 모자취미회를 개최"), 주부강연회(유아 보육과 임산부 보건위생 문제 등에 관한 강연, 책의 제작 및 배포) 등을 개최했다.[47] 매일신보사 후생사업단이 민간단체로서 폐지된 총독부 후생국의 사업을 대신하여 국책협력사업단의 역할을 충실하게 수행한 것이다. 특히 첫해에는 '모자취미회'[48] 개최에 주력했고, 해방 직전인 1945년까지 농촌의 모범 탁아소 표창, 국

45   친일반민족행위진상규명위원회, 앞의 책, 30~31쪽.
46   「재단법인 매일신보사 후생사업단이 인가되다」, 『매일신보』, 1942. 6. 23.
47   「52만 원의 豫算計上 발족한 매신후생사업단」, 『매일신보』, 1943. 4. 14.
48   「母子의 郊外趣味會—본사 후생사업단 주최로 泰陵에서」, 『매일신보』, 1943. 5. 20.

『매일신보』는 총독부 정책에 부응하여 매신후생사업단을 만들고 사회교화와 보건사업에 적극 협력했다. 후생 사업 중의 하나인 '모자취미회'는 가정부인과 자녀를 대상으로 육아 관련 강연과 합창공연 관람 등을 제공했다. 「52만 원의 예산계상 발족한 매신후생사업단」, 『매일신보』, 1943년 4월 14일(왼쪽). 「모자취미회 성황」, 『매일신보』, 1943년 8월 28일.

어전해운동과 국어보급회에 대한 표창 등의 사업을 이어나갔다. 모자취미회는 1943년 5월 29일 1회 개최를 시작으로 6월 27일, 7월 29일, 8월 28일, 총 4회 실시되었다.[49] 모자취미회는 모자를 초청하여 교외에서 실시한 야유회로, 야외 유희를 즐기고 가정부인이자 총후 어머니들에게 소국민小國民 양성에 대한 자세와 방법을 강의하는 일종의 전시 취미戰時趣味로 고안된 사업이었다. 모자취미회는 '모자수련회'로 명칭을 바꾸어 1944년까지 지속되었다. 취미회보다는 수련회가 일본 정신주의와 군국주의 함양에 적합한 명칭으로 받아들여져 개칭된 것으로 보인다.

　총후를 직히는 어머니들과 군국의 아들딸인 어린이들로 하여 야

49　「이번엔 월미도서 — 래십삼일 母子修鍊會 — 본사 후생사업단 주최로」, 『매일신보』, 1944. 9. 6.

외로 나가 자연과 접근하고 태양과 친하야 보건사상을 노피며 산과 들의 초류를 쓰더 과학심을 배양코저 본사 후생사업단에서는 '모자교외취미회'를 매달 한 차례씩 산 조코 물 맑은 갓가운 교외를 택하야 실시하기로 되엇다. 그리하야 우선 이번 제일회로 오는 오월 이십구일 경춘선 태릉과 퇴계원을 중심으로 하야 어머니와 아들딸의 오붓한 야외노리를 베풀어 나물을 쓰고 자미잇는 유희와 일상 가정부인들에 교과서가 될 야외 취미강좌를 열 터이다. 이날은 야생초의 지식을 넓혀 먹는 나물과 영향에 관한 강좌를 임업시험장 기수 가와모도河本台鉉 씨와 가사 일반과 나물 료리법과 영양 등을 숙전淑專 교수 도요야마豊山 씨가 담당하여 취미로운 지도를 해줄 터이다.[50]

이날 행사에는 '전쟁하 어머니의 임신 중 섭양'이라는 강의가 준비되었고, 휘문초등학교 학생들이 참여하여 '매일신보 현상모집'에서 당선된 국민가요 〈반도개병의 노래〉와 〈우미유까바〉, 〈대동아 소국민의 노래〉, 〈우리는 부르심을 밧다왓다〉 등을 합창했다. 행사는 이렇게 오락과 유희가 준비되고, 강의와 국민가요 합창 등을 통해 전시하 애국심을 함양시키는 방식으로 기획되었는데, 국가가 제공한 전시 취미의 표본과도 같았다.

한편 총후에 건전음악을 보급하기 위해 '경성후생실내악단'이 조직되었고,[51] "노동생활에 합리적인 후생운동을 지도"하기 위한

---

50 「母子趣味會 개최」, 『매일신보』, 1943. 8. 28.
51 「매일신보사 사업부 주최 경성후생실내악단 연주발표회가 경성부민관 대강당에서 개막」, 『매일신보』, 1942. 6. 11. 경성후생실내악단에 대한 연구는 강태구, 「경성후

'체육연성'體育鍊成[52]이 지속적으로 시행되었다. 모두 "증산을 위한 건강 증진, 휴식과 오락으로 과로 방지"[53]를 목표로 삼았다. 후생운동에서 개인의 체위와 건강은 개인의 문제가 아니었다. 국민이 쇠약해지거나 병이 나면 그만큼의 노동력이나 병력, 즉 일제의 국력國力이 감소하기 때문이었다. 1940년대 장기화된 전쟁사회 체제에서 대중적 취미와 오락은 침잠했고, 전시 취미로서 후광을 받은 체조가 체위향상과 전투력으로서의 국민 신체를 소환하는 후생 담론의 중심이 되어 국가적 지원을 받았다.

생실내악단에 관한 연구」, 『한국음악사학회』 48호, 한국음악사학회, 2012를 참조할 것.

52   「勞務者와 體育鍊成 ─勤勞生活에 合理的인 厚生運動을 指導」, 『매일신보』, 1944. 6. 13.

53   國保○男(和信被服工場長代理), 「증산을 위한 건강증진」, 『매일신보』, 1945. 3. 10.

여가 문화의 확산과 취미의 증식

해방 이후, 역동하는 취미

일제 말기에 의미의 변용 폭이 컸던 취미는 해방 이후 비교적 본연의 의미를 찾을 수 있었다. 해방의 감격과 사회적 혼란의 비정상적 리듬이 제자리를 찾게 되자, 다양한 풍속 담론 안에서 취미가 발화하기 시작했다. 국가와 민족을 새로 세워야 한다는 각계 지도자들의 역사적 책무는 자연스럽게 사회와 국민을 계몽하고 교화해야 한다는 의무감으로 이어졌고, 취미 역시 다시 공공公共의 목적으로 지도되었다.[1] 무엇보다도 새로운 국민으로 지도해야 할 대상이 여성과 어린이였기에, 각종 취미 담론의 타깃은 생활문화의 중심에 있는 여성이자 어머니인 경우가 많았다. 새 세상의 주역이 될 어린이의 취미 교육 담론은 학업열, 입시난이 반복될 때마다 호출되었다. 취미 교육 담론에는 분명 성별의 위계화 전략이 두드러지게 표출되었다. 부르디외는 사회적으로 정당하다고 인정된 질서와 규범 등이 개

---

1 「극장의 공공관리―공중의 취미를 지도함」, 『동아일보』, 1946. 2. 14.

인의 육체에 각인되는데, 이것이 권력에 의해 지배당하고 있다는 점을 인식하지 못한 채 개인은 자발적으로 순응하고 행동한다고 강조했으며, 그것을 아비투스habitus라고 불렀다.[2] 해방 이후 건국의 시기에 여성과 아동을 대상으로 한 취미 담론에서 분명 상징권력에 의한 여성 아비투스가 발현되고 있음을 확인할 수 있다. 여성에게 건전한 신가정 취미를 강조하고 아동의 양육자, 건국의 어머니 역할을 강조하는 여성 취미 담론은 늘 계몽과 훈계의 논조를 내장하고 있었다.

이와 다르게 남성의 취미는 사회 각계 주요 인사인 그네들의 개성과 인간적 면모를 과시하는 방식으로 소개되었다. 매체에는 다수의 인물 관련 기사들이 배치되었는데 그 기사 내용에는 반드시 해당 인사의 취미가 소개되었고, 일제시대와 마찬가지로 일간지에는 고정적이고 반복적으로 '나의 취미'류 기사가 기획되었다. 1950년 3월호 『민성』 특집에는 '생활과 취미'라는 특별기획으로 유광렬, 조풍연, 조연현 등 각계 지도층의 취미를 소개했는데, 독서·승마·사냥·꼴푸·다취미多趣味 등이 꼽혔다.

한국전쟁 중에는 취미 관련 기사의 비율이 현저하게 낮아지지만, 1953년 정도가 되면 출판계 소식을 위시로 다양한 문화 장르의 취미 관련 기사와 생활면·여성면을 중심으로 취미 기사들이 다시 포진했다. 한국전쟁을 거친 대한민국의 1950년대는 또 다른 사회적 격변기였다. 한국전쟁 직후는 억압되었던 다양한 요구가 봇물처럼 분출되는 시기였고, 각종 신문과 잡지들은 문화와 제도, 이념과 실천,

2   피에르 부르디외, 최종철 옮김, 『구별 짓기: 문화와 취향의 사회학 (상)』, 새물결, 1996, 283~326쪽.

노동과 취미의 공론장이 되었다. 새로운 사회는 새로운 사회적 규정성을 생산했고, 사람들은 새로운 행동, 감각, 인식, 취향 판단 등을 형성해갔다. 새롭게 등장한 사회적 규정성과 가치 평가의 틀은 문화적 헤게모니와 상징권력에 다름 아니었으며, 개인의 사회적 정체성은 차별적으로 재편되고 구성되었다. 자유당 관료와 고급 공무원에서부터 올해의 대학입시 수석자, 소설가와 연예인들을 소개하는 각종 기사와 인터뷰에는 이들의 취미가 빠지지 않고 질문 항목에 들어 있었다. 1958년과 1959년에 출간된 『한국명사대감』[3]에는 한국의 명사 수백 명을 총망라하여 그들의 학벌과 취미, 사회 이력과 가정 등을 소개했다. 이들은 승마와 휴양, 독서와 음악, 꼴푸와 낚시, 사진, 서예 등이 취미라고 했다.

해방 이후 본격적으로 확산된 새로운 취미로는 '사진',[4] '드라이빙'[5]이 있었고, 1950년 중반 이후부터 학생층과 젊은이들을 중심으로 '펜팔'[6] 취미가 생겨나기도 했다. 해방 후 한글 세대의 급성장은 1950년대 이후 학생 문화가 생성되는 저력이었다. 전쟁 중이던 1952년 11월 피난지 대구에서 창간된 학생 종합지 『학원』은 1979년 9월까지 무려 27년 동안 다른 잡지와 비교할 수 없는 영향력을 발휘했다. 특히 창간 후 3~4년간 학생 잡지의 선두 자리를 차지했는데,

---

3 　『한국명사대감』, 대한연감, 1958.
4 　「취미사진활영회」, 『동아일보』, 1948. 6. 23 ; 「취미사진과 어린이」, 『경향신문』, 1949. 3. 26 ; 「춘계사진섭영회」, 『경향신문』, 1953. 4. 23.
5 　「드라이빙—열 높아진 麗良들」, 『동아일보』, 1959. 7. 24.
6 　「백자상식: 칼라-사진 배기는 法」, 『명랑』, 1956년 10월, 63쪽 ; 「명랑통신—펜팔 친구 찾기」, 『명랑』, 1956년 11월, 180쪽 ; 「문화소식—한국펜팔클럽에서 회원모집」, 『경향신문』, 1960. 6. 14.

'학원 세대', '학원 문단', '학원 장학생'이라는 말을 유행시키며 전후 청소년 문화의 상징이 되었다.[7]

『학원』은 '중학생 종합지'를 표방하여 '중학생'의 '교양'과 '취미'를 강조했다. 중학생 독자들이 성장해 자연스럽게 고등학생 독자로 이어지면서 『학원』은 청소년 잡지의 위상을 지니게 되었다. 『학원』이 강조했던 '교양'은 인간이라면 알아야 할 일반적인 지식을 통칭하는 것으로, 객관적인 진리나 세상의 상식으로 여겨지는 것들을 포함하는 가치다.

부르디외는 보편성을 내세우는 교양 교육이 일부 계급의 전유물이며 지배계급의 아비투스를 정당화하기 위한 것이라고 역설하기도 했다. 일부 지배계급이 자신들의 지배를 재생산하기 위해 교양을 이론화해왔다는 것이다. 그는 현대 사회에서 학교야말로 지배계급의 문화를 전수하고 이데올로기를 유포하는 곳이라고 규정한 바 있다.[8]

교양과 취미라는 발간 목적대로 학생 독자들은 『학원』을 제2의 '학교'라고 칭하며 학교에서 배운 것보다 『학원』에서 배운 것이 더 많았다고 회고하기도 했고, 잡지사 필자와 편집진을 '선생님'이라고 부르며 글을 투고했다. 『학원』에는 세계 명작과 한국 문학작품, 만화와 '학습취미 강좌'라는 표제의 교과 지식 기사, 세계 명화와 화보, 학생 문예 등이 지속적으로 기획되면서 학생들의 관심을 끌고 흥미를 충족시켰다. 학생들은 문학 창작, 독서, 미술, 역사 등에 관련한 고상한 '취미'를 제공받으며 향학열을 키워나갔다.

---

7   김한식, 「학생 잡지 『학원』의 성격과 의의」, 『상허학보』 28호, 2010, 292쪽.
8   파트리스 보네위츠, 문경자 옮김, 『부르디외 사회학 입문』, 동문선, 2000, 40~45쪽.

1950년대 대학 입시 풍경. 전후 대한민국의 교육열은 상당히 높았다. 선망의 대상이 된 대학은 높은 입시 경쟁률을 나타냈고 전후 재건의 과정에서 대학 입시가 강의실이 아닌 운동장에서 실시되는 이색적인 풍경을 낳기도 했다. 『서울, 폐허를 딛고 재건으로: 1957~1963』, 서울역사박물관, 2011.

취미 항목은 사회 변화와 함께 계속 추가되었고 향유 계층과 세대 역시 확장되어갔지만, 사회 인사의 취미와 일반 대중의 취미 사이에는 여전히 격차가 컸다. 일반 대중이 취미로 꼽을 만한 것은 영화[9]와 독서, 산보, 혹은 스포츠 관람이나 라디오 청취 정도였다.

지난 한 햇동안 전 도시 근로자의 한 달 평균 살림살이의 형편을 보면 월수입이 7만 4백 환인데, 생계비는 7만 5천2백 환이 지출되어 결국 한 달에 4천8백 환의 빚을 지고 살았다는 것이 밝혀졌다. (……) 수입의 추이를 볼 때 5·16혁명 이전에는 당시에 부패된

---

9   취미라는 말이 가장 활발하고 다양하게 생성 활용된 장르는 역시 영화였다. 영화의 내용과 특징을 소개하면서 활극 취미, 탐정 취미, 스릴러 취미, 괴기 취미, 성도착 취미 등의 말이 만들어졌다.

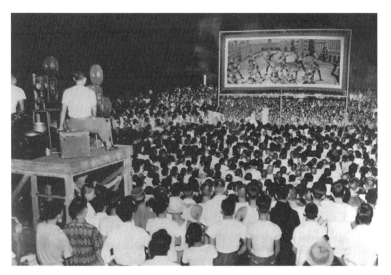

농산어촌으로 파견된 이동 영사. 문화영화와 대한뉴스를 포함한 대중적인 상업영화를 관람하는 기회였다.
『서울, 폐허를 딛고 재건으로: 1957~1963』, 서울역사박물관, 2011.

정치정세와 혼란한 생활환경 속에서 불건전한 음성 수입이나 부수입이 있었으나, 혁명 이후에는 이런 잡수입이 일소되었다는 것을 알 수 있다. (……) 취미·오락에 지출된 돈이 한 달에 겨우 5백환으로 0.66%밖에 안 되고 있어 생활면에 활기와 사기를 북돋아주는 '리크리에이션'이 대단히 부족되고 있다는 것을 여실히 말해주고 있다.[10]

식민지 시대에 넘치는 '취미' 기표에 비해 실제로 취미라는 문화적 실천 기제 안에서 취미생활을 향유할 수 있었던 한국인이 극히 소수였던 것과 마찬가지로 1960년대에도 일반 대중의 삶은 결코 녹

10 「적자생활하는 도시민」, 『경향신문』, 1962. 4. 17.

록하지 않았다. 그렇지만 매체와 일상의 언어생활 속에서 취미가 전면적으로 발화되고 취미 담론이 반복적으로 생산되면서 취미가 "개인의 자질"이자 사회 구성원의 "공통감각"이라고 믿게 만드는 사회적 분위기가 정착되었다. 현대적 사상과 외장을 통해 만들어진 새로운 '취미 주체'의 기준은 '담론'으로 형성되었지만, 담론은 의식적·무의식적으로 '현대인', '나다운 나'라는 표상을 구축하고 압박하기에 충분했다. 앞서 살펴본 대로 해방 이전까지 근대적 '취미'를 향유하는 문화 주체를 상상하고 계몽·교육하는 과정은 비정치적 일상의 영역에서 식민지 한국인이 근대적 '개인'으로 구성되어가는 맥락을 제시했는데, 해방과 건국의 시기를 거친 현대 사회에서도 자본과 미디어가 제안하는 공통의 취미를 공유하는 '집합적 주체'와 사적 일상, 미시적 존재로 함몰되어가는 '개인' 사이의 간극은 여전했다.

1955년 9월 11일자 『경향신문』에는 '리크리에이숀'이라는 새로운 어휘가 등장하는데, "비직업적 활동"이며 "스스로 좋아해서 자진해서" 하는 활동이라는 설명을 덧붙여놓았다.[11] 특히 '리크리에이숀'에는 개인적인 활동과 집단적인 활동이 있는데, 독서·영화·연극·라디오·스포츠·온천·스키·수영·꽃 가꾸기 등이 전자에 해당한다면 후자에는 화투·스포츠 참가 등이 있다고 소개했다. 이 기사는 미국식 교육이 도입되면서 취미라는 개념이 '리크리에이숀'이라는 새로운 외래어와 경쟁하게 될 것임을 보여주는 사례라고 하겠다.[12]

---

11   김영일, 「여가를 선용하도록」, 『경향신문』, 1955. 9. 11.
12   김사달, 「敎育과 리크리에이숀」, 『동아일보』, 1954. 11. 7.

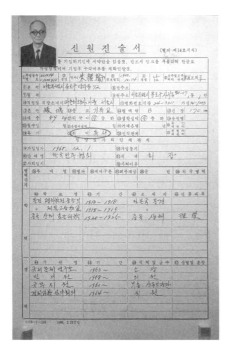

시인 주요한이 1969년 기관에 제출한 신원진술서다. 이력서는 물론이고 신원진술서에도 취미 항목이 건재함을 확인할 수 있다. 개인의 신원을 파악하고 관련 직무에 결격 사유가 없는지를 확인하는 공식 문서에도 '취미'는 참조할 만한 개인의 중요한 자질이었다.

문問: '리크리에이숀'이란 말을 종종 듣는데, 사전을 찾아보니 "오락 휴양"이라고만 있습니다. 좀 구체적으로 알기 쉽게 풀이해주십시오.

답答: 우리의 생활을 크게 나누어보면 활동하는 시간도 쉬는 시간도 아닌 틈이 나는 여가餘暇시간이 있습니다. 이 여가의 시간을 활용하는 데 필요한 건전한 '위안'과 '교양'을 말합니다. 그저 일하는 데만 중점을 두고 휴양과 오락을 경시하던 시대가 있었습니다만 요즘에 와서는 '여가'시간을 선용하는 것이 일하는 능률도 올린다는 견지에서 '리크리에이숀'에 대한 관심이 높아졌습니다. 취미 교양 면에서는 영화·음악·문학·연극·무용·서도·미술·수예·사육·원예, 체육 면에서는 놀이·하이킹·낚시·무용·땐스·소풍, 가정생활 면에서는 생일축하·입학축하·크리스마스 정초 등의 가족연회·재봉·요리, 사회적인 면에서는 교제·집회·담화·땐스 등이 모두 리크리에이숀에 속합니다. 요는 마음을 즐겁게 할 수 있는 오락, 휴양, 교양 등을 말합니다.[13]

한편 1960년대 초반부터 대학생 문화를 중심으로 '레저'라는 어휘가 사용되었다. 그리고 이 말이 빈번하게 사용되면서 낯선 외래어 사용을 비판하는 목소리가 등장했다.

6·25사변 이후로 일본의 경기가 좋아져서 그들 생산업자들은 일본 국내의 소비성향을 높이고자 갖은 애를 써왔다. (……) '레저'나 '레저 붐'도 그 하나이다. 그들 자신도 말하듯이 여가나 휴가라는 말로써 충분할 것이다. 그러나 레저나 레저 붐이라는 외래어가 주는 어딘지 '하이카라'하고 들뜬 것 같은 인상이 소비를 촉구시키는 역할을 다하였던 것이다. 그러나 레저라는 말도 이제는 다소 진부한 느낌을 대중에게 주게 되었다. 그래서 또 안출案出된 것이 바로 불어 '바칸스'다. 유급 장기휴가라는 해석을 붙여서 선전하기 시작하자 원래 이런 것 좋아하는 일본인인지라 또 곧 대유행되어 '바칸스 세일', '바칸스 산업' 등등, 이제는 '레저 붐'은 간 곳 없이 되고 만 것이다. 일본과는 전연 조건이 다른 한국에 있어

13　「리크리에이숀」,『경향신문』, 1959. 1. 6.

서도 그들과 때를 같이하여 레저라는 말이 한창 유행되더니 이제 또 '바칸스'다.[14]

일본의 일시적 유행 풍조를 비판하면서 동시에 그것을 무분별하게 수용하는 한국인의 외래어 사용을 비판하고 있는 글이다. 그럼에도 취미나 여가가 아닌 '레저'나 '리크리에이숀'이라는 단어가 주는 세련된 느낌은 대중을 허황된 자기기만에 빠지게 했고, 상품으로 기획된 취미를 적극적이고 자발적으로 소비하게끔 했다.[15] 현대의 취미와 여가가 갖는 산업적 함의도 적지 않겠지만, 과시적 욕구나 타인과 차별화하려는 현대인의 개성적 욕구가 여가와 레저 붐을 촉진하기도 했다.

1969년 이화여대에서 신입생 2042명을 대상으로 조사한 신입생 카드를 보면, 당시 여대생들의 취미 항목과 선호하는 취미를 확인할

14 강신재, 「어색한 외래어」, 『동아일보』, 1963. 8. 22.
15 이것은 자본주의 사회의 상업 전략이기도 했지만, 초기 사회단체의 지향과 사회 지도자들의 출신성분에서 기인하는 폐단이기도 했다. "독서해방 후 20년 동안 우리나라에는 여성의 사회참여, 사회봉사 등을 외치면서 여성단체가 설립되었다. 현재 비슷한 명분을 내걸고 등록된 여성단체는 30여 개. (……) 함석헌 씨(종교인)는 지금까지의 여성단체가 한 마디로 '부유층의 살롱화'하고 있다고 비판한다. 계도적인 면에서는 뚜렷한 방향성이나 그것을 향한 집중적 활동이 없고 대사회봉사 면에서는 하층을 외면한 상류층 부녀자 상대의 취미클럽이나 사교장 정도로 머물고 있다는 것. 더구나 고층회관과 캠프장 고급음식점 영장을 차려놓고 노래, 포크 댄스, 꽃꽂이, 요리 강습이나 하려면 우리 식생활과 사회복지 향상을 위해 무슨 필요가 있겠느냐는 힐난이다. (……) 여성단체 활동이 서민과 저소득층에 뿌리박고 사회 전반의 생활 향상을 위한 것이어야 한다는 점에는 강원룡 씨(아카데미하우스 원장)도 같은 의견이다. (……) 윤길병 씨(사회복지연합회 사무총장)는 현재 여성단체 활동을 '여성의 브로치에 지나지 않는다'고 고평한다. 여성이 장식품으로 브로치를 달듯 상류층 유한마나님이나 딸들이 장식용으로 여성단체에 나온다는 것." 「대중없는 여성단체 활동」, 『경향신문』, 1970. 2. 9.

수 있다. 식민지 시기에 대표적인 취미 항목으로 정착했던 '음악 감상'과 '독서'가 여대생들에게도 전체의 38퍼센트를 차지할 정도로 압도적이었다.

사회·경제적 상황이 다소 변하는 1960년대 후반이 되면 말 그대로 레저 붐이 일기 시작한다. 다음은 당시 사회를 진단한 기사다.

<표 9>　　취미·특기

취미나 특기	취미 순위	취미 인원수	취미 %	특기 순위	특기 인원수	특기 %
음악(감상)	1	415	20.3	1	247	12.1
문학(독서)	2	363	17.8	7	20	1.0
여행·등산	3	137	6.7			
미 술	4	99	4.8	2	126	6.2
수 집	5	91	4.5			
운 동	6	75	3.7	3	95	4.7
수 예	7	56	2.7	5	38	1.9
무 용	12	13	.6	4	67	3.3
서 예	11	20	1.0	6	24	1.2
사 진	9	24	1.1	9	9	.4
꽃 꽂 이	8	45	1.2		3	.1
연 극		5	.2	9	9	.4
영화감상	10	21	1.0			
웅 변				11	8	.4
주 산				8	15	.7

1969년 이화여대 신입생 카드에 기록된 '취미'와 '특기' 항목의 통계 결과. '음악 감상'과 '독서'가 여러 취미 가운데 총 38퍼센트를 차지할 정도로 압도적이다.

10년 전만 해도 레저는 일종의 특권에 속하는 것이었다. 대부분의 시민들에게 레저를 즐긴다는 것은 내일의 노동을 위한 휴식이거나 가정 속의 소박한 단란으로 그치는 것이 고작이었다. 근래같이 등산, 낚시, 관광, 여행 같은 것은 보통 시민에게는 사치였고 그림의 떡이었다. (……) 레저 붐이 일어난 직접 원인은 ① 대중의 소득이 일반적으로 올랐고 ② 시간의 여유가 생겼고 ③ 적은 돈으로 레저를 즐기기 위한 시설이나 지식이 비교적 보급되었고 ④ 일이나 직장이 생활의 중심이라는 생각에서 가정이나 레저의 즐거움이 생활의 중심이라는 가치관의 변동 등 다섯 가지를 들 수 있다. (……) 레저를 단순한 오락이 아니라 '즐거움', '산 보람', '구속에서의 자유' 등 밝은 면으로 생각하는 데 원인이 있는 것 같다. 영화, 다방, 음악 감상 같은 오락보다는 자신이 야외에서 활동해야 하는 하이킹, 등산, 낚시, 관광여행, 원예, 사진 등의 레크레

이션에 많은 사람이 몰린다.[16]

　'레저', '레크레이션'으로 새롭게 명명되는 문화 실천들은 기존의 '취미' 개념이 포괄하고 있던 영역들이다. 이 기사는 물론이고 현실의 언어 용법에서도 취미와 여가, '레크레이션', '레저'를 명확히 가르는 것은 여전히 난맥상을 드러낸다. 개인적인 행위인지 공동의 실천인지, 실내 활동인지 야외 활동인지의 여부는 이들을 겨우 구분하는 심급이기는 하지만 그다지 규정력이 강하지 않기 때문이다. 1930년대에 이미 취미와 오락, 여가와 취향은 심한 균열을 드러내면서도 겹쳐지기도 하는 개념이었고, 해방과 전쟁을 통과한 1960년대의 취미는 더욱 파편화되고 분화되었다. 이 시기 '레저'와 '레크레이션' 활동은 일상적 주체들이 적극적으로 향유하면서 '취미'의 전위로 기능했다. 이들은 현대 문화산업과 시장의 트렌드를 반영하며 취미를 나타내는 대체적 어휘군을 형성했고 일상의 층위에서 의미를 분유分有했다.

신인류의 문화자본이 되다

지난 20세기에 근대성을 토대로 한 삶의 양식이 전 지구적으로 유포되었다. 근대성은 사회 구성의 기축이자 일종의 제도로 작동했고, 식민지 조선인들 역시 일본과 서구의 시선을 내면화하고 타자의 언

16　「레저 붐」, 『경향신문』, 1967. 3. 27.

어를 구사하면서 근대적 개인으로서의 정체성을 구성해갔다.

　식민지기라는 근대 한국의 역사적 시공간을 문화 연구의 후경에 놓고서 취미라는 근대적 개념과 실천, 혹은 의식과 제도를 연구하는 작업은 한 발 내딛었다가도 다시 한참을 제자리걸음해야 하는 판단 유보의 순간과 수시로 마주칠 수밖에 없다. 식민지 조선 대중의 주체성과 능동성, 저항성과 재생산성을 강조하더라도, 한국의 근대 문화가 제국적 이식과 정책적 동화를 통해 태동하고 형성되었음을 부인할 수 없기 때문이다. 그래서 식민지 조선의 대중과 수용자에 대한 역사적이고 적극적인 해석을 통해 이 시대를 돌파하기란 쉽지 않다.

　한국 근대의 '취미'는 근대 서구 문명에서 유래했고 일제의 제도적 강권과 식민지 교육 시스템을 통해 도입되었다. 조선인들은 서구적이고 일본적인 취미를 거부하고 배제하기보다는 대중문화의 소비 주체가 되어 근대적 환영illusion을 적극적으로 애호했다. 식민지 대중문화의 유행 속에서 취미는 자본주의적 욕망에 편승함과 동시에 비판받았으며, 인격과 개성을 담보할 수 있는 근대인의 자질로 평가받으면서 식민지적 문화잡식성을 드러내는 모순적 가치였다.

　취미는 유행에 취약하고 가변적 속성을 갖지만 동시에 아무리 강요해도 혐오하는 취미를 애호할 수는 없으므로, 취미는 철옹성의 영역이기도 하다. 이런 대립 구도와 모순적 속성은 종종 경계를 허무는 해석과 실천을 통해 해소되거나, 한국 대중문화 속에서 개인적 욕망을 생산하고 표현하는 원동력이 되었다. 대중의 취미는 세대와 성별, 계급과 지역 등에 따라 차이를 보였다. 취미의 선호는 당대 유행과 대중의 끌림에 따라 변화했고, 고급문화와 대중문화의 분별 사이에서 또 지식계급과 민중계급의 대립 사이에서 의미 있는 논쟁과 비판이 이루어졌다. 근대 한국의 취미는 공유와 배제의 태도를 넘나들며 전복적 계기를 만들거나 저항적 해석을 공모하기도 했다.[17]

이제 시간을 한참 건너뛰어 현재적 시점에 서야 할 것 같다. 20세기가 지나 21세기로 접어든 지도 한참되었고 시대별 문화사적 사건은 늘 있어왔다. 그사이 취미의 변화는 담론적 추적이 불가능할 정도로 다양한 분야와 방향으로 무한증식하면서 은하수의 별처럼 흩뿌려졌다. 취미 개념에 대한 연구는 물론이고 취미에 대한 평가도 이미 역사적인 것이 되었다.

현대인의 다양한 라이프스타일을 명명하는 새로운 용어로 '워라밸'(Work and Life Balance의 줄임말)이 서구 사회에 등장한 것은 2000년대 초반이었다. 그리고 지난 1~2년 사이 워라밸은 한국은 물론이고 전 세계적으로 유행어가 되면서 흔히 사용하는 일상어가 되었다. 빅데이터에 기대보면 각종 SNS와 디지털 콘텐츠 개인 프로필에 전 세계인들이 가장 많이 내걸었던 '카르페 디엠'을 대체할 정도로 '워라밸'이 급부상하고 있다고 한다. '워라밸'은 TED의 단골 주제이기도 하고, 2018년 초입에는 한국 사회를 대표하는 트렌드 중의 하나로 꼽혔으며, 고용노동부에서는 'Work and Life Balance 진단 평가'를 만들어 노동자의 삶의 균형을 체크하고 있다. 세대와 상관없이 워라밸을 지향하는 사람들이 느끼는 것은 평생직장이 사라지고 예측하기 어려운 미래 사회에 직면한 사람들이 자신만의 삶의 가치를 찾는

---

17 조형근, 「식민지 대중문화와 대중의 부상—취향과 유행의 혼종성을 중심으로」, 『사회와 역사』 111집, 한국사회사학회, 2016, 83~119쪽.

데 의미를 부여하기 시작했기 때문일 것이다. 일이나 직장생활로만 자신의 행복을 가늠하지 않고, 그와 더불어 나만의 도전과 모험, 개인의 재능과 취미에서 삶의 균형을 잡고 스스로의 가치를 찾으려는 흐름이 은근하고도 강렬하게 현대인들의 삶 속에 스며들고 있다.

그 하나의 사례로 '개인 맞춤형 취미 서비스'의 활황을 들 수 있다. 많은 사람들은 '일'이나 '직장생활'과는 대척점에서 휴식과 충전의 시간을 의미하는 '취미' 있는 삶을 지향한다. 하지만 정작 내세울 취미가 별 볼일 없거나 어떤 취미에도 매료되지 못한 채 고민하는 사람들이 많은 것도 사실이다. 이런 사람들을 위해 정기적으로 취미(하비 박스)를 배송하는 서비스가 생겼다. 취미를 권유하는 각종 앱과 취미를 배달하는 여러 플랫폼의 시장 규모가 매년 급성장하고 있다는 사실은 놀라울 따름이다. '하비 큐레이터'라는 새로운 직업이 생겼고, 이들이 이용자의 성향과 적성 등을 검토해 매달 새로운 '하비 박스'를 택배로 보내주는 서비스를 제공하고 있는 것이다. 이용자들은 클래식한 스탠드 제작, 유기농 방향제나 북바인딩 만들기, 열대어 키우기, 가구 리폼, 마술 도구 만들기 등 정기적으로 보내주는 하비 박스를 열어보는 설렘을 경험하며 취미 세계에 입문한다. 자신만의 취미를 찾고 싶으나 현실적으로 헤매는 사람들, 여전히 독서나 음악 감상을 취미라고 말할 수밖에 없는 많은 사람들은 개인 맞춤형 취미를 제안받고 그 미션에 성공함으로써 이색적인 경험의 가치를 만끽한다.

몇 년 전까지만 해도 '숙박 공유 플랫폼'이 이렇게 전 지구적으로 애용되는 서비스가 될 것이라고는 상상하지 못했다. 지금은 공유경제의 항목에 '숙박'과 '여행'뿐 아니라 '재능'이 추가되었다. 재능 공유 시장이 열리고 재능 공유 플랫폼이 생겨서 자신이 가진 재능을 가치화하려는 사람들의 도전이 가능해졌다. 댄스, 캘리그래피, 오카리나 연주, 외국어 등의 다양한 특기를 가진 사람이 자신의 재능을 공유 플랫폼에 올려놓으면 그것을 배우고자 하는 사람들이 신청해서 전수(가르침)받는 새롭고 자발적인 네트워크가 형성되고 있는 것이다. 특정 분야에 해박하거나 심취해 있는 '마니아'나 '덕후'가 튜터가 될 수 있고 그들의 독보적인 지식이나 기술, 방법론, 안목 등을 전수받고 싶은 사람이 이용자가 된다. 파워포인트나 동영상 제작, SNS 입문, 드론 조종, 자동차 자가정비 같은 실용적인 기술은 물론이고 야영법, 요리, 자수, 여행, 프라모델이나 브릭 조립처럼 취미의 성격이 강한 분야도 있다. 그리하여 취미를 통해 특정 전문가가 된 '덕후'가 재능 공유 플랫폼에서는 독보적인 하비 큐레이터나 튜터가 될 수 있다. 최근에는 대기업들까지 재능 공유 플랫폼 시장에 진출하고 있는 것을 보면 마케팅과 상품 개발 등의 부문에서 성장 가능성이 큰 것은 분명하다.

이쯤에서 다시 한 번 우리가 질문해볼 필요가 있는, 산업혁명 이후 자본주의적 세계의 확립과 함께 등장한 시간 개념을 떠올리려고 한다.

스티븐 겔버Steven M. Gelber는 산업사회에서 취미가 생산적이고 가치 있는 활동이 되었던 것은 '일의 세계'와 '집'을 매개해주었기 때문이라고 말한다.[18] 근대 노동자들에게 취미는 비인격적인 일터나 작업장의 노동과 달리 회복과 휴식의 기회를 제공하면서 동시에 노

---

18 김정락 외,『취미와 예술』, KNOUPress. 2011. 7쪽.

동시간에 필요한 기술이나 가치를 재생산하는 역할을 했다. 노동시간과 구별되는 비노동시간으로서의 '취미'를 고려할 때 취미라는 개념은 근대의 산물임이 자명하다.

여가사회학자 스탠리 파커Stanley Parker는 노동과 여가(비노동으로서의 취미)를 논의할 때 노동과 여가에 대한 근대적 사유가 아니라, 역사적이고 인류학적인 관점으로 접근할 필요가 있다고 말했다. 전통사회에서 여가와 오락은 "의식적이고 계획된 여가"나 "선택된 실행의 결과"가 아니라 "계절의 리듬에 따라 구성된 것이고 따라서 오늘날처럼 의식적으로 구분해두는 것이 아니라 생활의 자연스러운 형태의 하나"로 존재했다는 것이다.[19] 파커는 일이나 고된 노동 후 한가한 시간에 하는 놀이를 오락이나 취미활동으로 규정하는 것에 의문을 던진다. 전통사회에서는 노동과 명확히 구분된 '여가'의 관념이 존재하지 않았고, 오락과 취미는 자연의 리듬에 따라 노동의 빈도와 강도가 달라지는 것이지 노동과 분리되는 비노동적 행위가 아니었다. 실제로 풍년을 기원하는 제의나 수확 이후의 축제, 농한기의 활동들은 비노동적 행위이면서 노동의 연장이었고, 의식적 선택이라기보다 계절적 주기에 순응하는 삶의 질서였다.

근대 자본주의 사회가 도래하자 노동을 신성시하는 이데올로기가 최고의 가치가 되었다. 대다수의 노동자들은 성과 지상주의와 효율성 숭배 이데올로기 아래에서 일하는 자, 노동하는 자의 덕목을 발휘하고자 기꺼이 자신을 노동에 속박시켰다. 근대 사회에서 여가

---

19 스탠리 파커, 이연택 옮김, 『현대 사회와 여가』, 일신사, 1995, 3~4장: 김영미, 「식민지기 오락 부재 담론의 양상」, 『사회와 역사』 112집, 한국사회사학회, 2016, 248~249쪽.

와 취미가 중요해진 것은 노동하지 않는 시간, 노동을 위해 힘을 비축할 시간의 확보가 중요해졌기 때문이다. 집과 일터, 집과 공장이 떨어지면서 공장에서 일하는 시간은 노동시간으로 통제되었다. 전통사회에서처럼 일하고 쉬는 시간을 자율적으로 정할 수 없게 되었고, 집은 노동과 분리된 공간이 되었다. 산업사회 이전에는 노동과 명확히 구분된 '여가'라는 관념, 말 그대로 노동과 변별되는 시간이 따로 존재하지 않았고, 오락과 노동이 일체의 상태일 때도 많았으나, 근대는 분명 그것과는 다른 세계를 맞게 되었다.

지금 우리는 근대의 가장 끄트머리 어디쯤, 그래서 탈근대라는 명명이 더 익숙한 시대를 살고 있다. "SNS 시대의 스마트 신인류"라는 말로도 현대인을 흡족하게 규정할 수 없으며, 스마트폰이 인간의 삶을 네트워킹하는 시대에 우리 모두는 포노사피엔스phono sapiens가 되었다. 어느 생태주의자는 스마트폰이 쉴 수 있는 권리조차 빼앗아버린 시대를 살고 있다고 하지만, 스마트폰이 노동과 휴식의 경계를 초월하여 자본의 원천이 되는 시대를 살고 있기도 하다.

경영사상가 린다 그래튼은 '교육-일-은퇴'라는 3단계 모델은 끝났으며 지금의 삶은 다단계로 펼쳐질 것[20]이라고 미래적 진단을 했다. '전근대' 사회에서 사람들은 자연의 리듬에 순응하며 일하고 쉬는 시간을 자율적으로 정했다면, '근대 산업사회'에서는 엄격하게 통제된 노동시간을 따르고 일과 여가로서의 취미를 분명하게 분리했다. 그리고 다시 '후기 산업사회'를 살아가는 우리는 정보와 커

---

20 유발 하라리 외, 정현옥 옮김, 『초예측―세계 석학 8인에게 인류의 미래를 묻다』, 웅진지식하우스, 2019, 119~120쪽.

뮤니케이션이라는 비물질적 생산을 통해 가치를 창출하는 일에 몰두하고 있다. 역설적이게도 마치 전근대 사회로 회귀한 듯, 집이 곧 일터가 되는 1인 미디어 시대를 맞아 은퇴 없는 삶을 살게 되었다. 덕업일치(취미와 직업을 일치시키는 것)를 지향하는 현대인들은 일과 취미를 분리하지 않으며 취미를 가치 창출의 콘텐츠로 만들고자 한다.

전 지구화의 흐름 속에서 취미는 분화되고 혼종화되어 서열을 가리기 어려워졌으며, 경제적인 계급의 경계를 넘어서는 집단 형성의 중심점으로 작용하게 되었다. 서로의 취미를 응원하고 취미가 곧 직업이 된 사람들이 정보와 노하우를 공유하며 연대하는 것이다. 그 결과 우열을 가릴 수 없는 비계급적인 취미 공동체 또는 새로운 취미 부족들이 사회 안에 번성하고 있다. 이러한 집단이 형성되는 데 취미의 공유와 취미 네트워크가 핵심적인 역할을 하고 있다. 취미라는 문화적 실천은 면대면 관계를 넘어 온라인 연결망을 통해 확산되는 중이고, 개인의 정체성은 귀속 집단보다는 교류하는 관계를 통해 더 큰 영향을 받고 있다. 다시, 21세기 새로운 취미 부족의 탄생을 기대할 때이다.